돈이 되는
빅데이터

Big 돈이 되는 빅데이터

초판 1쇄 발행 | 2014년 3월 20일
초판 2쇄 발행 | 2014년 12월 30일

지 은 이 | 박병률, 유윤정

발 행 인 | 김영희
발 행 처 | (주)에프케이아이미디어(*프리이코노미북스*)
기획·마케팅 | 신현숙, 권두리
디 자 인 | 문강건
편   집 | 변호이, 정선영
등록번호 | 13-860
주   소 | 150-881 서울특별시 영등포구 여의대로 24 FKI타워 44층
전   화 | (출판콘텐츠팀) 02-3771-0006 / (영업팀) 02-3771-0245
팩   스 | 02-3771-0138
홈페이지 | www.fkimedia.co.kr
E - mail | anyhow4152@fkimedia.co.kr
I S B N | 978-89-6374-073-7 03320
정   가 | 14,000원

이 도서의 국립중앙도서관 출판시도서목록(CIP)은 서지정보유통지원시스템 홈페이지(http://seoji.nl.go.kr)와
국가자료공동목록시스템(http://www.nl.go.kr/kolisnet)에서 이용하실 수 있습니다.(CIP제어번호: CIP2014008577)

아 . 는 . 만 . 큼 . 번 . 다 .

돈이 되는 빅데이터

박병률·유윤정

Big

프리이코노미북스

'치킨집을 창업하고 싶은데 인구가 가장 많은 동네는 어디일까?'

'집을 옮기려는데 원하는 아파트의 실거래가는 얼마일까?'

우리가 일상생활을 할 때 필요한 정보들이다. 아는 만큼 돈을 벌 기회가 생긴다. 시행착오를 줄인다면 시간도 벌 수 있다. 그런데 이런 정보들은 어디서 얻어야 할까? 일일이 부동산 또는 창업 전문가들을 찾아가야만 알 수 있는 걸까? 답은 'NO'이다. 앉은 자리에서 몇 분 만에 주요 데이터들을 확인할 수 있다. 인터넷만 연결돼 있다면 비용도 들지 않는다. 대부분의 사람들은 이런 '금쪽같은' 정보가 어디에 있는지, 어떻게 활용할 수 있는지 잘 모른다.

요즘 화두는 '빅데이터Big Data'다. 디지털 경제가 확산되면서 규모를 가늠할 수 없을 정도의 많은 정보들이 생산된다. 빅데이터는 미래 경쟁력을 좌우하는 핵심 자원이다. 기업은 물론이고 공공부문도 이런 데이터를 이해하고 효과적으로 활용하기 위한 전략을 시급히 수립하고 있다. 하지만 일반인들은 빅데이터 환경에 무방비하다. 아니 간단한 통계자료 하나 찾기 벅차다.

〈이코노미스트Economist〉가 전 세계 약 600개 기업을 대상으로 빅데이터에 관한 실태조사를 했다. 답변자의 10%는 빅데이터가 기존 비즈니스 모델을 완전히 바꿀 것이며, 46%는 기업 의사결정의 중요한 요소로 작용할 것으로 밝혔다. 하지만 응답자의 25%는 기업 내부에 사용 가능한 데이터는 충분하지만 대부분의 데이터를 방치하고 있다고 밝혔다. 53%는 데이터를 일부만 활용하고 있다고 응답해 부가가치 창출을 위해서는 더 많은 노력이 필요함을 시사하고 있다(Economist Intelligence Unit, 2011).

빅데이터가 기업 의사결정의 중요한 요소로 작용한 대표적인 사례가 있다. 국민건강보험공단이 처음으로 제기한 '담배 소송'이다. 국민건강보험공단은 빅데이터를 활용해 흡연의 폐해에 대한 연구결과를 발표했다. 공단에서 130만 명의 흡연자를 19년 동안 추적, 관찰·분석해보니 흡연자의 암 발생 위험도가 비흡연자에 비해 평균 2.9배에서 최고 6.5배 높은 것으로 나타났다. 이런 영향으로 흡연으로 인한 사망자는 한 해 5만 8,000명이며, 매년 국민 전체 1개월분 보험료(사용자부담금 제외)에 달하는 1조 7,000억 원의 불필요 진료비가 지출되는 것으로 분석됐다. 흡연의 암 발생 기여도에서는 남자의 경우 후두암 79%, 폐암 71.7%, 식도암 63.9%를 보였으며, 여자의 경우 후두암 23.4%,

식도암 9.5%로 남성보다 낮게 나타났다. 이유는 여성의 흡연율이 남성에 비해 매우 낮기 때문으로 공단은 분석했다.

국민건강보험공단은 이러한 빅데이터를 기반으로 공공기관에선 처음으로 KT&G 등 담배 회사를 상대로 흡연 피해 소송을 진행했다. 흡연 때문에 건강보험의 가입자인 국민이 낸 의료비, 보험료가 연기 속으로 빠져나가는 결과를 초래한다는 것이다. 공단이 추정하는 소송 규모는 최소 130억 원에서 최대 3,300억 원으로 일단 폐암과 후두암부터 소송을 시작할 계획이다.

만약 폐암과 후두암 등을 일으킨 130만 명의 흡연자들에 대한 빅데이터가 없었다면 공단은 어떤 결정을 내렸을까? 아마도 소송을 걸긴 어려웠을 것이다.

빅데이터의 중요성이 기업에만 국한되는 것은 아니다. 창업을 하고 싶은 일반인, 공부하는 학생, 재테크에 관심이 많은 주부들에게도 빅데이터는 삶의 모델을 바꾸는 중요한 요소가 될 수 있다.

문제는 빅데이터 사용법이다. 빅데이터가 중요하다는 것은 알아도 어디에 있는지 모른다면 아무런 의미가 없다. 빅데이터란 글자 그대로 '많은big 정보data'다. 그냥 많은 정보가 아닌 대용량의 정보를 뜻한다. 처음부터 방대한 데이터를 손대기란 현실적으로 불가능하다. 빅데이터의 첫 시작은 작은 통계들이다. 어떤 통계가 어디에 있는지, 이 통계들을 어떻게 다룰지 알아야 비로

소 빅데이터를 다룰 수 있다. 통계가 '도마뱀'이라면 빅데이터는 '공룡'이다. 통계를 다룰 수 있다면 빅데이터도 결코 두렵지 않다.

이 책은 빅데이터에 목마른, 그러나 아무것도 몰라 우왕좌왕하는 독자들을 위한 책이다. 빅데이터로 가기 위한 첫 번째 안내서인 셈이다. 모두 5장으로 구성했다.

제1장은 빅데이터를 보기 전에 알아야 할 상식을 담았다. 일종의 몸풀기다. 우리나라 최초의 빅데이터는 무엇인지, 대푯값은 어떻게 찾는지, 빅데이터 자료를 모을 때 전수조사를 하는 것이 더 정확한지 등이다. 또 통계로 인정되는 자격은 무엇인지, 빅데이터에서 해석이 왜 중요한지도 담았다. 사람들이 흔히 헷갈리는 비와 비율, 율은 어떻게 다른지, 백분율을 읽을 땐 무엇을 감안해야 하는지도 알 수 있다.

제2장은 거시경제다. 거시경제는 나라 살림을 알 수 있는 지표다. 거시경제 지표는 한국은행의 경제통계시스템과 통계청의 국가통계포털에서 찾을 수 있다.

우리나라 경제가 어떤지를 살펴보려면 국민총생산GDP과 국민총소득GNI을 살펴봐야 한다. 살림살이가 얼마나 팍팍해졌는지는 소비자물가 동향을 보면 알 수 있다. 요즘 취직이 쉬운지 어떤지, 우리나라가 대외 환경에 튼튼한지를 알려면 고용 동향과 외환보유액 자료를 긱긱 찾아봐야 한다. 뉴스에 자주 나오는 가계 빚 총액은 가계 신용과 가계 대출 통계를 들여다보면 된다.

제3장은 주식 시장 엿보기다. 주식 관련 데이터는 한국거래소와 금융투자협회 전자공시서비스에서 찾을 수 있다. 가장 기본이 되는 주가지수와 코스피 엿보기를 시작으로 펀드 수익률과 수수료, 코스닥 시장의 움직임을 알 수 있다. 주식 투자를 하기 위해서는 기업의 재무제표를 봐야 하는데 금융감독원의 전자공시시스템을 이용하면 된다. 어느 은행에서 대출을 하는 것이 가장 유리한지 대출 금리를 한눈에 보려면 전국은행연합회 홈페이지가 좋다. 수익률이 높다는 저축은행의 공시이율도 손해보험협회 공시실에서 찾을 수 있다.

제4장은 부동산이다. 내 집 장만을 하려면 사전에 정보를 꼼꼼히 확보하는 게 필요하다. 아파트 실거래가를 알려면 국토교통부의 실거래가 정보를 이용하는 것이 가장 정확하다. 하지만 비주얼하게 보면서 시세 등 다양한 정보를 얻고 싶다면 KB부동산 알리지가 괜찮다. 주택 시장의 척도인 주택매매 거래량은 온나라 부동산정보종합포털에서 찾을 수 있다. 임대용 사무실의 임대료와 공실률 정보는 한국감정원이 제공한다.

제5장은 각종 생활통계다. 학원을 열고 싶다면 학생들의 사교육비 트렌드를 아는 것이 중요하다. 공기업에서 일하고 싶은 취준생(취업준비생)은 공공기관 경영정보 알리오와 친해야 한다. 아이들이 얼마나 태어났는지, 사람들이 얼마나 이사를 다니는지를 알면 보육 사업과 이사, 인테리어 사업에 힌트를 얻을 수

있다. 소를 길러야 할지 말아야 할지, 고철·알루미늄캔 등 폐금속의 가격은 얼마인지도 통계자료를 뒤져보면 나온다. 이 밖에 통계청의 국가통계포털에는 풍성한 정보들이 담겨 있다.

한국은행, 금융감독원, 통계청, 건설교통부 등 방대한 데이터들이 모이는 정부부처에 출입해 온 기자는 이런 점에 착안했다. 기사를 쓰면서 활용한 데이터들을 독자들이 알기 쉽게 활용할 수 있는 방법은 없을까? 이런 의문에서 시작한 것이『돈이 되는 빅데이터』다.

2013년 현재 공공기관이 보유한 데이터는 7,392종이다. 이 중 공개된 것은 불과 15.2%에 불과하다. 그런데 정부는 2016년까지 60%인 4,436종을 개방하겠다고 밝혔다. 향후 2~3년 내에 엄청난 양의 정보가 쏟아져 나온다고 한다. 그러나 아무리 많은 정보가 있어도 활용할 준비가 되어 있지 않으면 무용지물이다.

이 책이 나오기까지 많은 분들의 도움이 있었다. 책을 감수해 준 통계청과 한국감정원 측에 특히 감사의 뜻을 전한다. 알토란 같은 주말, 집필에 시간을 빼앗겨도 너그러히 이해해준 가족들에게도 고마움을 전한다.

이 책이 '빅데이터의 홍수' 속에서 자신에게 딱 필요한 정보만을 찾아가는 나침반이 되길 바라마지 않는다.

2014년 3월
박병률·유윤정

제 1 장

빅데이터

아는 만큼 보인다

데이터를 보기 전에 알아야 할 것들

우리나라 최초의 빅데이터는?

　우리나라 최초의 통계는 언제 어떻게 만들어졌을까? 근대 통계를 기준으로 본다면 1896년 9월 1일에 발표된 〈호구조사규칙〉이 그 시작이다. 시기적으로 보자면 갑오경장 무렵이다. 갑오경장은 조선 26대 왕인 고종 때 오래된 문물제도를 버리고 서양의 법과 제도를 받아 근대적 국가체제를 이루려 했던 정책이다.

　호구조사戶口調査란 쉽게 말해 가구조사다. 요즘도 소개팅에 나가서 "형제가 몇이세요? 부모님은 살아 계시고요?" 하는 대화를 나누는 걸 두고 '호구조사'라고 농담처럼 말하는데 딱 들어맞는 표현이 아닐까 싶다. 어느 집에 누가 사느냐를 조사하는 호구조사는 오늘날의 인구조사에 해당된다.

최초의 통계작성 지침인 〈호구조사규칙〉은 인구조사를 위한 기준을 담고 있다. 예를 들면 이런 식이다. 호적의 내용은 매년 수정하고, 거주지는 원적原籍으로 표기하며, 각 가구에는 호패를 붙이게 했다. 이 조사는 마을의 사정을 가장 잘 아는 통주, 이장, 동장 등이 맡았다. 특정 집에 사람이 실제 살고 있는지를 파악해서 보고했는데, 지금으로 보자면 동장이나 통장이 우리 동네에 몇 명이나 사는가를 집집들이 파악해 동사무소에 보고하는 형식이다. 다른 점이 있다면 통계조사원이 사회경제학적 내용을 담은 설문지를 들고 다니며 묻는 게 아니라 가구 수와 사람 수를 파악하는 행정통계에 가까웠다는 점이다.

당시 호구조사가 필요했던 이유는 세금을 걷고 징병을 하기 위해서였다. 그러니까 우리나라의 통계는 행정적 목적에서 시작됐다고 해도 과언이 아니다. 어느 마을에 누가 얼마나 있는지를 알아야 세금을 얼마나 걷을 수 있는지, 전시戰時에 몇 명이나 동원할 수 있는지를 알 수 있었을 테니 말이다.

정부는 이 〈호구조사규칙〉을 근대 통계의 시작이라 보고 이날을 '통계의 날'로 지정해 기념했는데, 2009년부터는 정부 기념일이 됐다.

단순한 행정통계에서 벗어난 현대적 의미의 인구통계는 일제강점기 시기 조선총독부가 실시했는데, 이때는 사람 수뿐만 아니라 인구학적·사회경제적 특성도 함께 조사했다. 비로소 통계자료로서 의미를 갖게 된 것이다.

조선총독부의 통계 작성 목적은 한반도의 수탈이었다. 조선인들로부터 세금을 걷고 이들을 전쟁터에 내보내기 위한 도구로써 통계를 사용한 것이다. 조선의 사회발전을 위해 통계를 사용했다고는 보기 어렵다.

조선총독부는 우리나라를 강점한 1910년부터 1943년까지 연도별로 연말현주^{年末現住} 호구조사를 실시했다. 연말 현재 시점을 기준으로 한 인구조사라는 뜻이다. 1925년부터 1944년까지는 5년마다 5회에 걸쳐 국세조사도 했다.

우리 손으로 만든 현대적 의미의 통계는 광복과 함께 시행되었다. 우리나라는 정부 수립과 함께 통계국을 만들었는데 당시는 공보처 산하였다. 그렇다면 정부 수립 이후 첫 번째 통계조사는 무엇이었을까? 이번에도 인구조사였다. 1948년 12월 13일 대통령령으로 '제1회 총인구조사 시행령'이 공포되었는데, 통계 시책으로서는 최초의 정령이었다.

한국전쟁 이후 통계국은 내무부 산하로 배치되었다. 내무부(오늘날의 안전행정부)는 세금을 걷고 주민을 위한 행정을 펴는 곳이다. 이때까지도 통계의 역할은 국가의 원활한 운영을 위한 기초자료를 제공하는 데 그쳤다.

통계국이 획기적 변신을 한 때는 1961년 통계국이 내무부에서 경제기획원 산하로 넘어가면서부터였다. 또한 1963년에는 명칭이 '조사통계국'으로 탈바꿈되면서 세금확보와 주민행정을 위한 기초정보를 제공하는 역할에 그쳤던 통계가 드디어 경제정책을 세우고 적용하는 역할로 바뀌었다. 통계청은 지금도 기획재정부 산하에 있다. 물가, 인구, 산업, 고용 등 주요 통계는 경제를 파악하고 정책을 세우는 데 반드시 필요하다.

2000년 중반 이후부터는 경제통계보다 사회통계의 중요성이 더 커지고 있다. 정책을 세우는 데 복지와 노동이 중요한 요소로 부각되었기 때문이다. 노령인구는 얼마나 되는지, 사람들이 집을 얼마나 소유하고 있는지, 소득은 얼마나 되는지, 사람들이 가장 잘 걸리는 질병은 무엇인지를 알아야 복지정책과 노동정책을 세울 수 있다. 이제는 단순히 어느 지역에 몇 명이 사는지를 아는 것만으로는 부족하다. 그보다는 그 사람들이 무엇을 요구하고, 무엇을 필요로 하고, 어떠한 특징을 지니고 있느냐 등등의 세세한 자료가 필요해졌다. 그에 따라 질문도 매우 구체적으로 변했다. 집은 있는지, 있다면 아파트인지 빌라인지, 빌라라면 반지하방이나 옥탑방은 아닌지, 또 자기 집인지 임대한 집인지, 자기 집이 아니라면 원래 무주택자인지 아니면 다른 곳에 집을 두고 이사를 온 것인지, 한집에 사는 사람들의 연령대는 어떤지, 아이들이 있다면 유아인지 어린이인지 등등을 꼬치꼬치 캐묻는다. 그래야만 맞춤식 정책 수립이 가능하기 때문이다.

이런 자잘한 자료가 엄청나게 모이면 그것이 바로 '빅데이터'

가 된다. 빅데이터는 원래 목적 외의 다른 사회분석에도 적극적으로 이용된다. 예를 들어 A라는 마을에 기초연금을 주기 위해 노인인구를 파악했다고 치자. 상세한 자료를 모으기 위해 고령자의 성별, 나이, 소득 수준, 직계가족 수, 거주 주택규모, 차량 소유 현황, 목적별 지출 현황 등을 함께 물었다. 이 자료는 복지부의 노인종합복지시설 건설사업이나 국토교통부의 마을버스 확충사업에도 요긴하게 쓰일 수 있다.

북한의 인구 수는 어떻게 구하나

　우리나라와 북한은 통계를 주고받지 않는다. 북한은 인구 수를 매년 공표하지도 않는다. 그런데도 우리 정부는 북한의 인구를 2012년 현재 2,442만 7,000명이라고 말한다. 이 데이터는 국가통계포털(www.kosis.kr→국제·북한통계→북한통계→주제별→인구→남북한인구)을 통해서도 확인할 수 있다. 어떻게 해서 북한 인구를 알 수 있었을까.

　결론부터 말하면 북한의 인구는 통계청의 추계치다. 북한은 1993년과 2008년 두 차례에 걸쳐 인구센서스를 실시했다. 1993년과 2008년의 인구센서스 자료가 추계의 기준이 된 것이다. 인구 추계에서 중요한 요소는 출생, 사망, 국제이동이다. 15년간의 인구 변화치를 토대로 출생률, 사망률, 인구이동률 등을 추정한 뒤 1993년과 2008년 사이의 인구를 확정한다. 같은 방법으로 2009년 이후의 상황을 가정해 인구를 추계한다. 만약 2015년께 북한이 인구센서스를 다시 한다면 2009년부터 2014년 사이의 인구는 2015년 결과를 반영해 재조정된다.

　북한의 인구센서스 기간은 딱히 정해져 있지 않다. 당초 2013년 인구센서스를 한다는 말이 있었지만 여러 가지 이유로 무산됐다. 현실적인 이유로는 인구센서스에 필요한 자금이 부족해서 정기적으로 인구조사를 할 수 없는 것으로 알려져 있다.

　북한의 인구센서스는 통상 유엔UN의 자금 지원을 받아 이루어진다. 이 때문에 북한의 인구센서스 자료는 전 세계에 공표된다. 국제기구는 통상 자료 공표를 조건으로 자금을 지원하기 때문이다.

　다만 북한은 조사결과를 세세하게 공개하지는 않고 단순 통계표만 공개한다. 북한 인구의 여러 가지를 분석하려면 연령대별·지역대별 개별 데이터가 필요한데, 이를 공개하지 않기 때문에 추계치에는 오차가 생길 수밖에 없다.

북한 인구는 통계청에서 자체 추정이라도 하고 있지만, 나머지 북한에 대한 자료는 국제기구의 자료를 단순 인용하고 있는 실정이다. 유엔이 가장 많은 자료를 가지고 있는데, 인구 및 경제성장률, 국민소득 등과 함께 보건, 에너지, 국제사회 지원 등의 자료가 있다. 그 밖에 유엔 식량농업기구FAO를 통해서는 곡물 및 수산물 생산량을, 국제노동기구ILO를 통해서는 고용률 및 경제활동참가율 등을, 국제에너지기구IEA를 통해서는 에너지 수급과 전력·석유량 등을 알 수 있다.

대푯값을 찾아라

통계의 신뢰도는 일차적으로 자료를 제대로 수집했느냐에 달려 있다. 자료 수집이 잘됐다면 다음으로 중요한 것은 해석 능력이다. 아무리 잘 수집한 통계치라고 해도 해석을 잘못해버리면 의미가 없다. 왜곡되면 아예 모르는 것보다 오히려 더 나쁘다. 통계가 종종 '새빨간 거짓말'이라는 비아냥거림을 받는 것도 모두 이 '해석' 때문이다.

통계를 분석하는 가장 손쉬운 방법은 대푯값을 찾는 것이다. 대푯값이란 통계자료 전체를 대표하는 특정 값을 말하는데, 수많은 통계자료를 단 한 줄로 압축해 표현할 수 있는 '통계의 맥'이라 할 수 있다.

대푯값 중 가장 흔히 쓰는 것은 산술평균anithmetic mean인데, 이는 우리가 흔히 말하는 '평균'이다. 전체 값을 모두 더한 뒤, 모집단 개수로 나누면 산술평균을 구할 수 있다. 1, 2, 3의 평균은 '(1+2+3)/3=2'이다.

그런데 평균이 언제나 전체를 대표할까? 사안에 따라서는 중위수median나 최빈수mode 등도 대푯값이 된다. 다음 예를 살펴보자.

A마을 다섯 가구의 월수입을 조사했다. 그중 세 명은 중소기업 직원이고, 한 명은 대기업 직원이다. 나머지 한 명은 대기업 사장이다.

중소기업 종사자의 소득: 월 100만 원
대기업 직원의 소득: 월 200만 원
대기업 사장의 소득: 월 1억 원

통상 쓰는 평균으로 대푯값을 구해보자. 개별 가구의 모든 소득을 더한 뒤 5로 나누면 된다. 모든 소득(100만+100만+100만+200만+1억)을 더하면 1억 500만 원이다. 이를 다섯 가구로 나누면 가구당 평균은 2,100만 원이 나온다. 즉 A마을의 가구당 월 평균 소득은 2,100만 원이다. 그런데 'A마을은 한 가구가 2,100만 원의 월

소득을 올린다'고 공표하면 마을 사람들이 납득할 수 있을까?

월 소득이 2,100만 원이라면 상당한 부촌이다. 하지만 실제 다섯 가구 중 네 가구의 월수입은 100만 원 또는 200만 원에 그칠 뿐이다. 평균치인 2,100만 원의 10분의 1도 안 된다. 아마 이 마을의 월 평균 소득이 2,100만 원이라고 발표하면 네 가구는 "무슨 소리냐"라고 반발할 가능성이 크다. 다음 이야기를 통해 산술평균의 허점을 한 번 더 살펴보자.

어떤 전쟁에서 진군하던 병사들이 큰 강을 만났다.

장군이 물었다. "이 강의 평균 깊이는 얼마인가?"

부하가 답했다. "1m 50cm라고 합니다."

장군이 또 물었다. "우리 병사들의 평균 키는 얼마인가?"

부하가 대답했다. "1m 70cm입니다."

"음, 그러면 강을 건널 수 있겠군. 진군하라!"

결과는 과연 어땠을까? 대부분의 병사가 물에 빠져 죽었다. 강의 평균 깊이는 1m 50cm지만 가장 깊은 곳은 2m가 넘었다. 또한 병사들의 평균 키는 1m 70cm였지만 1m 50cm 정도의 병사도 수두룩했다. 결국 키가 2m 넘는 몇 명만이 살아남았다. 평균을 잘못 사용했을 때 일어날 수 있는 일을 빗댄 대표적인 우화다.

우리나라 평균 기온은 12℃다. 그런데 유럽 여행객이 여행가이드에서 한국의 평균 기온만 보고 긴팔 위주의 가벼운 옷차림으로 방문한다면 어떨까? 만약 방문 시점이 여름이나 겨울이라면 공항에서부터 아주 혼쭐이 날 것이다. 우리나라는 기온이 여름에는 30℃를 오르내리는 반면 겨울에는 -10℃ 가까이 육박한다. 가벼운 옷차림으로 왔다가는 더워 죽거나 추워 죽겠다는 볼멘소리가 터져 나올 수밖에 없다. 3박 4일 일정으로 한국을 방문할 때 평균 기온은 큰 의미가 없다는 의미다. 방문하는 당일의 기온을 봐야 한다. 이것이 평균의 한계다.

이처럼 통계자료 간에 편차가 커서 평균이 큰 의미를 지니지 않을 때는 중위수(혹은 중앙값)를 고려해보는 것이 좋다. 중위수란 자료를 크기순으로 나열했을 때 가운데에 위치하는 값을 말한다. 자료가 홀수 개면 정중앙의 값이 중위수다.

> 100만 원, 100만 원, 100만 원, 200만 원, 1억 원

A마을 소득에서 중위수는 정중앙값인 100만 원이다. 다섯 명 중 세 명이 100만 원의 소득을 올리고 있으니 평균인 2,100만 원에 비해서는 주민들의 실소득과 가깝다고 볼 수 있다. 만약 표본이 짝수 개라면 중앙에 위치한 값이 두 개이므로 두 값의 평균을 구하면 된다. A마을에 300만 원의 소득을 올리는 사람이 한 명 더

있다고 가정해보자. 일단 소득순으로 자료를 나열한다.

100만 원과 200만 원이 가운데에 위치한다. 따라서 (100만 원 +200만 원)/2=150만 원이므로 150만 원이 중위수다.

표본들 간 격차가 더 크다면 최빈수를 쓸 수도 있다. 최빈수란 빈도수가 가장 많은 자료 값이다. A마을의 경우 100만 원의 소득을 올리는 가구가 세 가구로 가장 많으니 최빈수는 100만 원이 된다.

종종 기업들의 평균연봉이 언론에 보도되면, 해당 기업에 근무하는 근로자들은 "실제 나는 그렇게 많이 받지 않는다"라며 불만을 토로하는 모습을 보이곤 한다. 몇몇 임원들의 봉급이 너무 높아서 평균연봉을 끌어올린 경우다. 이럴 때 가장 합리적인 대푯값은 최빈수다. 만약 100명의 임직원 중에서 90명의 연봉은 1,000만 원이고 아홉 명은 5,000만 원, 한 명은 100억 원이라고 가정해보자. 이때는 최빈수인 90명이 받은 연 1,000만 원을 이 회사의 대표 봉급으로 보는 것이 합리적이다.

'스타'가 존재하는 프로스포츠에서는 특히나 봉급의 편차가 매우 크다. 프로야구 선수들의 경우 연봉 7억 원을 받는 선수가 있는가 하면 2,500만 원을 받는 선수도 많다. 7억 원을 받는 선수는 한 명이고 2,500만 원을 받는 선수는 100명이라고 한다면 평균을 쓰는 것이 좋을까, 중위수를 쓰는 것이 좋을까, 아니면 최빈수를 쓰는 것이 좋을까. 고민해볼 만한 문제다. 한국 프로야구에서는 부자군단으로 소문난 삼성라이온즈가 선수별 연봉 격차가 가장 심한 것으로 알려져 있다.

대푯값을 구하는 방식에는 절사평균도 있다. 가장 큰 자료와 가장 작은 자료를 일정 비율 잘라내고 평균을 계산하는 식이다. 예컨대 20% 절사평균이라면 열 개 표본 중에서 가장 큰 숫자 두 개와 가장 작은 숫자 두 개를 버리고 산술평균을 내면 된다.

1, 2, 5, 10, 15, 18, 30, 32, 50, 100

위와 같이 숫자가 배열되었다면 가장 작은 1, 2와 가장 큰 50, 100을 제외하고 산술평균을 낸다. (5+10+15+18+30+32)/6=18.3이다. 열 개의 표본을 모두 이용하는 산술평균과는 값의 차이가 크다. 산술평균은 (1+2+5+10+15+18+30+32+50+100)/10=26.3이다.

절사평균이 실제로 사용되는 분야가 있는데 바로 체조경기에서다. 일곱 명의 심판이 매긴 점수 중 최고치와 최저치를 제외하고 평균을 낸다. 이는 선수와 같은 나라의 심판은 점수를 후하게, 경쟁국의 심판은 박하게 주는 것을 막기 위한 조치다. 김연아 선수가 출전하는 피겨스케이팅도 절사평균으로 우열을 가린다.

과거 데이터는 기억하지 마세요, 도박사의 오류

　대푯값처럼 통계를 해석하다 발생할 수 있는 대표적인 오류로 '도박사의 오류'를 들 수 있다. 도박사의 오류는 한 마디로 '과거는 기억하지 마세요'라고 표현할 수 있다. 벌어지고 있는 사건들이 별개의 확률을 가지고 있는데, 이를 섞으면서 발생하는 착각이다.

　남성과 여성의 비율이 1대 1인 어느 도시가 있다고 치자. 한 부인이 첫째로 딸을 낳았다. 그렇다면 둘째는 무조건 아들일까? 그렇지 않다. 둘째가 아들로 태어날 확률은 여전히 50%이다. 또 다른 예를 들어보자. 수술 성공률이 20%인 의사가 있다. 컨디션이 나빠 열 명의 환자 가운데 여덟 명의 환자를 수술하는 데 모두 실패했다. 그렇다면 남은 환자 두 명의 수술은 모두 성공할까? 그렇지 않다. 각각의 수술 성공률은 여전히 20%이다. 오히려 컨디션이 나쁜 데다 잇단 실패에 따른 부담까지 생겨 수술 성공률이 더 떨어질지도 모른다.

　야구중계에서도 이런 일은 흔히 벌어진다. 3할 3푼 3리의 타자가 2타석 연속 범타에 그치면 방송 진행자들은 이렇게 말한다. "앞선 타석에서 두 번 실패했으니 이번에는 성공할 때가 됐어요." 그러다가 안타라도 치면 "그렇죠. 칠 때가 됐다니까요"라며 자신의 해설을 자찬한다. 하지만 확률론으로 보면 말도 안 되는 주장이다. 세 번째 타석에서도 안타를 칠 확률은 여전히 3할 3푼 3리다. 다만 이런 사례도 수십 번, 수백 번을 반복하면 전체 확률에 근접하는 경향을 보인다. 이것이 대수의 법칙Law of large numbers이다.

　이런 오류에 '도박사의 오류'라는 이름이 붙은 이유는 도박사들이 앞에서 일어난 사건은 뒤에 일어날 사건의 확률에 영향을 주지 않는다는 주장을 받아들이지 않기 때문이다. 즉 '지금까지 잭팟이 터지지 않았으니 이젠 터질 때가 됐어'라고 생각하는 심리다. 이런 오류는 도박사들을 계속해서 도박장으로 이끌고 "한 번만 더"를 외치다가 결국 빈털터리 신세로 전락하게 만들기도 한다. 그러면서도 그들은 이렇게 말한다. "한 번만 더 하면 정말 딸 수 있는데…"라고.

전수조사와 표본조사

　통계자료를 수집하는 방법에는 여러 가지가 있는데, 대표적으로 전수조사를 들 수 있다. 전수조사는 대상자 전원에게서 직접 자료를 얻는 방식이다. 2014년 현재 통계청에서 실시하는 전수조사는 모두 13종류가 있다. 가장 대표적인 것이 인구센서스다. 우리나라는 인구센서스를 매 5년마다 전 국민을 대상으로 실시한다. 그렇기 때문에 규모나 비용 면에서 가장 큰 조사다. 국가적 행사라고 해도 과언이 아닐 정도다.

　정확성을 높이려면 모든 통계를 전수조사로 만드는 것이 가장 좋다. 하지만 조사에 너무 많은 시간과 돈이 들어간다는 것이 문제다. 요즘처럼 모든 것이 급변하는 상황에서는 자칫 통계자료를 수집하다가 적정한 시점에 분석자료를 내놓지 못할 수도 있다. '중국은 인구센서스를 하고 나서 인구 수를 집계하는 사이 또 인구가 늘어난다'는 말이 있는데, 이러한 우스갯소리는 전수조사의 맹점을 통렬하게 짚어낸다.

그뿐만 아니라 관리의 문제도 있다. 표본이 많아지는 만큼 관리하기도 만만치가 않다. 조사원 개개인의 역량이 다르기 때문에 답변을 받아오는 수준이 다를 수도 있다. 무응답자가 있을 때 어떤 조사원은 적극적으로 답을 받아오고 어떤 조사원은 그렇지 않다면 오차가 생길 수 있다. 막대한 돈과 인력을 투입했는데도 오차가 생긴다면 정말 속이 타지 않겠는가.

인구센서스 외에 전수조사를 하는 통계로는 경제센서스, 농림어업센서스 등이 있는데, 특정 집단을 구성하는 단위의 크기와 구조 등을 관찰하기 위해 실시한다.

전수조사가 시간과 비용이 많이 들고 관리하기도 어렵기 때문에 대부분의 통계는 표본조사로 자료를 수집한다. 표본조사란 조사 대상 중 일부만을 뽑아서 통계자료를 내는 것을 말한다. 국의 간을 맞출 때 국 전체를 마시지 않고 한 국자를 떠서 맛을 보는 것과 같은 이치다. 단, 이때 전제가 하나 있다. 국을 잘 저어서 미리 국 전체의 맛이 균질하도록 만들어두어야 한다. 표본조사를 할 때도 마찬가지다.

표본조사의 정확도에 가장 영향을 많이 미치는 것은 표본의 크기다. 아무래도 표본의 크기가 작을수록 오차가 커진다. 하지만 일정 정도의 수준을 넘어서면 표본의 크기는 크게 중요하지 않다. '대수의 법칙'이 적용되기 때문이다. 대수의 법칙이란 관찰 대상의 수를 늘릴수록 개개의 단위가 가지고 있는 고유의 요인은 사라지고 그 집단에 내재된 본질적 경향이 나타나는 성향을 말한다. 관찰 기간을 늘릴수록 안전도가 높아지지만 일정 수준 이상이 되면 기간을 더 늘린다고 해서 정확성이 더 높아지지는 않는다. 이때부터는 표본의 수를 늘리기보다는 표본을 어떻게 추출했느냐가 더 중요해진다.

1936년 민주당의 루스벨트Franklin Roosevelt와 공화당의 랜던 Alfred M. Landon이 맞붙은 미국 선거는 표본추출의 중요성을 인식시킨 전설로 남아 있다. 대공황 직후인 당시 민주당은 증세를 해서 복지를 확대하고 뉴딜정책을 펴 일자리를 만들자고 했다. 반면 공화당은 적정 과세를 유지하고 소비력 있는 계층의 소비를 늘려 위기를 타개하고자 했다. 저소득층은 민주당을, 고소득층은 공화당을 지지했다.

미국의 인기 잡지인 〈리터러리 다이제스트Literary Digest〉는 1,000만 명의 유권자에게 설문지를 보낸 뒤 240만 명으로부터 응답을 받았다. 그리고 이 설문지를 3개월에 걸쳐 분석한 결과, 랜던이 57%의 지지율로 이길 것이라고 예측했다.

그런데 미국의 대표적인 여론조사 기관인 갤럽Gallup은 5만 명에게 설문조사를 한 뒤 루스벨트가 56%, 랜던이 44%를 기록해 루스벨트가 승리할 것으로 예측했다. 실제 결과는 어땠을까? 루스벨트가 62%, 랜던이 38%를 기록하여 루스벨트의 승리로 돌아갔다.

240만 명이 답한 조사보다 왜 5만 명이 답한 조사 결과가 더 정확했을까? 표본을 추출하는 데서 차이가 있었기 때문이다. 〈리터러리 다이제스트〉는 주로 보수 성향의 사람들이 보는 잡지다. 그중에서도 설문지를 받고 답한 240만 명은 정치적 의사표현이 강한 사람들이었다. 이들은 공화당의 랜던에게 몰표를 줬다.

반면 갤럽은 할당추출법을 이용해 5만 명의 표본을 구했다. 할당추출법이란 모집단을 특정 집단으로 나눈 뒤 각 집단에서 할당된 표본만을 추출해 조사하는 방식이다. 즉 인구 비율이 20대 10%, 30대 35%, 40대 35%, 50대 이상 20%라면 표본을 추출할 때도 각 연령별로 동등한 인구 점유율을 적용해 설문을 하는 식이다. 만약 표본을 100명으로 정했으면 20대 10명, 30대 35명, 40대 35명, 50대 이상 20명을 대상으로 하면 된다. 실제 유권자 비율과 동등한 수준으로 추출된 표본들은 모집단과 비슷한 정보를 제공했다. 이로써 갤럽의 명성은 단번에 뛰어올랐고, 오늘날 대표적인 통계조사 회사가 되는 토대를 닦을 수 있었다.

하지만 할당추출 하나만 가지고는 정확성이 떨어진다. 갤럽도 〈리터러리 다이제스트〉보다는 정확했지만 실제 루스벨트의 득표율에 비해서는 6%p가 낮았다. 이때 필요한 것이 바로 임의추출 방식이다. 할당추출과 임의추출 방식이 병행될 때 표본추출은 가장 정확해진다.

임의추출이란 표본추출을 무작위Random로 결정하는 것을 뜻한다. 여론조사 조사원이 답변자를 정하는 것이 아니라 회사가 임의로 정해서 반드시 그 표본으로부터 자료를 얻도록 하는 방식이다. 20대, 30대, 40대 등 연령별로 나누어 사람들에게 질문을 하는데, 답변을 꺼리는 사람들이 많다고 해보자. 조사원은 적극적으로 답변하는 사람을 찾아다니게 되고 이 과정에서 오차가 생긴다.

갤럽이라고 해서 계속 승승장구한 건 아니었다. 1948년 미국 대선에서는 망신을 당한 바 있다. 당시 민주당 트루먼Harry Truman 후보와 공화당 듀이Thomas Dewey가 맞붙었는데 갤럽은 듀이가 50%를 얻어 트루먼(44%)을 앞설 것이라고 예상했다. 하지만 막상 개표를 해보니 트루먼 50%, 듀이 45%로 트루먼이 승리를 거뒀다. 트루먼은 당선 직후 '듀이가 트루먼을 눌렀다'는 헤드카피로 미리 신문을 발행했던 〈시카고 트리뷴Chicago Tribune〉지를 들며 갤럽의 예측 실패를 조롱했다.

갤럽이 왜 이러한 실수를 저질렀을까? 바로 할당추출에만 전념했기 때문이다. 1936년 선거 예측에서 6%p가량 차이가 난 이유도 할당추출의 한계 때문이었다. 당시 갤럽의 조사원들은 유권자들이 답변을 잘 안 해주면 조금 더 수월하게 대답해주는 사람들을 찾았다. 문제는 같은 나이대와 지역이라도 공화당 듀이 지지자들은 답변을 쉽게 해주고, 민주당 트루먼의 지지자들은 답변을 회피하는 성향이 많았다는 것이다. 질문에 답하지는 않지만 투표장에는 나가는 유권자의 의중을 읽지 못한 탓에 선거 예측은 실패로 돌아갔다.

통계청에서는 대부분 표본조사를 통해 통계치를 낸다. 통계청의 승인을 받은 표본조사 통계는 모두 30종인데 고용통계, 광공업통계, 물가통계, 각종 사회통계조사 등이다.

전수조사에는 표본조사도 하지 않고 만들어내는 통계가 있다. 바로 가공통계다. 이는 기존의 통계를 이용해 새로운 통계를 만드는 것이다. 가공통계의 대표적 사례로는 국내총생산을 들 수 있다. 국내총생산은 한 나라의 생산과 투자, 소비를 더하고 빼서 만들어진다. 지역소득, 경기종합지수, 인구추계 등도 가공통계다. 기존에 있는 통계를 이리저리 오리고 붙여서 만든 통계인 것이다. 이러한 가공통계로는 2014년 현재 총 14종류가 있다.

보고통계도 있다. 출생신고나 사망신고 등 신고를 받아서 이를 통계화한 것인데, 국내인구이동통계와 국제인구이동통계가 대표적이다.

통계를 만들기 위한 인구센서스가 통계를 흔든다?

5,000만 명의 전 국민을 모집단으로 삼는 인구센서스는 범국가적인 작업이다. 많은 돈과 시간, 인력을 투입하기 때문에 가장 양질의 빅데이터가 쌓인다.

2010 인구주택총조사 당시 투입된 조사원은 11만 명이 넘었다. 제대로 조사를 하기 위해 업무를 총괄하는 총 관리자, 조사원의 현장조사를 지원하는 조사 관리자, 가구를 방문하는 조사원 등이 필요했고 보름 동안 진행되었다. 그러다 보니 인구센서스가 구직통계에 착시 현상을 일으켰다. 실업자 수와 실업률, 취업자 수, 고용률에 영향을 줬다는 이야기다.

인구센서스 조사원 11만 명이 취업자로 잡히니 취업자 수가 급증했다. 인구센서스가 행해진 2010년 11월 취업자 수는 1년 전 같은 달보다 30만 3,000명 늘었다. 이 중 11만 명이 인구센서스 조사요원이었으니 취업자 수의 3분의 1이나 됐던 것이다. 정부도 "인구센서스 조사원을 제외하면 취업자 수 증가는 20만 명에 그친다"라며 의미를 확대해석하지 말 것을 부탁했다.

인구센서스의 고용착시 현상은 미국에서도 똑같이 일어났다. 2010년 5월 미국 인구센서스가 진행된 달, 노동부는 일자리가 10년 만에 가장 많이 늘었다고 자랑했다. 당시 센서스에 동원된 조사인력은 70만 명에 달했다. 금융위기의 여진이 여전했던 그때 인구센서스는 공공부문에서 일자리 70만 개를 만드는 효과를 발휘했다. 하지만 조사원들은 6월과 7월에 걸쳐 고용계약이 만료됐고 취업자 수 증가는 두 달 연속 크게 둔화되었다.

인구센서스에는 돈도 많이 든다. 2010년 우리나라의 인구센서스 때는 1,800억 원의 예산이 투입됐다. 그러니까 인구센서스는 1,800억 원짜리 '금싸라기' 통계라는 뜻이다. 하지만 우리나라는 중국과 비교하면 별것 아닌 수준이다. 인구 13억 명의 중국의 경우 인구센서스에 드는 비용과 인력이 상상을 초월한다.

중국 공산당 기관지 〈런민르바오人民日報〉가 발행하는 경제주간지 〈중궈징지저우칸中國經濟周刊〉은 2010년 실시된 중국의 6차 인구센서스에 들어간 경비가 80억 위안에 이른다고 밝혔다. 80억 위안을 우리 돈으로 환산하면 약 1조 4,000억 원이다. 인구조사를 위해 투입된 인원은 600만여 명에 달했다. 600만 명이면 서울시 전체 취업자 수(500만 명)보다 100만 명이나 많은 숫자다. 인구센서스 한 번에 서울시에서 일하고 있는 사람들보다 더 많은 사람이 고용된 셈이다.

이렇게 많은 돈과 노력이 들어가다 보니 우리나라는 조사원이 전국 가구를 일일이 방문해서 가구원 수와 거주실태 등을 조사하는 형식의 인구센서스는 2010년을 끝으로 폐지하기로 했다. 2015년부터는 가정을 직접 방문하지 않고 행정자료를 토대로 조사하는 '등록센서스'로 바뀐다. 1925년 인구센서스가 시작된 이후 90년 만에 조사체계가 바뀌는 셈이다.

2010년 조사에서도 전체 가구의 30%를 인터넷 조사가구로 선정했고, 센서스에 참여한 가구에는 추첨을 통해 문화상품권을 지급했다. 또 조사에 응한 가구의 자녀에게는 사회봉사활동점수 두 시간을 부여했다. 참여를 독려하기 위해서였다.

통계의 자격

통계에도 자격이 있을까? 아무나 임의의 기준으로 조사를 한다고 해서 그것이 통계일 수는 없는 법. 그렇다면 어떤 자격을 갖추어야 공식적인 통계로 인정받을 수 있을까? 다음의 이야기로 통계가 필수적으로 갖추어야 할 요건에 대해 알아보도록 하자.

정부가 소득수준이 낮은 강원도의 한 산골마을에 보조금을 지급하기로 했다. 500가구가 사는 이 마을을 통계청이 조사하기로 했고, 그 결과에 따라 보조금 지급 여부와 액수를 최종 결정하기로 했다. 통계청이 조사를 해보니 마을 1인당 소득은 연간 3,000만 원이었다. 정부가 생각하는 최소 연간소득은 3,500만 원이었기에 이들에게 500만 원을 지급하기로 결정했다.

그런데 이 마을에 사는 김 씨는 도저히 통계청의 조사를 신뢰할 수 없었다. 통계청이 자신에게 물어본 적도 없었을 뿐만 아니라, 이 구석진 촌 동네의 평균소득이 연 3,000만 원이나 된다는 것을 이해할 수 없었기 때문이다.

이에 통계청은 "500가구 중 50가구를 표본조사했고 할당추출과 임의추출을 거쳤다"라고 말했다. 김 씨는 발끈해서는 "500가구 중 고작 50가구만 조사해놓고 그게 말이 되느냐"라며 자신이 직접 발로 뛰어다니며 조사하기로 결심했다.

일주일에 걸쳐 500가구를 모두 전수조사해보니 총 소득이 100억 원으로 집계됐다. 한 가구당 평균을 내니 2,000만 원이었다. 통계청의 3,000만 원보다 무려 1,000만 원이나 소득이 낮았다.

김 씨는 "그럼 그렇지, 이 산골마을에서 소득이 그렇게 나올 리가 있나. 이렇게 일일이 조사하니까 정확한 결과가 나오는구면" 하며 이 통계를 근거로 정부에 영농자금을 요구하기로 했다. 과연 김 씨의 통계는 공식 자료로 인정받을 수 있을까?

결론적으로 말하자면 조사를 해서 통계를 작성했다고 모두 정식 통계로 인정받는 것은 아니다. 통계법에 의하면 '국가가 승인한 통계작성 기관'이 만든 통계만이 '통계'다. 통계작성 기관에는 기획재정부, 국토교통부, 산업통상자원부 등 중앙부처와 통계청, 관세청, 특허청 등 중앙행정기관 등이 있다. 또 서울시, 부산시, 대구시, 경기도 등과 같은 광역지자체도 통계작성 기관이다.

행정기관 외에도 별도로 통계법이 승인한 기관들도 있다. 한국도로공사, 한국전력공사, 수출입은행, 한국거래소 등 공기업 및 공공기관, 한국개발연구원, 국토연구원 등 국책연구기관이 대표적이다. 금융투자협회, 보험협회, 여신협회 등 각종 협회와 단체도 통계를 만들 수 있다.

이렇게 통계작성 기관을 따로 지정하는 것은 이 기관이 객관적으로 특정 이익에 치우치지 않고 통계를 만들 능력이 있다고 보기 때문이다. 그렇기 때문에 주로 공적인 기관에 통계작성권이 부여된다.

그렇다면 법으로 승인받은 기관들이 작성하면 모두 통계로 인정될까? 그렇지 않다. 통계의 자격은 의외로 까다롭다. 이들이 수집한 통계자료가 적절하게 획득되었는지를 보아야 하기 때문이다. 즉 작성한 통계를 승인받는 절차가 필요하다. 통계는 조사방법에 따라 결과가 천양지차다. 자료를 잘못 수집할 수도 있고, 시작부터 질문이 잘못됐을 수도 있다. 비록 의도적이지는 않았더라도 실수로 잘못된 문답지를 만들었다면 통계자료로 쓰기 힘들다. 통계청은 이런 점이 잘되었는지 들여다보고 승인 여부를 결정한다.

통계작성권이 없는 기관도 통계형식의 자료를 만든다. 대표적인 사례가 인터넷에서 네티즌을 상대로 실시되는 설문이다.

하지만 간이 인터넷 설문은 통계자료로서의 대표성을 갖기 힘든 경우가 많다. 예를 들어보자.

2013년 6월 모 경제신문은 노무현 전 대통령의 NLL발언에 대한 인터넷 설문조사를 실시했다. 3일간 답변을 받은 결과 '노무현 전 대통령의 NLL발언은 NLL을 포기한 것으로 볼 수 있다'가 79.8%였다. 일부 언론은 이를 근거로 "네티즌 79.8%, NLL발언은 NLL포기로 생각"이라는 기사를 썼다.

네티즌은 젊은층이 대부분이고 진보 성향인 사람이 많아서 노무현 전 대통령을 상대적으로 더 지지한다고 생각했던 정치 전문가들로서는 놀랄 만한 결과였다. 하지만 이상한 점이 있었다. 투표 참여인원이 몇 명이나 되는지 봤더니 3일간 무려 226만 명이 답변을 했다. 아무리 NLL대화록이 큰 관심을 끄는 사안이라고 해도 3일간 200만 명이 넘는 사람들이 경제신문 사이트의 설문조사에 응했다니? 알고 보니 이 설문은 중복 투표가 가능했다. 한 사람이 수십 번, 수백 번 '클릭질'을 하는 것이 가능했다는 뜻이다.

인터넷 설문의 가장 큰 맹점은 반복 투표다. 자동으로 클릭을 해주는 프로그램만 실행해놓으면 수만 번도 투표할 수 있다. 1인 1표로 제한한다고 해도 문제는 있다. 인터넷은 젊은층, 도시 거주자가 많이 사용한다. 정치적 성향은 진보가 많다. 즉 네티즌(표본)이 현실(모집단)을 대표한다고 볼 수 없다는 말이다.

이것은 국내에만 적용되는 것이 아니다. CNN이나 〈타임TIME〉 지 등이 연말에 실시하는 '세계에서 가장 영향력 있는 인물'이나 '세계 최고의 스포츠 스타' 등의 투표에서 우리나라 스타들이 종종 선정된다. 한국 네티즌들이 우르르 몰려가서 몰표를 줬기 때문이다. 이 때문에 일부 해외 사이트는 인터넷 투표를 할 때 한국의 IP는 접속을 아예 차단하기도 한다.

국내 프로야구 올스타전에서도 비슷한 현상이 벌어진다. 매년 몰표전쟁이 벌어지는데 2012년에는 롯데자이언츠가, 2013년에는 LG트윈스가 프로야구 올스타 투표에서 전 포지션을 휩쓸었다. 사실 롯데와 LG 소속 선수들이 당해 모든 포지션에서 최고의 기량을 선보였다고 보기 힘들다. 그보다는 '팬심'이 쏠리면서 여론에 조작이 일어난 것으로 보는 편이 옳다. 당해 성적이 좋았던 구단의 팬들은 올스타전 투표에 적극적으로 참여하는 반면, 그렇지 못한 팀의 팬들은 관심을 적게 가질 수밖에 없다. 그러다 보니 특정 구단의 '싹쓸이 현상'이 일어나는 것이다. 특히 인기구단이라면 팬의 힘은 더욱 막강해진다.

통계가 적절한 기간에 적절한 절차로 잘 작성되었다고 해도 공개할 목적이 아니라 내부적으로 사용할 목적으로 만들어졌다면 이 역시 통계로 인정받지 못한다. 또한 사회공공의 이익을 목적으로 작성했다고 보기 어려운 통계도 공식 통계로 승인받지 못한다. 정책수행을 위해 정부가 간이로 만든 통계나 선거기간에 여론조사 기관이 작성한 지지율 추이가 공식 통계로 인정받지 못하는 이유는 이 때문이다.

또한 개인의 연구논문이나 보고서에 사용할 목적으로 조사된 통계도 통계법상 인정받지 못한다. 아무리 학회를 통해 검증을 받고 그 결과 학위가 수여되었다 해도 공식 통계로서의 효력은 갖지 못한다.

통계청의 승인에는 그 통계에 대해 대한민국 정부가 책임을 지겠다는 뜻이 포함되어 있다. 그렇기 때문에 통계청 통계가 부실하거나 왜곡되었을 경우, 정부에 대한 신뢰도 추락으로 이어질 수 있다. 거기에 만약 정치적 목적까지 있었다면 그 후폭풍은 가늠하기도 힘들다.

다시 김 씨 이야기로 돌아가보자. 김 씨는 통계승인 기관이 아니다. 거기다 '영농자금을 받기 위한 사적인 목적'이 뚜렷하다. 그렇기 때문에 김 씨가 작성한 통계는 조사의 정확성 유무를 떠나 통계로서 인정받을 수가 없다.

통계청은 전수조사가 아닌 표본조사를 했다. 주민 500명 중에서 50명밖에 조사하지 않았다. 반면 김 씨는 전수조사를 했다. 그렇다면 모든 사람에게서 답변을 받은 김 씨의 조사결과가 통계청 조사보다 오차가 적을까? 아마 그렇지 않을 것이다.

'소득의 개념'에 대해 전문적인 교육을 받지 못했다면 질문 자체에서도 오류가 발생할 수 있다. 예컨대 통계청은 농민들이 받은 실질소득을 물었다. 지난해 쌀을 수확해서 판 소득에다 고령의 농민들이 받고 있는 기초연금을 포함했다. '지난해 쌀을 팔아 얻은 수익+기초연금'이 바로 '소득'이다. 반면 김 씨는 농작물을 수확해 시중에 내다 판 소득만 따졌다.

통계적으로 보자면 쌀을 수확하고 판매해서 얻은 소득은 사업소득으로, 정부의 지원금은 이전소득으로 분류된다. 흔히 말하는 가계소득은 이 두 가지를 합한 것이다. 하지만 아무런 사전지식이 없는 일반인들에게 "소득이 얼마냐"라고 물으면 십중팔구는 사업소득만을 떠올릴 가능성이 높다.

통계청이 500가구의 특성을 분석해 연령별, 성별, 지역별로 '할당추출'을 하고, 무작위로 가구를 선정하는 '임의추출'을 통해 50가구의 표본을 선정했다면 전수조사를 했을 때와 비교해 차이가 크지 않다. 변수는 있다. 임의추출된 표본의 답변이다. 답변율이 너무 낮으면 오차가 생길 수 있다. 최근에 설문조사를 공표할 때 답변율을 공개하는 것도 이 때문이다.

통계작성 승인기관이 통계청의 승인을 얻어 작성하는 '통계'는 2013년 5월 1일 현재 총 908종이다. 인구 관련 통계만 해도 인구이동, 인구총조사(인구센서스), 추계인구, 주민등록인구 등 그 종류가 다양하다. 중앙정부를 비롯한 지자체, 협회, 공공기관 등 387개 기관이 작성하고 있다. 통계청이 직접 작성하는 통계는 57종이다. 복수의 기관이 공동으로 작성하는 통계도 있다.

가계금융조사는 통계청, 금융감독원, 한국은행 등 세 곳에서 공동으로 조사해 만든다.

그렇다면 공식 통계라고 해서 모두 정확할까? 그렇지 않다. 통계청의 조사마저도 논란의 대상이 되는 경우가 있다. 통계청이 발표한 수치가 피부로 느끼는 체감도와 다를 때다.

비슷한 통계를 각기 다른 기관이 내서 혼란을 주는 일도 있다. 2013년 5월에 통계청과 한국은행이 경기진단을 했는데 두 기관의 발표가 달랐다. 통계청은 2013년 1분기 산업활동 동향을 발표하면서 이 기간에 광공업 생산이 전 분기 대비 0.9% 감소했다고 밝힌 반면, 한국은행은 1.4% 증가했다고 밝힌 것이다. 설비투자에 대한 내용 역시 두 기관의 통계가 달랐다. 한국은행은 1분기 설비투자가 전기 대비 3.0% 증가했다고 밝혔지만 통계청은 3.3% 감소했다고 밝힌 것이다.

양측의 통계 차이는 왜, 어디서 난 것일까? 통계청은 표본사업 8,000개 사업체를 대상으로 613개 주요품목의 물량을 직접 조사하였다. 반면 한국은행은 2005년도 부가가치에 물량지수를 적용해 통계를 냈다. 또 통계청은 24개 산업을 놓고 표본을 뽑아서 조사했지만 한국은행은 제조업 전체를 대상으로 조사했다.

정부의 통계가 이렇게 다르면 민간이 경기를 진단하는 데 어려움을 겪을 수 있다. 어느 장단에 맞춰 움직여야 할지 알 수 없기 때문이다. 그래서 비슷한 통계는 한 기관이 통합해서 발표하는 방안이 추진되고 있는데 누가 그 통계를 가져가느냐를 두고 부처 간 힘겨루기가 종종 발생한다. 통계를 빼앗긴 조직은 축소가 불가피하기 때문이다. 결국 통계에도 조직논리가 들어가 있는 셈이다.

대선을 가른 질문

　통계는 '어떻게 질문했느냐'에 따라 수집되는 자료가 매우 다르게 나타날 수 있다. 2002년, 2007년, 2012년 세 번의 대선에서 여론조사를 통해 대선후보를 결정하는 방안이 시도됐다. 2002년 노무현–정몽준과 2007년 이명박–박근혜는 무리없이 진행이 됐지만, 2012년 문재인–안철수의 경우 단일화가 되기까지 과정이 쉽지 않았다.

　그 이유는 질문 방식 때문이었다. 문재인 후보는 "야권 단일후보로 누가 적합합니까?"를, 안철수 후보는 "박근혜 후보와 경쟁할 단일후보로 누구를 지지하십니까"라는 질문을 내세웠다. 언뜻 비슷해 보이지만 두 질문은 아주 큰 차이가 있다. '야권 단일후보'를 내세우면 적극적인 지지자는 투표에 참여하지만 중도성향 지지자들은 '무응답'을 할 가능성이 크다. 이 질문은 제1야당인 민주당을 등에 업고 있는 문재인 후보에게 절대적으로 유리하다. 반면 '박근혜 후보를 꺾을 수 있는 후보'를 강조하면 새누리당을 좋아하지 않는 중도성향 지지자들이 적극적으로 설문에 참여할 것으로 예상됐다. 야권은 물론 중도성향의 지지를 받고 있다고 평가된 안철수 후보에게 유리한 설문이었다. 결국 양측은 막판까지 힘겨루기를 했다.

　2007년 한나라당 경선 때도 이명박 후보와 박근혜 후보가 질문 방식을 놓고 팽팽히 맞섰다. 이명박 후보는 "차기 대통령 후보로 누구를 더 선호하느냐"를, 박근혜 후보는 "내일 투표를 한다면 누구를 지지하겠느냐"를 묻고자 했다. 이 질문의 배경에도 2012년 문재인–안철수 단일화 논란과 비슷한 맥락이 숨어 있다. 대중적 인기를 지닌 이명박 후보는 '선호도'를 원했고, 지지층이 확고했던 박근혜 후보는 '지지도'를 원했다. 중도층은 '선호'에 대해서는 의사표현을 하지만 '지지'에 대해서는 무응답을 할 가능성이 높다. 당이 낸 중재안은 "선생님께서는 한나라당 대통령 후보로 다음 네 사람(이명박, 원희룡, 박근혜, 홍준표) 중 누구를 뽑는 것이 좋다고 생각하십니까"였다. 그리고 이 질문으로 여론조사를 한 결과 이명박 후보가 박근혜 후보를 앞섰고, 당원 투표 패배에도 불구하고 1.5%p 차로 승리했다.

2002년 대선 당시 노무현 후보와 정몽준 후보가 합의했던 여론조사 질문은 "한나라당 이회창 후보와 경쟁할 후보로 노무현 후보와 정몽준 후보 중 누구를 지지하십니까"였다. 질문 대상에서 이회창 후보 지지자는 제외했다. 이 후보 지지자들의 역선택을 막기 위한 조치였다. 결과적으로 노무현 후보가 근소하게 앞서 대통령 후보가 됐다.

해석을 잘못하면 말짱 도루묵

통계는 사회현상에 대한 인과관계를 밝히는 데 매우 유용한 도구다. 숫자로 표현된 '통계'가 있기에 사람들의 삶을 관찰하는 학문이 '사회과학'으로 불릴 수 있는 것인지도 모른다. 사람들이 살아가는 모양새는 제각기 다르고 복잡하기 이를 데 없다. 그렇지만 통계를 이용하면 인간 사회의 여러 현상을 과학적이고 체계적으로 연구하는 것이 가능하다.

인문사회학자 혹은 경제학자들은 사회 현상에 대한 가설을 세우고, 그에 걸맞는 통계자료를 찾아 맞춰본 뒤 가설과 일치하면 법칙을 세운다. 하지만 사회 현상은 어느 특정 요인만으로 결정되는 것이 아니기 때문에 한두 개의 연관 통계자료만 보고 가설이 맞는다고 성급하게 단언해서는 안 된다. 자칫 생각지도 못한 중대한 요인이 또 있을 수 있기 때문이다.

게르트 보스바흐Gerd Bosbach와 옌스 위르겐 코르프Jons Jorgen Korff의 공저인 『통계 속 숫자의 거짓말』을 보면 '뒤셀도르프 칙령'이라는 우화가 나온다.

1800년 초 독일의 어떤 도시에서 전염병이 발생했다. 수백 명의 시민들은 원인 모를 고열에 시달리다가 죽었다. 시의 특별조사위원회는 해당 질병의 원인 파악에 나섰고, 역학조사에서 흥미로운 점을 발견했다. 유가족의 옷과 침대에는 이가 버글거렸고 죽은 사람의 몸과 침대에는 이가 없었다.

특별조사위는 '몸에 이가 있으면 열병에 걸리지 않는다'는 결론을 내렸다. 이가 열병을 막아준다고 생각한 것이다. 시는 칙령을 내렸다.

"살고 싶다면 몸에 이를 키우시오. 이가 없다면 이가 있는 친척이나 이웃이 입었던 옷을 구해서 입고, 여의치 않다면 이가 많은 침대에서 잠을 주무시오."

시민들은 절박한 마음으로 이를 제 몸에 옮겼지만 전염병은 계속해서 퍼져 나갔다. 사람들은 여전히 고열에 시달리다 죽어갔다. 그러기를 한참, 한 의사가 새로운 사실을 발견했다. 침대 위쪽을 따뜻하게, 아래쪽을 차갑게 했더니 이가 아래쪽으로 향했다. 이번에는 반대로 위쪽을 차갑게, 아래쪽을 따뜻하게 했더니 이가 위쪽으로 옮겨갔다. 즉 이는 온도가 차가운 쪽으로 이동했다. 이는 고열을 막아주는 것이 아니라 단지 열이 많은 쪽을 피해 다닌 것이었다. 그래서 전염병에 걸려 죽어가는 사람에게는 이가 없었던 것이다.

이 우화는 인과관계를 설명할 때에는 신중해야 한다는 교훈을 준다. 이와 유사한 교훈을 주는 실제 사례가 있다.

우리나라에서 외제차 신규 등록이 가장 많은 지역은 어디일까? 2010년 기준으로 경남 창원 성산구다. 이곳은 서울의 강남구, 서초구, 송파구 등 이른바 강남 3구를 합친 것보다 외제차 등록이 많다.

한국수입자동차협회가 분석한 '2010년 상반기 브랜드별·구별 등록자료'를 보면 2010년 상반기 창원 성산구에 신규로 등록한 외제차는 모두 5,295대였다. 서울 강남구(2,703대), 서초구(1,516대), 송파구(707대)를 합친 4,926대보다 369대가 많았다.

외제차 등록이 많다는 것은 고가의 외제차를 구입할 능력이 되는 사람, 즉 고소득자가 많다는 뜻이다. 그렇다면 '창원 성산구는 우리나라에서 부자들이 가장 많은 도시다'라고 말할 수 있을까?

사실은 이랬다. 창원은 자동차 신규 등록을 할 때 차 주인들이 사야 하는 지역개발채권의 가격이 가장 쌌다. 대부분의 광역단체에서는 개인이 승용차를 등록할 때 과세표준액의 6~12%에 해당하는 공채를 매입해야 한다. 그런데 경남 창원 성산구에서는 4~7%만 매입하면 됐다. 그러다 보니 사람들이 채권 가격이 싼 이곳에 차량 등록을 선호하게 된 것이다.

해석의 왜곡이 통계를 엉망으로 만드는 사례를 또 하나 들어 보겠다. 서울은 한 해 100명이 이혼을 하고, 제주는 10명이 이혼을 했다. 그러자 "서울 사람들이 이혼을 더 많이 한다"라는 결론을 내렸다. 맞는 말일까? 그렇지 않다. 이때는 서울의 인구와 제주의 인구를 비교해보아야 정확한 통계를 알 수 있다. 서울의 인구는 1,000만 명이고 제주의 인구는 60만 명이다. 서울 인구가 제주 인구보다 약 16.6배 많은 셈이다. 그러니 제주 10명이 이혼할 때 서울은 166명 이상이 이혼을 해야 서울의 이혼 성향이 높다고 말할 수 있다. 이처럼 모집단의 크기를 간과하면 통계착시, 혹은 왜곡이 일어난다.

그렇다면 1인당 개념을 넣으면 이 문제를 해결할 수 있을까? 1인당 개념을 적용해도 주의해야 하기는 마찬가지다. 부산에서 한 해 100건의 강도사건이 일어났다고 가정하자. 광주에서도 100건이 일어났다. 부산 인구는 350만 명이고 광주 인구는 150만 명이다. 인구 1인당 사건 수로 따지면 광주가 훨씬 많다.

그렇다면 "호남은 범죄율이 높으니 호남 사람은 나쁘다"라고 말할 수 있을까? 이 결론에는 잘못된 전제가 깔려 있다. 바로 '호남의 범죄는 호남 사람만 저지른 것이다'라는 가정이다. 실제 범죄는 꼭 해당 지역 사람이 저지르는 것이 아니다. 부산 조폭이나 수도권 조폭이 광주로 원정을 가서 강도 짓을 할 수도 있다. 따라서 "광주 지역의 범죄율이 높다"라고 말할 수는 있어도 "광주 사람들이 나쁘다"라고 말할 수는 없다.

다른 예들도 수없이 많다. 이를테면 이런 식이다.

- 큰 소방서가 있으면 불이 많이 난다. → 큰 소방서를 없애라.
- 항암치료를 많이 할수록 생존율이 낮다. → 암에 걸려도 항암치료를 받지 마라.
- 월급이 오를수록 기업의 수익이 많아진다. → 기업 수익을 많이 내려면 임금을 인상하라.
- 살인마는 살인을 저지르기 하루 전에 한 번은 물을 마신다. → 살인을 막기 위해 물 마시는 행위를 금지하라.

얼핏 봐도 헛웃음이 나는 처방이 아닌가. 특정 도시에 화재가 자주 발생하면 당연히 소방서를 많이 지어야 한다. 서울의 소방서는 보나마나 제주보다 많을 것이다. 서울에서 더 불이 많이 나기 때문이다. 서울의 소방서를 없앤다고 화재가 줄어들까?

항암치료를 많이 받는 사람은 위중한 암에 걸린 사람이다. 그렇기 때문에 항암치료를 받았음에도 불구하고 사망하는 사람이 많이 나오는 것이다.

기업이 수익을 많이 올리면 근로자의 임금도 높아진다. 근로자의 임금을 올려주면 수익이 늘어난다는 결론은 '인과관계'를 거꾸로 파악한 경우다.

살인마든 아니든 사람은 누구나 매일 물을 마신다. 물을 마시는 것과 '살인마'를 연결시키니 얼토당토않은 결론이 나온다. 물이 살인충동을 일으키기라도 했다는 말인가?

통계해석은 통계수집 과정만큼이나 중요하고, 오차에 결정적인 영향을 미친다. 통계를 잘못 해석하면 아무리 정확한 자료를 모았다고 해도 쓸데없는 결론에 이를 수밖에 없다. 구슬이 서 말이라도 꿰어야 보배라고 했다. 반짝이는 통계자료가 아무리 많아도 올바른 방법으로 분석하지 않으면 아무런 소용이 없다.

전세난은 잘못된 통계 해석 때문?

2011년 이후 수도권을 중심으로 전세 가격이 천정부지로 치솟았다. 그런데 그 원인 중 하나가 정부가 통계를 잘못 해석해서 엉뚱한 대책을 내놓았기 때문이라는 주장이 제기되었다. 경제전문지 〈이데일리〉는 2013년 9월 24일자 기사를 통해 다음과 같은 주장을 했다.

통계청이 2010년 인구주택총조사를 실시했는데 이 조사를 보면 1~2인 가구가 835만 가구에 달했다. 정부는 이를 근거로 수도권에 1~2인 가구를 집중 공급하기로 했다. 정책의 효과를 높이기 위해 도시형생활주택과 오피스텔을 대거 공급했다. 2009년 수도권에 공급된 주택 중 소형주택 비율은 25.6%였지만 2012년에는 48.4%까지 늘어났다.

문제는 정부가 통계자료를 좀 더 들여다보지 않은 데 있었다. 1~2인 가구를 분석해보니 지역은 비수도권, 연령대는 고령층이 주로 거주했다. 특히 전남과 경북은 1~2인 가구 중 60대 이상 노령가구 비율이 60%를 넘거나 육박했다. 서울, 인천, 경기는 40%대였다. 수도권은 4인 가구와 3인 가구의 비중이 1~2인 가구보다 높았다. 즉 1~2인 가구가 살 집은 노령층이 많은 비수도권에서 필요했다는 의미다.

그런데도 정부는 수도권 도심에 원룸과 오피스텔을 집중적으로 지었다. 수요예측이 틀리자 원룸과 오피스텔은 세입자 구하기에 비상이 걸렸다. 반면 2~3인 가구가 쓸 수도권 중형주택 공급이 줄어들면서 전세난이 심해졌다. 결국 정부의 잘못된 통계해석이 주택 수급의 불균형을 가져온 것이다.

헷갈리는 비와 비율, 율

일상에서는 특별히 비ratio와 비율proportion, 율rate을 구분하지 않고 사용하는 경우가 많다. 두 개의 수 또는 양을 비교하여 몇 배인가를 나타낼 때 비, 비율, 율을 붙여 말한다. 하지만 통계에서 비와 비율, 율은 엄연히 구분된다.

비는 두 수의 크기를 비교할 때 쓰지만 분자와 분모가 서로 독립적이다. 예를 들어 밀가루 반죽을 만드는 데 밀가루 2에 물 1을 섞는다고 해보자. 물에 대한 밀가루의 비는 2다. 물과 밀가루는 각각 독립적인 존재다.

성비性比는 여성 100명에 대한 남성의 수다. 여성과 남성은 각기 다른 수로 서로에게 영향을 미치지 않는다. 성비가 115라면 여성 100명에 남성 115명이 존재한다는 뜻이다.

인구밀도도 '비'다. 인구밀도란 단위 면적당 인구의 비를 뜻하는데 보통 1㎢당 인구로 나타낸다. 면적과 인구는 서로에게 영향을 주지 않는다.

모성사망비는 신생아 10만 명당 분만을 하다가 숨지는 산모의 수다. 신생아와 산모는 서로에게 영향을 주지 않는 독립변수다.

사람들이 인식하기에 가장 균형적이고 아름다워 보이는 비를 '황금비golden ratio'라 부른다. TV화면이나 명함, 담뱃갑, 신용카드 등은 16대 9의 황금비로 만들어졌다. 가로와 세로가 서로 영향을 주지 않으니 '비'다.

비율은 분모에 분자가 포함되었을 때 사용한다. 전체 미혼자 중 남자 미혼자의 비율은 '남자 미혼자/전체 미혼자'로 계산되는데 전체 미혼자는 '남자 미혼자+여자 미혼자'다. 그러므로 전체 미혼자 숫자에 남자 미혼자가 영향을 준다.

전체 유학생 중에서 한국 학생은 얼마만큼을 차지하는지 알아볼 때도 '비율'을 쓴다. '한국 학생/(한국 학생+다른 나라 학생)'이다.

야구에서 타자가 안타를 친 횟수를 '타비'라고 부르지 않고 '타율'이라고 부르는 것도 이와 같은 이유에서다. 타율은 '안타를 친 횟수/(안타를 못 친 횟수+안타를 친 횟수)'이기 때문이다.

여기까지는 그래도 쉽게 이해가 간다. 그런데 '율'에 이르면 조금 헷갈리기 시작한다. 율이란 특정 기간 동안 발생된 사건을 그 사건의 위험에 노출된 총 횟수(건수, 사람 수)로 나눈 것을 말한다. 시간 개념이 들어가기 때문에 '속도감이 포함됐다'고도 이야기한다.

이혼에 관한 대표적인 지표로 조이혼율을 들 수 있다. 조이혼율이란 1년간 신고된 총 이혼 건수를 당해 연도의 연앙인구로 나눈 뒤 나온 수치를 1000분비로 나타낸 것이다. 연앙인구란 한 해의 중간인 7월 1일 기준 인구를 말한다. 결국 조이혼율은 다음과 같은 식으로 나타낼 수 있다.

조이혼율 = (1년간 총 이혼 건수/당해 연도 연앙인구) × 1000

간단히 말해 인구 조이혼율이란 인구 1,000명당 이혼 건수를 의미한다. 인구는 1년 내내 변하니 그 중간인 연앙인구를 택해 나눴다.

그렇다면 혼인 건수와 이혼 건수를 비교하는 것도 사람들이 얼마나 이혼을 하는지 알 수 있는 지표가 되지 않을까? 하지만 이 경우는 '율'을 쓸 수 없고 '비'라고 해야 옳다. 이혼 건수와 혼인 건수는 서로 영향을 주지 않기 때문이다. 이혼비란 '이혼 건수/혼인 건수×100'인데 이것만으로는 사람들이 얼마나 이혼을 하는지 정확히 파악할 수가 없다. 왜 그런지 알아보자.

2004년 일부 언론에서 국내 이혼율이 47.4%라고 보도해 논란이 일었던 적이 있다. 이 수치만 보면 마치 그해 결혼한 부부 두 쌍 중 한 쌍이 이혼을 하는 것처럼 보인다. 하지만 이 통계에는 결정적인 문제가 있다. 당해 결혼한 사람뿐 아니라 5년 전, 혹은 10년 전에 결혼한 사람들 중에서도 이혼한 사람이 무수히 많기 때문이다. 47.4%는 이혼율이 아니라 '이혼비'였다.

조출생률도 조이혼율과 같은 방식으로 구한다. 이혼 건수 대신 출생 건수를 넣으면 된다. 즉, 한 해 동안 태어난 아이 수를 당해 연도의 연앙인구로 나눈 뒤 나온 수치를 1000분비로 구하면 된다. '율'은 일년의 중간인 연앙인구가 사용된 통계라고 보면 이해가 쉽다.

교통수요예측은 왜 이렇게 어긋날까?

2013년 6월 25일 김해 시민단체가 정부와 한국교통연구원을 상대로 손해배상을 청구하는 집단소송을 냈다. 김해 시민 289명에게 각 50만 원씩 배상하라는 내용이었다. 김해경전철의 수요예측을 잘못한 데 대한 책임을 묻기 위해서였다.

1999년 한국교통연구원은 김해경전철에 대한 수요예측 조사를 하면서 2011년 기준으로 일일 17만 6,000명이 경전철을 이용할 것이라고 밝혔다. 하지만 막상 개통을 하고 보니 하루 평균 3만 명이 이용해, 수요예측치의 17%에 그쳤다. 이 때문에 김해시는 20년간 매년 650억 원을 경전철 사업시행자에게 물어줄 형편이 됐다. 사실상 시 재정이 거덜 나게 된 것이다.

김해경전철뿐만이 아니다. 용인경전철의 실수요도 수요예측의 25~30%에 불과하다. 도시철도(지하철), 도로, 다리 등의 수요예측도 많이 빗나간다. 왜 이런 일이 생기는 걸까?

한국교통연구원은 "정확한 통계자료가 부족했기 때문"이라고 설명했다. 최근 논란이 된 수요부족 사회간접자본SOC의 경우 대부분 1990년대 말에 수요예측 조사가 이루어졌다. 수요예측을 하려면 지역의 인구추계, 인구이동, 인근 시도 통행량 등의 자료가 필요한데 당시에는 그런 자료가 없었다. 그래서 각 지자체가 만들어놓은 장기도시발전계획과 이에 따른 인구예상 등을 주로 반영하여 수요예측을 한 것이다. 김해의 경우도 50만~60만 명이 거주하는 신도시가 경전철 주변에 들어설 것으로 예상하고 수요예측을 했다. 하지만 계획이 실행되지 않았고 그저 계획으로만 그치면서 수요예측이 크게 빗나갔다는 것이 교통연구원 측의 해명이다.

정보의 부족 문제를 해결하기 위해 정부는 1998년부터 도로, 철도, 항만, 물류 등의 정보를 한데 모은 '국가교통데이터베이스(http://www.ktdb.go.kr)'를 구축하기 시작했다. 이를 통해 교통수요를 체계적으로 분석, 관리할 수 있을 것으로 기대했다.

하지만 교통수요예측의 실패를 통계의 기술적 문제로만 보기 어렵다는 의견도 많다. 다른 요인, 즉 정치적 의도가 있다는 주장이다. 도로나 철도를 짓기 위해 건설 공무원과 지자체가 예측치를 부풀렸다는 것이다. 국토교통부의 한 관료는 "아직 첫 삽도 못 뜬 도시계획을 근거로 수요를 과장했던 사례가 있다. 이에 대한 반성으로 지금은 현존하는 도시와 주민을 근거로 수요예측을 하고 있다"라고 말했다.

일각에서는 대규모 공사에 대한 타당성 조사를 실명제로 실시하자는 주장도 나온다. 그러면 아무리 정치적 외압이 있더라도 무리한 평가를 하지 못한다는 것이다.

퍼센트 이야기

일상이나 통계에서 가장 많이 쓰이는 비율은 백분율이다. 40% 라고 하면 100분의 40이라는 의미다. 천분율, 만분율도 있지만 백분율이 가장 일반적이다. 전체 수량(분모)을 100으로 두고 이에 대해 특정 수량(분자)이 얼마나 되는가를 보는 것이다.

백분율의 단위는 퍼센트(%)를 사용한다. 하지만 퍼센트에는 오류가 있을 수 있다. 정확히 말하자면 오류라기보다는 '착시'다. 백분율은 전체를 똑같이 100으로 상정하고 계산한 가공의 숫자이기 때문에 실제 모수가 얼마인가에 따라 그 내용이 달라질 수 있다.

예를 들어 중국 인구의 10%가 백만장자고, 한국 인구의 30%

가 백만장자라고 해보자. 명품을 만드는 기업은 어느 시장을 선호할까? 백분율만 본다면 당연히 한국이다. 전체 인구 100명 중 30명이 백만장자이니까 100명 중 10명에 불과한 중국보다는 명품이 잘 팔릴 것이다. 이런 생각에 명품 회사 A는 한국으로 갔고, 경쟁 기업 B는 중국으로 진출했다. 그런데 1년 뒤 매출액을 보니 B사가 훨씬 컸다.

이는 모집단을 고려하지 않아 생긴 오류다. 한국 인구는 5,000만 명이고 중국 인구는 10억 명이다. 한국 인구의 30%가 백만장자라고 해봐야 1,500만 명(5,000만 명×30%)에 불과하다. 중국의 경우 인구의 10%가 백만장자라면 1억 명(10억 명×10%)이나 된다. 중국의 백만장자가 한국보다 8,500만 명이나 많다. 시장규모로 보자면 6.6배나 크다.

백분율의 장난은 또 있다. 사례를 들어보자. 경제위기가 닥쳐 A나라의 경제성장률이 -20%를 기록했다. 위기를 느낀 정부는 온갖 경기부양책을 쏟아냈고 이듬해 경제성장률은 기적처럼 20%를 달성했다. A나라는 "2년 전 경제규모를 회복했다"라고 밝혔다. 이 말은 사실일까?

A나라의 국내총생산이 10만 원이라고 가정해보자. 경제위기로 20%의 생산량이 줄어들면 2만 원이 준 셈이다. 총생산은 8만 원이 된다. 다음해 경제성장률을 20% 끌어올렸다. 이때의 기준은 8만 원이 된다. 8만 원의 20%는 1만 6,000원(8만 원

×20%=1만 6,000원)이다. 그러니 총생산액은 9만 6,000원이다. 즉 2년 전 수치에서 4,000원이 모자란다. 다시 10만 원으로 돌아가려면 2만 원이 증가해야 한다. 8만 원을 기준으로 볼 때 2만 원은 25%이다. 즉 25%의 경제성장을 해야 2년 전과 생산량이 같아진다는 의미다. 요약하자면 경제성장률이 20% 감소한 뒤 이듬해에 원래의 경제규모로 되돌아오려면 25% 성장을 해야 한다.

주식 시장이나 부동산 시장에서도 이러한 통계의 장난은 많이 벌어진다. 펀드 투자수익률이 한 해 -50%를 기록했다가 이듬해 50%의 상승률을 보였다 하더라도 "2년 만에 원금을 회복했다"라고 말할 수는 없다. 마찬가지로 부동산 가격이 30% 떨어졌다가 이듬해 30% 올랐다고 해서 '본전'이라고 말해서는 안 된다.

이처럼 증감률을 분석할 때 기준시점과 비교시점의 차이로 발생하는 왜곡을 기저효과base effect라고 한다. 전년도 생산이 워낙 많아서 올해 생산량이 증가했음에도 불구하고 증가율이 적게 보인다던가, 반대로 올해 생산이 대폭 줄어들었지만 지난해도 생산 축소 폭이 커서 올해는 좀 진정된 것처럼 보이는 현상이다.

한 해 경제성장률이 -20%를 기록한 뒤 이듬해 10% 성장을 했다고 하더라도 '경기가 되살아난다'고 단언하기는 어렵다. 2년 전과 비교하면 여전히 경제상황이 좋지 못하기 때문이다. 1998년 외환위기로 우리나라 경제성장률은 -5.7%를 기록했다. 그러다 이듬해에는 10.7%까지 치솟았다. 또 2008년 금융위기 때는 경제성장률이 0.3%까지 추락한 뒤 이듬해인 2009년에는 6.3%를 기록했다. 수치상으로만 보면 우리나라의 성장잠재력을 큰 폭으로 웃도는 결과였지만 기저효과 탓이라는 것을 알기 때문에 샴페인을 터트리는 분위기는 없었다.

퍼센트의 한계를 가장 잘 드러내는 현상이 '심슨의 역설Simpson's paradox'이다. 심슨의 역설이란 부분의 결과와 전체의 결과가 일치하지 않는 것을 말한다. 이는 가중치를 적용하지 않아서 발생한다. 다음은 A대학의 올해 신입생 남녀 합격자를 분석한 자료다.

(단위: 명, %)

	남학생(합격자/응시자)	여학생(합격자/응시자)
국문학과	10/60=16.7%	20/90=22.2%
기계공학과	80/120=66.7%	50/60=83.3%
합계	90/180=50.0%	70/150=46.7%

남학생은 총 180명이 응시해서 90명이 합격했다. 50%의 합격률이다. 여학생은 150명이 응시해 70명이 합격해서 합격률이 46.7%다. 이 수치를 통해 "남학생의 합격률이 더 높았다"라고 결론을 내릴 수 있을까?

학과별로 한번 살펴보자. 국문학과의 경우 남학생의 합격률은 16.7%이다. 60명이 응시해 10명이 합격했다. 여학생 합격률은 남학생보다 높은 22.2%다. 90명이 응시해 20명이 합격했다.

기계공학과를 보자. 여기도 여학생 합격률이 높다. 남학생은 120명이 응시해 80명이 합격해서 합격률이 66.7%다. 하지만 여학생은 60명이 응시해 50명이 합격했다. 합격률이 83.3%나 된다.

두 학과 모두 여학생의 합격률이 높으니 "여학생의 합격률이 더 높다"라고 해야 맞는 말 아닐까? 이처럼 집단 전체를 단순비교하면 그 구성요소인 부분 집단과의 비교결과가 맞지 않을 때가 있다. 통계를 관찰할 때는 내부조건도 함께 들여다볼 필요가 있다.

또 다른 예를 들어보자. 51~70세 사이 흡연자와 비흡연자가 20년 뒤에도 생존할 확률을 알아보았다.

(단위: 명, %)

	흡연자 생존 확률	비흡연자 생존 확률
51~70세	70/150=46.7%	110/250=44.0%

51~70세 흡연자의 20년 뒤 생존률은 46.7%로, 비흡연자의 44.0%보다 높다는 '놀라운' 결과가 발표됐다. 즉 담배를 피우는 사람이 담배를 피우지 않는 사람보다 20년 뒤 생존할 확률이 더 크다는 이야기다. 그렇다면 우리 모두 담배를 피우면 더 장수하게 될까? 그렇다면 지금까지 우리가 알고 있던 의학상식은 잘못된 것일까? 이 통계를 다시 한 번 들여다보자. 이번에는 나이대를 두 구간으로 나누어 분석하였다.

51세부터 60세까지를 분석해보았더니 비흡연자의 생존율이

	흡연자 생존 확률	비흡연자 생존 확률
		(단위: 명, %)
51~60세	60/110=54.5%	80/130=61.5%
61~70세	10/40=25.0%	40/120=33.3%

61.5%로 흡연자(54.5%)보다 높았다. 61세에서 70세도 비흡연자의 생존율이 33.3%, 흡연자가 25.0%로 담배를 피우지 않는 사람의 생존율이 더 높았다.

"흡연자가 더 오래 산다"라는 주장은 흡연자가 비흡연자보다 통상 먼저 죽기 때문에 두 구간 사이에 비교표본이 다르다는 것을 간과한 결과 나온 분석이다.

분석대상이 된 51~60세 흡연자는 110명이었지만 61~70세 흡연자는 40명이었다. 반면 비흡연자는 51~60세는 130명, 61~70세는 120명으로 분석대상의 숫자에 차이가 거의 없다. 61~70세 구간에서 흡연자의 숫자가 훨씬 적다는 것만 봐도 담배를 피우는 것이 얼마나 건강에 좋지 않은지 알 수 있다. 그런데 두 나이대를 묶어버리니 담배를 피우는 것이 오히려 20년 이상 더 오래 살 수 있는 '비법'이 되어버렸다. 백분율은 이 같은 착시현상을 종종 불러온다.

이와 같은 맥락으로 실제 영업이익을 높이지 않고도 영업이익률을 높이는 착시를 만들 수도 있다. 자동차와 반도체를 만드는 K사가 있다고 하자. K사는 요즘 주주들로부터 영업이익률을 높이라는 압박을 받고 있다. 하지만 그러기에는 시장상황이 너무 좋지 않았다. K사는 자동차와 반도체의 생산량과 판매량을 늘려 영업이익률을 끌어올려야 했다. 영업이익률은 이익/매출액으로 계산된다.

(단위: 억 원, %)

	1분기	2분기
자동차 영업이익률	150/3,000=5.0%	60/1,500=4.0%
반도체 영업이익률	100/1,000=10.0%	800/10,000=8.0%
그룹 전체 영업이익률	250/4,000=6.3%	860/11,500=7.4%

1분기 K사는 4,000억 원의 매출을 올려 250억 원의 수익을 남겼다. 영업이익률 6.3%였다. 그래도 주주들은 만족하지 않았다. 영업이익률 6%대는 너무 낮다고 불만을 표시했다. 그러면서 전문경영인 S씨에게 다음 분기에는 영업이익률을 7% 중반까지 끌어올리라고 주문했다. 그리고 목표를 달성하지 못하면 해고시킬 것이라는 경고도 덧붙였다.

S씨는 비상사태를 선포하고 2분기를 맞아 절치부심하여 1조 1,500억 원의 매출을 올렸고 860억 원의 수익을 남겼다. 주주들이 그렇게 바라던 영업이익률 7.4%를 달성한 것이다.

하지만 여기에는 꼼수가 있었다. 자동차와 반도체 부문을 따로따로 보면 각각의 영업이익률은 오히려 떨어졌다. 전체로 보면 영업이익률이 개선된 것처럼 보이지만, 사실 개별 자회사의 수익률은 더 떨어졌다는 뜻이다. 그러나 주주들 누구도 이런 꼼수를 눈치채지 못했다. S씨만 알 듯 모를 듯한 미소를 내비칠 뿐.

퍼센트(%)와 퍼센트포인트(%p)의 차이는?

퍼센트(%)와 퍼센트포인트(%p)는 통계비교에서 자주 등장하지만 의외로 많은 사람들이 헷갈려서 사용한다.

퍼센트는 백분율이다. 전체 100에서 특정 요소가 차지하는 비율이다. 반면 퍼센트포인트는 백분율과 백분율 간 차이, 즉 퍼센트와 퍼센트의 차이다.

지난해 실업률이 5%였다고 하자. 올해는 8%로 상승했다. 두 상승률을 비교하는 방법은 두 가지다.

첫 번째는 퍼센트포인트다. 퍼센트포인트는 퍼센트와 퍼센트의 차이이므로 지난해 실업률에서 올해 실업률을 빼면 된다. 8%–5%=3%p다. "올해 실업률은 지난해보다 3%p 올랐다"라고 말하면 된다.

다음은 퍼센트로 표기하는 방법이다. 전년 대비 올해 증가분(올해 실업률—전년 실업률)을 비교하면 된다. '(실업률 증가분/지난해 실업률)x100'이다. 지난해 5%에서 올해 8%로 증가했으니 증가분은 3%p이다. (3/5)x100=60%다. 그러니 '올해 실업률은 지난해 대비 60%가 올랐다'고 할 수 있다.

이 두 가지 방법 중 어떤 방법을 쓸 것인지는 발표자의 의도에 달렸다. 3%p와 60%는 시각적으로 차이가 크다. 실업률이 많이 올랐다는 느낌을 주지 않으려면 3%p를 쓸 것이고, 많이 올랐다는 느낌을 줄려면 60%를 사용할 개연성이 크다.

포인트는 변동 폭을 의미한다. 퍼센트와 퍼센트의 변동 폭이 퍼센트포인트다. 특별한 단위가 없는 숫자 간 차이도 포인트로 표현할 수 있다.

포인트를 사용하는 대표적인 지표로 주가지수가 있다. 코스피지수에서 주가지수 차이는 포인트를 사용한다. "2014년 1월 3일 주가는 2,100으로 전일 2,050보다 50포인트가 올랐다"라고 말한다.

경기종합지수에서 동행지수 순환변동치도 포인트로 표기한다. 도소매 판매액·생산·출하 등으로 구성되는 동행지표에서 추세치를 제거해 경기의 순환만을 보는 동행지수 순환변동치에는 단위가 없다. 그래서 "2014년 1월 현재 경기상황을 나타내는 동행지수 순환변동치는 전월보다 0.7포인트 상승했다"라고 말하면 된다.

통계의 매력은 비교에 있다

통계를 작성해보면 특정 사항이 어떤 시점에서 어떤 시점까지 얼마나 변했는지를 알 수 있다. 변동 폭에 따라 경기가 얼마나 좋아졌는지 나빠졌는지, 물가가 얼마나 오르거나 내렸는지, 인구가 얼마나 급격하게 늘거나 줄었는지를 파악할 수 있다는 말이다.

변동률을 분석할 때는 1년 전 같은 시점, 혹은 한 달 전 같은 시점을 가장 많이 비교한다. 1년 전 같은 시점을 비교하는 것을 '전년 동월비'라고 한다. 2013년 1월과 2014년 1월을 비교하는 식이다. 1년 동안의 변화를 알 수 있기 때문에 유용하다. '지난해 같은 달과 비교해~'로 풀어서 말할 수 있다.

$$\text{전년 동월비} = \frac{\text{금년 동월} - \text{전년 동월}}{\text{전년 동월}} \times 100$$

소비자물가상승률, 고용률, 취업률, 실업률, 인구증가율, 경제 성장률 등 주요지표는 전년 동월비를 많이 사용한다. 1월은 1월 끼리, 7월은 7월끼리 비교하면 계절에 따른 변수를 최소화할 수 있다.

고용률은 통상 겨울이 낮고 여름이 높다. 농림어업종사자들 때문이다. 농어촌은 겨울에는 일자리가 적지만 여름에는 많다. 이런 것을 '계절적 요인'이라고 한다. 때문에 단순히 지난달과 비교했다가는 통계착시가 생길 수 있다. 고용상황이 여전히 안 좋은데 '고용이 늘었다'고 판단할 수 있기 때문이다.

또 2월의 수출량은 3월보다 적을 때가 많다. 2월에 설 연휴가 끼어 있는 경우가 있기 때문이다. 설이 1월에 있느냐, 2월에 있 느냐에 따라 매년 두 달의 수출량이 들쑥날쑥 춤을 출 수도 있 다. 또 기업결산이나 연말을 앞두고 물량 밀어내기를 하면 일시 적으로 수출량이 늘기도 한다. 31일까지 있는 1월과 28일밖에 없는 2월을 직접 비교해도 통계착시를 일으킬 수 있다. 하루라 도 작업을 더 하면 수출량이 많아지는 것은 당연하기 때문이다. 이런 변수를 제거하려면 같은 월끼리 비교하는 것이 좋다.

$$전월비 = \frac{이번 \ 달 - 지난달}{지난달} \times 100$$

전월비는 직전 달과 비교를 한다. 지금이 7월이라면 6월과 비교하는 것이다. 원체 변화가 빨라 1년 전과 비교해서는 현실을 정확히 파악할 수 없을 때 많이 사용한다.

집값 변동은 어떻게 알아보는 것이 좋을까? 1년 전 같은 달을 비교하는 것이 나을까, 아니면 지난달을 비교하는 것이 나을까? 집값 변동을 알아볼 때는 1년 전 같은 달과 지난달을 동시에 사용하지만 지난달을 우선 사용하는 경향이 있다. 부동산 경기의 경우 1년의 비교기간은 체감현실과 너무 멀 수 있다는 이유에서다.

지난달 1억 8,000만 원 하던 L아파트 11층 집이 이번 달에 2억 원에 팔렸다. 한 달 사이에 2,000만 원이 오른 것이다. 집을 팔려는 사람이나 사려는 사람들은 "한 달 새에 2,000만 원이나 올라?"라며 놀라워했다. 그런데 1년 전 이 아파트 가격은 2억 2,000만 원이었다. 1년 전과 비교하면 오히려 2,000만 원 떨어진 셈이다. 그러니 부동산 가격이 올랐다고 좋아할 일만은 아니다. 하지만 그렇다고 "L아파트 집값이 1년 전에 비해 2,000만 원이나 떨어졌다"라고만 말하면 착시현상이 벌어질 수 있다. 계속되는 부동산 경기 침체에 두 달 전부터 정부가 부동산 대책을 내놓으며 집 값이 반등하기 시작했고 마침내 이번 달에 가격이 2억 원까지 회복된 것이기 때문이다. 이럴 때는 "전달 대비 2,000만 원이 올랐다"라며 지금 상승국면이라는 것을 분명히 해주는 것이 맞다. 통상 부동산 업계에서는 지난달 대비 가격이 4주 이상 연속 오르면 부동산 경기가 상승하고 있다고 판단한다.

전월비가 필요한 또 다른 통계로 소비자물가를 들 수 있다. 소비자물가도 전년 동월비를 내지만 동시에 전월비도 낸다.

지난달 한 포기에 1,000원 하던 배추가 이번 달에 5,000원으로 올랐다면 사람들은 "물가가 올라도 너무 올랐네"라고 말한다. 그런데 1년 전 배추값은 1만 원이었다. 그해는 태풍이 와서 배추 작황이 매우 안 좋았던 것이다. 1년 전과 비교하면 배추의 물가상승률은 -50%다. 이를 근거로 만약 정부가 "이번 달 배추의 물가상승률은 지난해 같은 달 대비 -50%입니다. 배추 가격이 떨어지고 있습니다"라고 발표한다면 주부들은 어떤 반응을 보일까? 잘못하면 배추 포기로 얻어맞을지도 모를 일이다. 주부들에게 작년은 너무 먼 기억이다. "배추 가격이 많이 오르고 있다"라고 말하는 것이 적절하다.

통계 중에는 전년 대비와 전월 대비를 함께 발표하는 것이 적지 않다. 예컨대 이런 식이다. '실업률은 3.0%로 지난해 같은 달보다 0.3%p 떨어졌고, 전달보다 2.9%p 떨어졌다.'

다만 전월비를 다룰 때는 계절요인을 제거해야 한다. 계절적 요인이 통계착시를 불러오기 때문이다. 전월 대비 통계치로는 광공업생산, 출하, 재고 동향, 소비 동향, 고용 동향, 서비스업 생산 동향 등이 있다.

월이나 연간 단위 이외에 분기별 비교도 있다. 1분기(1~3월), 2분기(4~6월), 3분기(7~9월), 4분기(10~12월)로 비교하는 분기별 비교는 국내총생산과 국민총소득 등 거시경제지표에 많이 쓰인다.

GDP는 주지표로 전기비 통계를 제시한다. 전년 동기 대비 증가율은 보조지표다. 2005년까지는 1년 전 동기 대비로 발표하다가 2006년 1/4분기부터 전기비로 발표 내용을 바꾸었다. 물론 전기비를 다룰 때는 계절조정을 한다. GDP 지표는 경기흐름을 관측하기 위해 만드는 것인데, 1년 전과 비교해서는 현 상황을 제대로 알기 어렵다는 점이 반영되었다. 이 때문에 대부분의 나라는 GDP를 전기 대비로 발표한다. GNI 역시 전기 대비로 발표한다. 다만, 국제비교는 통상 연간비교를 많이 사용한다.

전기비를 전년 동기비로 바꾸는 쉬운 계산법이 있다. 기획재정부와 한국은행에서 흔히 쓰는 속성법이다. 특정 분기의 전년 동기비 GDP는 특정 분기 포함 직전 3분기의 전기비를 모두 더하면 된다. 다음은 2012~2013년 분기별 GDP 자료다.

2012년 4분기 전년 동기비 GDP를 구해보자. 전기 대비 0.8%+

	2012				2013			
분기	1	2	3	4	1	2	3	4
전기 대비	0.8	0.3	0.0	0.3	0.8	1.1	1.1	0.9
전년 동기 대비	2.8	2.4	1.6	1.5	1.5	2.3	3.3	3.9

(단위: %)

0.3%+ 0.0%+0.3%=1.4%다. 2012년의 4분기 실제 전년 동기비 1.5%와 유사하다. 같은 방식으로 2013년 2분기를 구해보자. 전기 대비 0.0%+0.3%+ 0.8%+1.1%=2.2%다. 실제 집계치인 2.3%와 유사하다.

연간기준 전년 동기비도 속성법을 응용해 구할 수 있다. 4분기 동안의 전년 동기비를 모두 합산한 뒤 4로 나누면 된다. 2012년의 전년 대비 경제성장률은 (2.8%+2.4%+1.6%+1.5%)/4=2.1%이다. 실제 집계치인 2.0%와 유사하다.

2013년의 전년 대비 경제성장률도 같은 방법으로 구해보자. 2013년의 1~4분기 전년 동기 대비를 모두 합산한 뒤 4로 나누면 (1.5%+ 2.3% +3.3%+3.9%)/4=2.8%가 된다. 실제치인 2.8%와 똑같다.

한국은행은 "전기와 전년 동기 비교 과정에서 약간의 오차는 발생한다. 앞선 전기 대비 성장률 4개를 합하면 전년 동기대비 성장률과 거의 같아진다"라고 말했다. 그러면서 "다만 환율이나 농어업생산성 등 국내외 여건 차이로도 오차가 생길 수 있다"라고 밝혔다.

이 계산법은 정부에서 쓰는 간이 속성법이다. 일단 외워두면 응용하기 편하다.

통계비교에는 연간, 5년, 10년 단위도 많이 사용된다. 매년 말에는 연간 통계비교가 쏟아진다. 한국 정부는 5년 임기의 단임제이기 때문에 5년 비교도 많다. 김대중 정부는 1998~2002년, 노무현 정부는 2003~2007년, 이명박 정부는 2008~2012년을 집권 기간으로 보고 각종 경제수치를 끄집어내면 정권별 경제지표를 비교할 수 있다.

 또 다른 비교, 명목과 실질

통계 숫자에 빠지지 않는 단어가 있는데 바로 '명목'과 '실질'이다. 이 두 가지를 잘 구분하지 못하면 역시 통계착시에 빠질 수 있다.

현실에서 가격은 물가의 영향을 받는다. 지난해 10만 원 하던 쌀 한 가마니가 올해 11만 원이 되어 10%인 1만 원이 올랐다. 그렇다면 쌀의 가치가 오른 것일까?

같은 기간 동안 다른 물가도 10%씩 올라 물가상승률이 10%였다고 치자. 내 임금도 10% 올랐다. 그렇다면 쌀 한 가마니의 가치는 변동이 없는 셈이다. 쌀 한 가마니를 살 때 느끼는 부담은 지난해나 올해나 같다는 의미다.

물가상승률을 포함하지 않으면 '명목'이나 '경상'이라고 하고, 물가상승률이 포함되면 '실질'이나 '불변'이라고 부른다. 명목과 실질은 생산량을 비교할 때 특히 중요한데 다음 예를 통해 살펴보도록 하자.

지난해 A사가 생산한 공업제품의 총 생산액은 1억 원이었다. 올해는 지난해보다 20%가 증가한 1억 2,000만 원어치를 생산했다. 이럴 때 1억 2,000만 원은 명목가격이다. 그렇다면 A사의 생산량은 1년간 20% 증가한 것일까? 생산량이 늘었다는 이야기는 그만큼 공장이 잘됐다는 말이고, 또 고용이 늘어났을 개연성이 있다는 뜻이다.

그런데 지난 1년간 인플레이션이 극심해 소비자물가 상승률이 20%였다고 가정해보자. A사는 물가상승률을 반영해 지난해 10t당 1억 원이던 공업제품을 올해는 1억 2,000만 원에 팔았다. 물가상승률에 따라 노동자의 임금을 20% 올려주어야 했는데 그러려면 판매가격도 그만큼 올려야

했다. A사의 공업제품 생산액은 1억 2,000만 원이 되었지만 생산량으로 보면 올해도 지난해와 똑같은 10t이다. 판매액은 늘었지만 실제 생산량은 똑같다는 말이다. 그러므로 A사의 실질생산액은 1억 원이다.

임금도 마찬가지다. 물가상승률이 하락하는 디플레이션 상태가 아니라면 임금은 매해 증가하는 것이 정상이다. B씨는 올해 임금협상을 잘해서 임금이 5%나 올랐다며 행복해했다. 그런데 정말 협상을 잘한 것일까? 그 여부는 물가상승률에 달려 있다. 만약 물가상승률이 5%라면 임금상승은 상쇄돼 실질 임금상승률은 0%이다. '임금상승률(5%)−물가상승률(5%)=0'인 것이다. 즉 지난해와 비교해 하나도 오르지 않았다는 뜻이다.

같은 식으로 예금금리나 대출금리에도 '실질금리'라는 표현을 쓴다. 은행이 고시하는 금리에서 물가상승률을 제외하면 실질금리가 나온다. 정부가 2013년 전월세 부동산대책에서 내놓은 수익공유형 모기지(주택담보대출)에 대해 언론들은 '사실상 마이너스 금리'라고 표현했다. 수익공유형 모기지의 금리는 연 1.5%인데, 한국은행이 추정한 2013년 물가상승률은 2.3%였다. 물가상승률을 뺀 실질금리는 −0.8%에 불과하기 때문에 '실질금리는 마이너스'라고 표현한 것이다.

많은 통계가 실질·명목통계를 사용한다. 이러한 통계에는 물가상승률이라는 변수가 포함돼 있다는 점을 반드시 감안해야 한다. 사람도 겉모습(명목)보다 내부(실질)를 봐야 진면목을 알 수 있듯 통계도 마찬가지다.

지수, 기준을 만들다

지수^{Index} 역시 통계에서 빼놓을 수 없는 요소다. 지수는 조사 자료를 가공한 것이므로 가공통계로 분류된다. 지수는 비교의 기준이 되는 시점을 100으로 설정하여 표현한다.

소매판매액지수 기준시점은 2010년=100이다. 이 지수가 2014 년에 115.3이라면, '소매판매액이 2010년에 대비해 2014년은 15.3% 증가했다'고 말할 수 있다. 소비자물가지수도 마찬가지 다. 소비자물가지수 기준 2010년=100이고 2014년에 115.4라면 4년 만에 물가가 15.4%가 올랐다고 말할 수 있다.

지수는 구체적인 숫자를 보여주지는 않지만 시간의 흐름에 따 라 수량이나 가격이 어떻게 변했는지를 보여준다. 지수를 작성하기 위해서는 기준시점, 가중치, 지수식이 필요하다.

해당 통계가 만들어진 날이 각기 다르기 때문에, 지수는 통계마다 기준년도가 다르다. 그렇다고 지수의 기준년도가 한번 정해졌다고 영원히 고정되는 것은 아니다. 시간이 지날수록 오차가 생길 수 있기 때문에 일정 기간을 두고 기준년도를 변경한다. 물가지수의 경우는 5년을 주기로 기준년도가 변경된다. 물가지수는 1955년 이래 10회에 걸쳐 기준년도를 변경했다. 2013년 현재는 2010년을 기준년도로 사용한다. 소비자물가지수, 생산자물가지수, 수출입물가지수 등도 마찬가지로 일정 기간을 두고 기준년도를 변경한다.

물가지수는 기준년도가 비교적 자주 바뀌는 통계다. 물가지수에 쓰인 품목이 시대에 따라 달라져서 자주 보정해주지 않으면 국민들의 체감과 달라지기 때문이다. 예를 들어 2005년은 통신요금 기준이 2G폰이었다면 2010년은 스마트폰으로 바꿔야한다. 그렇지 않고 2014년까지 2G폰 요금을 기준으로 통신요금의 물가상승률을 따지면 괴리가 생길 수밖에 없다.

전반적인 주가의 동향을 잘 나타내주는 종합주가지수(코스피지수)는 한국거래소에 상장된 주식의 시장가격을 나타내는 지수다. 종합주가지수는 1980년 1월 4일을 기준년도로 하여 이때를 100으로 잡았다. 코스닥 종합지수는 1996년 7월 1일을 기준시점으로 하고, 이 시점을 1,000으로 잡는다. 코스닥의 기준이

종합주가지수보다 높은 이유는 지수를 부풀려 보이기 위한 의도가 포함되어 있다. 코스닥 시장은 종합주가지수 시장에 비해 자금이 유입되는 규모가 크지 않다. 만약 종합주가지수처럼 100을 기준으로 하면 지수 크기가 크게 축소될 것이다. 2013년 9월 3일 코스닥지수는 526.16인데, 만약 100을 기준으로 했다면 52.6이 됐을 것이다. 이럴 경우 지수가 너무 미미해 보이기 때문에 투자자의 관심을 끌기가 어렵다. 참고로 2013년 9월 3일 종합주가지수는 1,933이었다.

종합주가지수가 1,933이라는 말은 1980년 1월 4일(=100)에 비해 주식 시장의 시가총액이 19.33배 늘어났다는 의미이다. 코스닥지수 526.16은 1996년 7월 1일(=1,000)에 비해 코스닥 시장의 시가총액이 약 0.5배로 축소됐다는 의미이다.

부동산 시장에도 지수가 있다. 한국감정원에서는 아파트전세가격지수를 매주 공표한다. 아파트전세가격지수는 2012년 11월 26일의 가격을 기준치 100으로 본다. 전세가격지수가 90이라면 2012년 11월 26일보다 10%가량 전세가격이 낮아졌다는 이야기다. 한국감정원이 지수 기준을 이날로 잡은 이유는 행정구역 개편(세종시)을 반영한 표본재설계로 지수 기준 시점을 조정하기 때문이다.

설문을 통한 심리지수는 응답자의 답변을 기준으로 지수 기준을 정한다. 긍정적인 답변을 한 사람과 부정적인 답변을 한 사람이 5 대 5일 때 지수 100으로 둔다.

기업의 현재 경제상황을 묻는 기업경기실사지수^{BSI}는 기업에 직접 경영상황에 대한 판단과 전망을 물은 뒤 그 답변을 가지고 수치화한다.

긍정적 응답을 한 업체와 부정적 응답을 한 업체 수가 똑같다면 업종별 BSI는 100이 된다. 따라서 100 이상이면 긍정적인 응답을 한 업체가 많다는 의미이고 100 이하이면 부정적인 응답을 한 업체가 많다고 해석할 수 있다.

$$\text{업종별 BSI} = \frac{\text{긍정적인 응답 업체 수} - \text{부정적인 응답 업체 수}}{\text{전체 응답 업체 수}} \times 100 + 100$$

소비자동향지수^{CSI}도 BSI와 유사한 방식으로 구한다. CSI는 경기상황에 대한 소비자의 현재 인식과 앞으로의 소비지출전망을 나타내는데, 지수가 100보다 크면 긍정적이라고 답한 가구가 많다는 뜻이고 100보다 작으면 부정적으로 답한 가구가 많다는 뜻이다.

지수를 가공한 지수도 있다. 이때는 지수의 움직임을 기준으로 삼는다. 소비자심리지수^{CCSI}는 CSI의 여섯 개 주요지수를 이용해 산출한 종합적인 심리지표다. 2003~2012년(2013년 지수 기준) 사이의 장기 평균치를 기준 값 100으로 두고, 100보다 크면 그간 평균보다 낙관적이라는 의미이고 100보다 낮으면 비관적이라는 의미다.

경제심리지수^{ESI}도 장기 평균을 사용한다. 기업과 소비자의 심리를 종합적으로 알려주는 ESI는 BSI와 CSI를 더해서 구한다. 장기 평균 100은 2003년 1월부터 2012년 12월(2013년 지수 기준)까지의 ESI 평균을 100으로 잡았다는 뜻이다. 따라서 ESI가 100보다 높으면 기업과 소비자를 포함한 민간의 경제심리가 지난 10년 평균보다 좋다는 의미이고 100보다 낮으면 민간의 경제심리가 과거보다 못하다고 풀이하면 된다.

보험은 인구경제학의 산물

국가경제와 인구의 상관관계를 연구하는 학문을 인구경제학이라고 하는데. 이에 관한 통계는 새로운 산업을 만들어내기도 냈다. 바로 보험이다. 보험사는 '생명표'라는 확률이 탄생시킨 산업이다.

생명표란 어떤 한 시점에 10만 명이 태어났다고 가정하고 시간의 흐름에 따라 사망하는 추이를 통계로 추정한 것인데, 이 표를 보면 언제 태어난 사람이 얼마나 살 것인지 등을 예측할 수 있다. 기대수명, 기대여명, 생존확률, 특정 사인 제거 시 사망확률, 특정 사인으로 인한 사망확률 등이 생명표이다. 보험사 입장에서는 가입자가 언제 사망할지를 예상할 수 있어야 생명상품을 만들 수 있다.

1762년 설립되어 세계에서 가장 오래된 생명보험사인 영국의 에퀴터블 생명보험The Equitable Life Assurance Society은 생명표를 기준으로 가입자의 나이에 따라 보험료를 달리하는 보험상품을 만들었고, 이후 생명보험은 전 세계로 퍼져나갔다. 생명표에는 크게 '국민생명표'와 '경험생명표'가 있다. 국민생명표는 전 국민을 대상으로 만들어진 생명표로 매년 말 작성된다. 사망률을 작성기준으로 하기 때문에 사망 시 제출하는 사망신고서가 중요하다. 또 인구센서스 자료가 아닌 주민등록의 연앙인구를 기초로 한다. 인구센서스는 국내 거주 외국인도 포함되기 때문에 한국인의 생명표를 작성하는 데는 좋지 않다. 국민생명표는 인구추계 때, 보건·의료정책을 수립할 때, 혹은 국가 간 사회·보건 수준 등을 비교할 때 사용된다.

경험생명표는 보험업계에서 가입자들을 대상으로 만든 생명표로 이를 기준으로 보험료를 산정한다. 보험개발원이 작성하는데 1988년부터 발표하기 시작했다. 처음에는 5년을 주기로 했지만 지금은 3년에 한 번 작성한다. 생명보험에서 가장 중요한 것은 예정위험률(예정사망률)이다. 보험사고가 발생할 확률을 기록한 것이기 때문에 사망률이 높아지면 보험료가 높게 책정되고 낮아지면 낮게 책정된다. 고령화로 인해 생명표의 최종연령도 높아지는 추세인데, 최종연령이 높아지면 가입자가 늦게 사망한다는 의미이므로 생명보험 상품은 보험료를 덜 내는 방향으로, 연금보험은 더 내도록 조정된다.

제 **2** 장

데이터를 알면 **나라 살림**이 보인다

우리 경제 잘나가나요?
- GDP와 GNI

신입사원 김막내 씨는 경제에 관심이 많다. 우리나라는 국민소득 2만 달러 시대를 넘어선 지 오래지만, 성장의 한계에 봉착해 2만 달러 시대를 벗어나기 힘들다는 지적이 나오는데 김막내 씨로서는 그 의미를 정확히 알기 힘들다. 소득이 2만 달러라는 것이 어느 정도의 경제수준을 말하는 것일까? 다른 나라에 비해 잘사는 것이 맞긴 한가? 경제에 대해 어느 정도 안다고 생각하는 김막내 씨로서도 '국민소득 2만 달러'가 구체적으로 무엇을 의미하는 것인지 아리송하기만 하다. 국민소득의 구체적인 의미는 무엇이고 또 지금까지 국민소득은 어떻게 변화되어 왔을까?

통상 어떤 나라가 우리보다 잘사느냐, 못사느냐를 판단할 때는 GDP가 기준이 된다. GDP는 'Gross Domestic Product(국내총생산)'의 약자로 1년 동안 우리나라 국경 안에서 돈을 버는 행위가 얼마나 있었는지를 측정하는 지표이다. GDP에는 물건 같은 정형화된 상품뿐 아니라 병원에서 받는 건강검진 비용, 미용실에서 머리카락을 자르는 비용 등의 서비스도 포함된다. 내국인이든 외국인이든 국적을 불문하고 한 나라의 국경 안에서 이루어진 생산활동을 모두 포함하며, 현재 경제성장률 등 생산의 중심지표로 사용되고 있다. GDP에는 국내에 거주하는 비거주자(외국인)에게 지불되는 소득과 국내 거주자가 외국에 용역을 제공함으로써 얻은 소득이 모두 포함된다.

과거 시장이 국내로 제한되었던 시대에는 경제성장률을 나타낼 때 장소의 구분 없이 우리나라 사람의 총생산을 나타내는 개념인 GNP(Gross National Product, 국민총생산)를 사용했다. 그런데 우리나라 국민들(기업들)의 해외 진출이 늘어나면서 대외수취소득을 제때 정확하게 산출하기가 점점 어려워졌고, 그런 점에서 GNP의 정확성이 전보다 떨어졌다. 그래서 우리나라는 1995년 4분기부터 국가의 경제규모를 나타내는 지표로 GNP 대

[그림 2-1] 한국은행 경제통계시스템에서 GDP 찾아보기

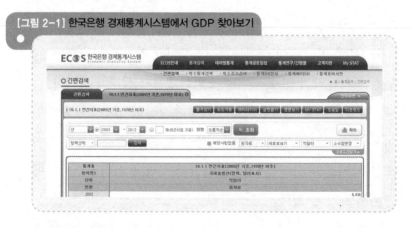

이렇게 찾아가요!

한국은행 경제통계시스템(http://ecos.bok.or.kr) ◐ 주제별통계 ◐ 10.국민계정 ◐ 주요지표 ◐
연간지표 ◐ 경제규모 및 국민소득 ◐ 국내총생산(명목, 달러표시) ◐ 조회기간 ◐ 조회결과

[표 2-1] 최근 10년간 우리나라 GDP 추이(명목)	
	(단위: 억 달러)
기간	GDP 추이
2003	6,436
2004	7,224
2005	8,447
2006	9,511
2007	10,493
2008	9,309
2009	8,344
2010	10,147
2011	11,147
2012	11,292

신 GDP를 사용하기 시작했다. 경제지표에 관한 통계는 한국은행 경제통계시스템(http://ecos.bok.or.kr)을 활용하면 손쉽게 찾아볼 수 있다.

[표 2-1]은 한국은행 경제통계시스템에서 찾은 자료로 최근 10년간 우리나라의 GDP가 어떻게 변화했는지 정리한 것이다.

그렇다면 우리나라의 GDP가 이렇게 성장하기까지 어떤 산업이 경제를 이끄는 데 중추적인 역할을 했을까? 경제활동별 기여도를 살펴보면 어떤 산업이 얼마만큼 성장에 이바지했는지에 대해서도 알 수 있다.

한국은행 경제통계시스템에 들어가 해당 데이터를 산출한 후 오른쪽의 '차트' 버튼을 누르면 한눈에 내용을 파악할 수 있다.

[그림 2-2]를 보면 최근 10년간 우리 경제에서 제조업이 가장

큰 역할을 했음을 알 수 있다. 특히 금융위기 이후 침체돼 있던 경제에 다시 활력을 불러일으킨 산업이 제조업이다. 반면 건설업은 2003년도에 최고 호황을 누리다가 2007년 이후 건설경기 침체로 마이너스 성장을 기록하는 중이다. 농림어업도 2010년부터는 마이너스 성장을 하고 있다.

제조업 중에서도 특히 어떤 업종이 잘되고 있는지, 더 세분화된 내용을 알고 싶다면 역시 한국은행 경제통계시스템을 활용하면 된다.

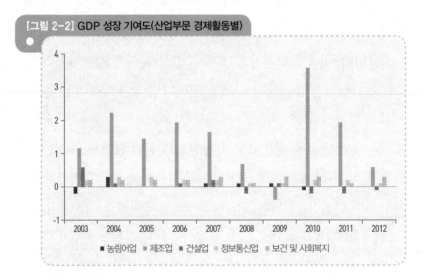

[그림 2-2] GDP 성장 기여도(산업부문 경제활동별)

■ 농림어업 ■ 제조업 ■ 건설업 ■ 정보통신업 ■ 보건 및 사회복지

이렇게 찾아가요!

한국은행 경제통계시스템(http://ecos.bok.or.kr) ○ 주제별통계 ○ 10.국민계정 ○ 주요지표 ○ 부속표 ○ GDP에 대한 성장 기여도 ○ 경제활동별 성장 기여도(원계열, 실질, 분기 및 연간) ○ 조회기간 ○ 조회결과

여기서 잠깐, 한 가지 사실을 짚고 넘어가도록 하자. GDP가 늘어나면 국민의 삶의 질도 나아진다고 확신할 수 있을까? 언뜻 생각하면 국내에 거주하는 경제주체가 창출한 부가가치의 합이 늘어났으니 국민의 삶의 질도 향상되는 것이 당연하게 느껴진다. 하지만 여기에 함정이 도사리고 있다. GDP는 무조건 더하는 식으로 계산을 하기 때문에 간과되는 부분도 생기기 마련이다.

국내에서 일어난 생산활동 중에는 사회나 환경에 부정적인 영향을 주는 것도 있다. 그러므로 GDP가 늘어났다고 해서 무조건 삶의 질이 향상된다고는 볼 수 없는 것이다.

이를테면 국내에 범죄사건이 자주 발생해 사설 경비업체와 CCTV업체, 경호업체 등이 수혜를 입는다면 국가의 GDP는 늘어나지만 결코 삶의 수준이 나아졌다고는 말할 수 없다. 또 국내에서 생산활동을 해놓고도 소득신고를 하지 않으면 GDP는 이를 집계할 수 없다. 흔히 신용카드를 사용하지 않고 현금으로 계산하면 할인을 해준다며 유혹하는 현금마케팅도 GDP가 이를 집계할 수 없도록 만드는 요인 중 하나다. 정부가 현금영수증 발급제도를 도입한 것도 이러한 문제점을 보완하고자 하는 노력의 일환이다.

밀수, 도박, 매춘 등 불법적인 경제활동이나 조세 회피를 목적으로 한 거래도 실은 GDP에 포함시켜야 하지만 아직까지 이런

활동은 GDP에 포함돼 있지 않다.

GDP의 경우 한국은행의 발표 수치가 조금씩 다르게 나오는 경우가 있다. 집계해야 할 영역이 넓어서 통계를 작성하는 데 많은 시간이 걸리기 때문이다. 매년 혹은 매 분기별로 수치를 발표해야 하는 한국은행은 상황에 따라 전망치, 확정치, 잠정치, 속보치 등으로 나누어 GDP를 발표한다. GDP(전망치)는 새해가 시작되거나 새로운 분기 초반에 정부가 여러 자료를 토대로 예측한 GDP 수치이다. 정부나 국가기관은 이를 토대로 연간 사업계획을 짜고 성장목표도 잡는다.

GDP(속보치)는 가채점을 해본 뒤 목표로 세운 GDP(전망치)와 얼마나 가까워졌는지를 확인할 수 있는 지표이다. 통상 집계 기간이 끝나고 28일 이내에 발표하는데 신속성이 생명이라고 할 수 있다. 속보치가 전망치를 넘어섰느냐 아니냐는 주식 시장에 큰 영향을 줄 수 있으므로 주의 깊게 봐야 한다.

이번에는 다른 나라로 시선을 돌려보자. 다른 나라의 경제규모는 어떠할까? 전 세계에서 가장 잘사는 나라는 어딜까? 세계은행(http://data.worldbank.org)의 데이터시스템을 보면 각국 정부 또는 중앙은행이 발표한 GDP를 비교해볼 수 있다.

[표 2-2]를 보면 전 세계에서 국민 1인당 GDP가 가장 높은 나라는 룩셈부르크다. 룩셈부르크는 2012년 기준 1인당 GDP가 약 10만 7,400달러로 국민 소득 수준이 가장 높다. 이어 노르웨이,

[그림 2-3] 세계은행 데이터시스템에서 나라별 GDP 살펴보기

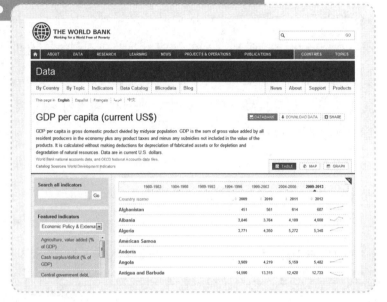

이렇게 찾아가요!

세계은행 데이터시스템(http://data.worldbank.org) ◑ 데이터(DATA) ◑ 지표(Indicators) ◑
경제성장(Economic & Growth) ◑ GDP(current US$) ◑ GDP Per capita ◑ 조회결과

[표 2-2] 나라별 국민 1인당 GDP

(단위: 억 달러)

순위	나라	1인당 GDP(2012년 기준)
1	룩셈부르크	107,476
2	노르웨이	99,558
3	스위스	79,052
4	마카오	78,275
5	오스트레일리아	67,036
6	덴마크	56,210
⋮		
31	한국	22,590

스위스, 마카오, 오스트레일리아, 덴마크, 스웨덴, 캐나다, 싱가포르, 미국, 일본, 핀란드 등의 순위로 GDP가 높고, 우리나라는 30위권 수준이다. 세계은행 데이터시스템을 활용하면 원하는 나라별로 그래프를 그려 비교해볼 수도 있다.

우리나라의 경우 국민 한 명당 벌어들인 소득은 GNI(Gross National Income, 국민총소득) 개념을 적용해 산출하고 있다. GDP는 국내에 한정된 총생산을 의미한다. GDP에는 외국 기업이 우리나라에 와서 올린 수익도 포함된다. 반면 GNI는 실질 국내총생산에다 교역조건 변동에 따른 무역 손익을 반영한 총소득이다. 우리나라 국민이 국내뿐만 아니라 해외에서 벌어들인 소득까지를 교역조건에 반영해 산출한다.

여기서 교역조건이란 수출품과 수입품이 거래되는 교환비율, 쉽게 말하면 국가 간 거래의 환율 등이 여기 포함된다. 우리나라가 만약 자동차 1대를 수출했을 때 수입 밀가루 10만 톤을 살 수 있다고 치자. 그런데 밀가루 가격이 상승해 자동차 2대를 팔아야 같은 양의 밀가루를 수입할 수 있다. 이런 경우 교역조건이 나빠졌다고 말한다. GNI는 이러한 교역조건 변화에 따른 실질 구매력 변화를 고려한 소득지표다.

> GNI = GDP + 해외순수취요소소득 + 교역조건 변화

앞서 세계은행의 경우 각 나라마다 교역조건이 다르기 때문에 이를 감안해 1인당 GNI를 산출하려면 데이터의 왜곡을 불러올 수 있다. 그래서 총생산을 인구 수로 나눈 1인당 GDP 개념을 사용하고 있다.

우리나라의 1인당 GNI는 2007년에 2만 1,632달러를 기록하면서 사상 처음 2만 달러대에 진입했고 국민 생활수준도 선진국 대열에 들어서게 되었다. GNI를 통해 과거부터 현재까지 우리나라의 경제규모가 어떻게 변화해왔는지 알아보자.

[그림 2-4]를 보면 2003년 당시에는 1인당 GNI가 1만 3,000달러 수준에 머물렀지만, 2007년 주택경기 상승 등 경제가 호황을 맞으면서 2만 달러를 돌파했다. 하지만 2008~2009년 리먼 브라더스Lehman Brothers Holdings, Inc.의 파산으로 도래한 글로벌 금융위

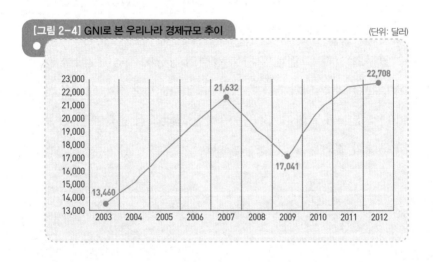

[그림 2-4] GNI로 본 우리나라 경제규모 추이 (단위: 달러)

기로 GNI가 2만 달러 아래로 떨어진 후 2012년 2만 2,000달러대
를 기록하고 있다.

물가, 얼마나 올랐나요?
– 소비자물가 동향

서울에 살고 있는 15년차 주부 김알뜰 씨는 요즘 고민이 많다. 남편 월급은 그대로인 것 같은데 물가는 해마다 오르니 살림하기가 퍽퍽하기 이를 데 없다. 아이들 교육비도 만만치가 않다. 남편이·회사를 옮기고 싶어 하는 것도 하나의 원인이지만, 높은 물가 탓에 서울을 떠나고 싶은 마음이 불쑥불쑥 찾아든다. 도대체 왜 이렇게 물가가 높은 걸까? 서울만 이렇게 물가가 높은 걸까? 물가상승률이 낮은 도시가 있다면 그쪽으로 움직이고 싶은데 그런 곳이 있기는 한 걸까?

'1974년 짜장면 가격은 150원. 2013년 짜장면 가격은 대략 5,000원.'

물가物價를 비교할 때 흔히 나오는 이야기다. 해당 기간 동안 인플레이션으로 화폐가치가 떨어진 것을 감안하더라도 짜장면의 물가는 40여 년 사이 큰 폭의 오름세를 나타냈다. 물가는 일상생활에 직접적인 영향을 주기 때문에 살림하는 주부들에게는 매우 민감한 사항이다. 그런데 모든 소비자가 동일한 물품을 소비하는 것이 아니고, 물가가 오른다고 해도 모든 제품의 물가가 일률적으로 오르는 것은 아니기 때문에 물가의 오름 정도를 파악할 수 있도록 만든 것이 바로 물가지수다.

　통계청에서는 서울 및 주요 도시의 약 500여 개 상품과 서비스 품목의 가격을 조사해서 소비자물가지수를 산출, 매월 발표한다. 소비자물가지수는 소비자가 구입하는 상품이나 서비스의 가격변동을 나타내는 지수로 식료품·비주류음료, 의복·신발, 보건 의료 등 12가지 항목으로 세분화되어 있는데 소비자들이 시장에서 실제로 사는 물건값을 기준으로 만든다.

　우리가 매일 먹는 음식의 식료품비, 영화 관람료, 학원비 등 다양한 품목의 물가 동향을 한눈에 파악할 수 있기 때문에 물가상

[그림 2-5] 소비자물가지수 찾아보기

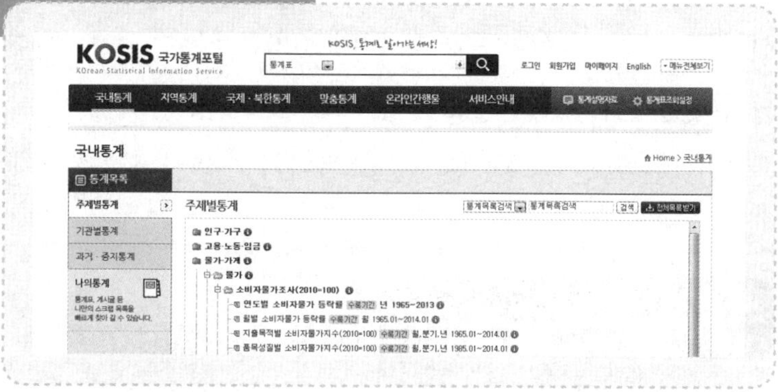

이렇게 찾아가요!

통계청 국가통계포털(http://kosis.kr) ◐ 국내통계 ◐ 주제별통계 ◐ 물가·가계 ◐ 물가 ◐ 소비자물가조사(2010=100) ◐ 원하는 통계 선택 ◐ 조회결과

승률이 상대적으로 낮은 곳으로 이사를 가고 싶다거나, 음식 가격이 비싼 곳에 식당을 내고 싶다거나 할 때 유용하게 활용할 수 있다.

통계청의 데이터를 살펴보면 연도별 소비자물가 등락률, 월별 소비자물가 등락률, 지출목적별 소비자물가지수, 신선식품 소비자물가지수, 품목별 소비자물가지수까지 다양한 물가 동향을 알 수 있다.

최근 5년간 소비자물가가 어떻게 변화돼왔는지 그 추이를 살펴보기 위해 [표 2-3]과 같이 연도별 통계 데이터를 뽑아보았다. 살펴보니 2008년에 4.7%가량 올라 가장 높은 수치를 기록했고, 2010년과 2011년에도 각각 3%, 4%씩 물가가 올랐음을 알 수 있다. 소비자물가 중 변동 폭이 가장 큰 제품은 신선식품이다. 신선식품은 2009년 7.6% 오른 데 이어 2010년에는 무려 21.3%나 가격이 올랐다. 2011년과 2012년에도 5~6% 상승했다.

이번에는 한 달 동안 어떤 제품의 물가가 가장 많이 올랐는지,

[표 2-3] 연도별 소비자물가 등락률(전년비) (단위: %)

구분	2008	2009	2010	2011	2012
총지수	4.7	2.8	3.0	4.0	2.2
생활물가지수	5.3	2.1	3.4	4.4	1.6
신선식품지수	-5.8	7.6	21.3	6.3	5.8
농산물 및 석유류 제외지수	4.3	3.6	1.8	3.2	1.6
식료품 및 에너지 제외지수	3.6	3.0	1.9	2.6	1.6

또 어떤 도시에서 가장 많이 올랐는지 등을 세부항목별로 비교해보자.

[그림 2-6]처럼 데이터를 산출해보면 전년 같은 달과 비교해 식료품의 가격은 하락했으나 주류, 신발, 수도 및 전기 요금은 3~4% 가량 가격이 올랐다. 주류의 경우 부산시와 원주시가 전년 같은 기간과 비교해 4.5%로 가장 많이 올랐고, 신발 가격은 7.3%로 단연 강릉에서 가장 많이 상승했음을 알 수 있다.

식료품이나 의류 외에도 우리 생활과 가장 밀접한 관련이 있는 생활물가, 예컨대 학원비, 교육비를 비롯해 영화 관람료, 시

[그림 2-6] 지출목적별 소비자물가지수 찾아보기

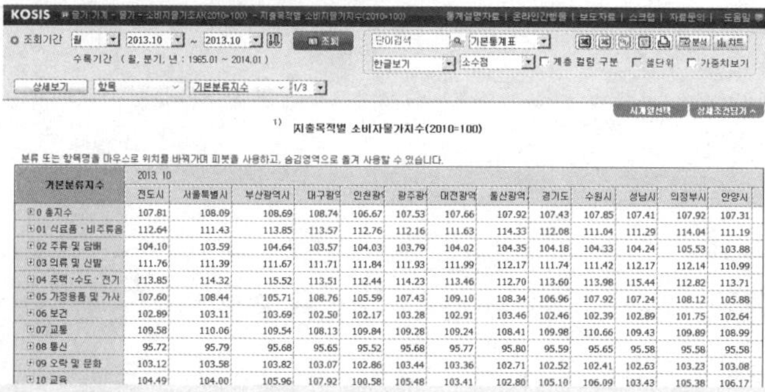

1) 지출목적별 소비자물가지수(2010=100)

기본분류지수	2013. 10												
	전도시	서울특별시	부산광역시	대구광역	인천광역	광주광역	대전광역	울산광역	경기도	수원시	성남시	의정부시	안양시
0 총지수	107.81	108.09	108.69	108.74	106.67	107.53	107.66	107.92	107.43	107.85	107.41	107.92	107.31
01 식료품·비주류음	112.64	111.43	113.85	113.57	112.76	112.16	111.63	114.33	112.08	111.04	111.29	114.04	111.19
02 주류 및 담배	104.10	103.59	104.64	103.57	104.03	103.79	104.02	104.35	104.18	104.33	104.24	105.53	103.88
03 의류 및 신발	111.76	111.39	111.67	111.71	111.84	111.93	111.99	112.17	111.74	111.42	112.17	112.14	110.99
04 주택·수도·전기	113.85	114.32	115.52	113.51	112.44	114.23	113.46	112.70	113.60	113.98	115.44	112.82	113.71
05 가정용품 및 가사	107.60	108.44	105.71	108.76	105.59	107.43	109.10	108.34	106.96	107.92	107.24	108.12	105.88
06 보건	102.89	103.11	103.69	102.50	102.17	103.28	102.91	103.46	102.46	102.39	102.89	101.75	102.64
07 교통	109.58	110.06	109.54	108.13	109.84	109.28	109.24	108.41	109.98	110.66	109.43	109.89	108.99
08 통신	95.72	95.79	95.68	95.65	95.52	95.68	95.77	95.80	95.59	95.65	95.58	95.58	95.58
09 오락 및 문화	103.12	103.58	103.82	103.07	102.86	103.44	103.36	102.71	102.52	102.41	102.63	103.23	103.08
10 교육	104.49	104.00	105.96	107.92	100.58	105.48	103.41	102.80	105.10	106.09	103.43	105.38	106.17

이렇게 찾아가요!

통계청 국가통계포털(http://kosis.kr) ➲ 국내통계 ➲ 주제별통계 ➲ 물가·가계 ➲ 물가 ➲ 소비자물가조사(2010=100) ➲ 지출목적별 소비자물가 ➲ 조회기간 ➲ 분석 ➲ 증감률 ➲ 전년 동월비 ➲ 조회결과

내·시외 버스요금, 치과 진료비, 휘발유, 택시 요금, 지하철 요금 등의 물가상승률도 도시별로 비교해볼 수 있다.

전년 대비 증감률 알아보기

통계청 국가통계포털에서 각 데이터를 산출한 후, 그에 대한 전년 대비 증감률을 알아보고 싶을 때 박스 상단에 있는 '분석'을 클릭한 다음 '증감률'을 선택한다. 그리고 비교기준을 '전년비'로 설정한다.

참고로 '자료분석하기'에는 증감/증감률/구성비/누계/누계구성비가 나오는데, 각각의 의미를 알고 있으면 다른 통계를 분석하는 데도 유용하니 알아두기 바란다.

증감: 전년 또는 기준년도 대비 얼마나 증가했는지를 알 수 있다.

증감률: 전년 또는 기준년도 대비 몇 퍼센트나 증가했는지를 알 수 있다.

구성비: 전체 대비 얼마나 되는지(비중)를 알 수 있다.

누계: 월별로 조회했을 때 해당 년 1월부터 당월까지 합산 수치를 보여준다.

누계구성비: 월별로 조회했을 때 해당 년 1월부터 당월까지 전체에서 차지하는 비중을 알 수 있다.

물가지수 중 수출입물가지수도 빼놓을 수 없는 주요 지수이다. 특히 무역 사업을 준비하고 있거나 무역과 관련된 일을 하고 있다면 가장 중요하게 보아야 할 지수다. 통계청에서는 소비자물가지수 외에도 수출물가, 수입물가의 데이터를 연도별, 분기별, 월별로 제공한다.

[그림 2-7]은 최근 3년간 수입물가지수를 찾아본 것이다. 데이터를 살펴보면 2010년과 2011년에는 전체적인 수입물가가 많이 올랐지만 2012년에는 오히려 하락했음을 알 수 있다. 미 달러 대비 원화 환율의 하락과 작황이 좋아져 수요보다 공급이 많아진

[그림 2-7] 품목별 수입물가지수 찾아보기

이렇게 찾아가요!

통계청 국가통계포털(http://kosis.kr) ◑ 국내통계 ◑ 주제별통계 ◑ 물가·가계 ◑ 물가 ◑ 수출입물가 조사(2010=100) ◑ 수입물가 ◑ 수입물가지수(품목별) ◑ 조회기간 ◑ 분석 ◑ 증감률 ◑ 전년비 ◑ 조회결과

영향으로 보인다.

2012년에 가장 수입물가가 많이 하락한 품목으로 커피를 꼽을 수 있는데, 그 이유는 무엇일까? 커피의 원료인 원두의 최대 생산지인 브라질에 기록적 풍작이 이어져 커피가 과잉생산된 탓에 커피 가격이 꾸준히 하락한 것이다.

국제커피협회ICO는 2014년의 아라비카 커피 공급이 수요를 400만 자루나 웃돌 것이라는 전망도 내놨다. 고급 품종인 아라비카는 가격이 계속 떨어져서 2002년 1월 이후 최저 수준까지 하락했다. 브라질 기상청은 브라질 커피 작황 환경이 완벽하기 때문에 이 추세로 가면 기록적인 수준의 수확량을 거둘 것으로 예상하고 있다.

최근 5년간의 소비자물가는 계속해서 상승해왔다고 말한 바 있다. 그렇다면 물가가 오른 만큼 소득도 늘어났을까?

[표 2-4] 전 가구의 월평균 소득 (단위: 만 원)	
기간	소득액
2007	320
2008	339
2009	343
2010	363
2011	384
2012	408
2013 1/4	419
2013 2/4	404
2013 3/4	426

[표 2-4]를 보면 2007년 기준 320만 원가량이던 전 가구의 월평균 소득은 2012년 약 408만 원으로 약 28%가량 늘어났다. 2013년 3분기에는 가구당 월평균 소득이 426만 원으로 지난해 같은 기간보다 2.9% 증가했다.

하지만 3분기 가계의 월평균 소비지출액은 249만 원으로 지난해 같은 기간보다 1.1% 늘어나는 데 그쳤다. 다만 실질 소비지출은 3분기에도 -0.1%로 5분기 연속 마이너스 기조를 이어갔다. 경기불황 탓에 소득이 늘어도 지갑을 닫는 사람들이 많아진 것이다. 소득이 많아졌는데도 소비를 주저하는 태도가 이어지면서 이른바 '불황형 흑자'가 사상 최대 수준을 기록하고 있다.

가계지출을 유형별로 보면, 주거와 수도, 광열비 지출이 6.4% 급증했는데, 이는 전세 대신 월세 거주 가구가 늘어나면서 실제 거주비가 12.1%나 상승했기 때문이다. 이에 비해 식료품과 비주류음료의 지출은 지난해 같은 기간에 비해 2.5% 줄었다. 주거비 부담 때문에 먹는 것을 줄였다는 분석이다. 이런 소비 감소는 부자일수록 더욱 심했다.

참고로 각 국가의 물가 수준을 비교하는 지수도 있다. 그중 '빅맥지수Big Mac index'라는 구매력평가지수가 대표적인데, 이는 맥도널드의 '빅맥버거' 가격을 기준으로 한다. 빅맥지수는 1986년 영국 경제잡지 〈이코노미스트〉가 햄버거 가격을 기준으로 나라 간 통화의 차이에서 비롯되는 통화 교환비율(환율)의 적정성을 찾으려 고안해낸 지수이다. 〈이코노미스트〉는 전 세계에 점포를 둔 맥도날드의 빅맥 가격을 통해 각국 통화의 구매력과 환율 수준을 비교 평가하여 '버거노믹스(버거 경제학)'라고 불리는 빅맥지수를 매년 발표한다.

이 지수는 '환율은 동일한 상품과 서비스의 가격이 두 나라에서 비슷해질 때까지 움직인다'는 이론(구매력평가설)을 근거로 적정 환율을 산출하는 데 활용된다. 예를 들어 한국의 빅맥버거 가격이 3,100원이라면 이는 미국 달러 2.41달러(당시 환율 1,285원)에 해당된다. 그런데 같은 날 미국 4대 도시에서 팔린 빅맥버거의 가격이 2.59달러라면 한국의 빅맥버거 가격이 미국 빅맥버거 가격보다 7% 정도 싸다는 계산이 나온다. 일반적으로 빅맥지수가 낮을수록 달러화에 비해 해당 통화가 상대적으로 저평가된 것으로 해석된다. 그러나 나라마다 임금 수준의 차이가 있다는 것을 무시한 점, 비교역재인 햄버거를 단순히 일물일가(국제거래에서 하나의 재화는 하나의 가격으로 수렴) 법칙으로 설명하려는 점 등은 한계로 지적되고 있다.

2013년 1월을 기준으로 〈이코노미스트〉가 발표한 세계 빅맥버거 가격은 베네수엘라가 9.08달러로 가장 높고, 미국이 4.37달러로 24위, 한국이 3.41달러로 37위를 기록했다.

월별 소비자물가 등락률을 알아보자. 2013년 12월의 소비자 물가는 전년 같은 기간보다 얼마나 올랐을까?

1) 0.9%   2) 1.0%   3) 1.1%   4) 1.2%

3) 1.1%

취직, 잘할 수 있을까요?
– 고용 동향

대학 4학년인 나지원 씨. 취업준비 중인데 동기들이나 선배들의 사례를 볼 때 기업들이 뽑는 신입사원 수가 해마다 줄어드는 것 같아 고민이 이만저 만이 아니다. 나지원 씨는 취직을 잘할 수 있을까? 취업 전망을 알기 위해 서는 우리나라의 고용환경, 그러니까 경제활동인구는 얼마나 되고 고용률 과 실업률이 어떻게 변화되고 있는지를 파악해야 하는데 이러한 데이터는 어디서 알 수 있는 것일까?

요즘 청년들에게 일자리를 구하기란 그야말로 하늘의 별 따 기다. 경기침체가 지속되면서 신입사원을 뽑는 회사는 줄어들 고 구직자들 간의 경쟁률은 더욱 치열해지고 있다. 20대의 대다 수가 직업을 갖지 못한 백수라는 뜻의 '이태백' 같은 신어는 이 러한 현실을 잘 대변해준다. 이 때문에 금융위기 이후 열악한 근 로조건에도 일자리를 찾아 해외로 떠나는 청년들이 많아지고 있다. 언제쯤 기업들의 고용환경이 나아질까? 꽁꽁 언 취업 시 장에 봄날이 오긴 올까? 현재의 고용환경을 한눈에 알아볼 수 있는 방법은 없을까?

통계청은 경제활동인구 조사를 통해 한 달에 한 번씩 우리나라의 고용률을 발표하고 있다. 통계청의 국가통계포털(http://kosis.kr)에서 조회 기간을 설정하면 해당 기간 동안 매월 고용률이 어떻게 변했는지, 해마다 고용률이 어떻게 달라졌는지 알 수 있다. 고용률뿐만 아니라 경제활동인구, 실업률 등도 한눈에 알 수 있다.

[표 2-5] 전국 경제활동인구 추이

(단위: 천 명, %)

구분	시점	15세 이상 인구	경제활동 인구	비경제활동 인구	경제활동 참가율	실업률	고용률
계	2009	40,092	24,394	15,698	60.8	3.6	58.6
	2010	40,590	24,748	15,841	61.0	3.7	58.7
	2011	41,052	25,099	15,953	61.1	3.4	59.1
	2012	41,582	25,501	16,081	61.3	3.2	59.4
남자	2009	19,596	14,319	5,278	73.1	4.1	70.1
	2010	19,849	14,492	5,356	73.0	4.0	70.1
	2011	20,076	14,683	5,393	73.1	3.6	70.5
	2012	20,328	14,891	5,437	73.3	3.4	70.8
여자	2009	20,496	10,076	10,420	49.2	3.0	47.7
	2010	20,741	10,256	10,485	49.4	3.3	47.8
	2011	20,976	10,416	10,561	49.7	3.1	48.1
	2012	21,254	10,609	10,645	49.9	3.0	48.4

이렇게 찾아가요!

통계청 국가통계정보(http://kosis.kr) ◑ 국내통계 ◑ 주제별통계 ◑ 고용, 노동, 임금 ◑ 고용 ◑ 경제활동인구조사 ◑ 경제활동인구총괄(공식 실업률, 구직기간 4주 기준, 99년 6월 ~현재) ◑ 행정구역(시도) 성별 경제활동인구 ◑ 조회결과

[표 2-5]는 최근 4년간 경제활동인구에 대한 통계를 모아본 것이다. 데이터를 보면 금융위기 직후인 2009년 58.6%를 기록하던 고용률은 2010년 58.7%, 2011년 59.1%, 2012년 59.4%로 소폭이지만 조금씩 늘고 있음을 알 수 있다. 반면 실업률은 2009년 3.6%에서 2012년 3.2%로 0.4%p가량 떨어졌다.

눈에 띄는 것은 남자와 여자의 고용률과 실업률 차이다. 남자의 경우 2009년 고용률이 70.1%에서 2012년 70.8%로 0.7%포인트 올랐고, 여자 역시 2009년 고용률이 47.7%에서 2012년 48.4%로 동일한 수준으로 올랐다. 하지만 실업률은 남성의 경우 최근 4년간 0.7%포인트가량 떨어졌지만 여성의 경우는 3.0%로 4년 전과 지금이 똑같은 수준이다.

수년간 실업률이 낮아졌으니 고용 사정이 좋아져야 할 텐데 왜 다들 취업이 어렵다고만 하는 걸까? 그 안에는 인구통계학적인 요인이 자리하고 있다.

흔히 실업자라고 하면 단순히 일을 하지 않고 있는 사람이라고 생각하기 쉽다. 하지만 경제학에서는 근로의지가 있지만 직장이 없는 사람을 실업자라고 정의하고 있다. 충분한 의지를 가지고 노력하는데도 취직을 못하는 사람이 바로 실업자인 것이다. 전체 인구 중 15세 이상의 인구를 노동가능인구라고 하는데 이는 일할 의사가 있는 경제활동인구와 전업주부, 학생, 노인처럼 일할 의사가 없는 비경제활동인구로 나뉜다. 그리고 경제활동인구는 다시 직장이 있는 취업자와 직장이 없는 실업자로 나뉜다. 여기서 '실업률'은 경제활동인구에서 실업자가 차지하는 비중으로 산출된다.

학생이나 전업주부처럼 일자리를 구할 의사가 없는 사람은 경제활동인구가 아니므로 실업자가 아니고, 따라서 실업률을 계산할 때 제외되는 것이다.

경제활동인구 중에서도 지금 가장 문제가 되는 연령대는 청년층이다. 청년층이 대학생활 내내 스펙에 매달리고 취업에 목을 매도 취직하기 힘들기 때문에 '취업난'이라는 말이 나온다.

통계청은 매달 15세 이상 인구를 대상으로 경제활동인구조사를 하는데, 조사 대상에서 군인, 교도소 수감자 등은 제외된다. 여기서 군인이란 현역군인, 직업군인을 모두 말한다. 한국이나 미국을 비롯한 많은 나라가 노동력 조사에서 군인을 제외하는 데 여러 가지 이유가 있겠지만 보안상의 이유가 큰 것으로 알려져 있다.

[표 2-6]은 통계청이 발표한 최근 10년간 연도별 청년(15~29세) 고용 동향인데, 출산율이 낮아지면서 청년층의 생산가능인구가 꾸준히 줄어들고 있다. 청년층 인구가 줄어드니 해당 연령대의 취업자 수가 줄어드는 것은 당연하다. 하지만 청년층 고용률 또한 10년 동안 점점 낮아져 2012년에 가장 낮은 40.4%를 기록했다는 점은 청년들의 구직활동이 얼마나 힘든지를 짐작할 수 있

[표 2-6] 최근 10년간 청년 고용 동향 (단위: 천 명, %)

구분	2003	2004	2005	2006	2007	2008	2009	2010	2011	2012
생산가능인구	10,368	10,141	9,920	9,843	9,855	9,822	9,780	9,705	9,589	9,517
경제활동인구	5,007	4,990	4,836	4,634	4,530	4,398	4,304	4,254	4,199	4,156
취업자	4,606	4,578	4,450	4,270	4,202	4,084	3,957	3,914	3,879	3,843
실업자	401	412	387	364	328	315	347	340	320	313
실업률	8.0	8.3	8.0	7.9	7.2	7.2	8.1	8.0	7.6	7.5
고용률	44.4	45.1	44.9	43.4	42.6	41.6	40.5	40.3	40.5	40.4
경제활동참가율	48.3	49.2	48.8	47.1	46.0	44.8	44.0	43.8	43.8	43.7

출처: 통계청 「경제활동인구조사」
주: 청년층(15~29세)

게 한다. 이를 반영한 경제활동참가율 또한 2012년 43.7%로 최근 10년간 가장 낮은 수치를 기록했다.

그런데 각국의 자료에 따르면 우리나라의 실업률은 다른 나라에 비해 매우 낮은 편이다. 하지만 실제로는 많은 사람들은 취업하기가 힘들다고 느끼고 있다. 왜 이처럼 체감 실업률과 통계가 차이를 보이는 것일까?

우리나라의 경우 일자리를 구하기 어려워 아예 취업을 포기한 사람이 많다. 만족할 만한 직장을 구하지 못해 아예 구직을 포기하면 그 사람은 '경제활동인구'에 포함되지 않고 실업자로도 분류되지 않는다. 이러한 사람을 가리켜 '실망실업자' 또는 '구직단념자'라고 한다. 다시 말해 구직활동을 오랫동안 하다가 일자리를 찾을 수 없어서 조사기간 중에 구직활동을 포기해서

비경제활동인구로 분류되는 노동력을 가리킨다.

실망실업자가 실업정책의 대상에 포함되는가에 대해서는 논란의 여지가 있다. 한편에서는 취업할 능력과 의사가 있는데도 지나치게 열악한 노동시장의 현실이 구직활동을 포기하게 했으므로 실업자로 봐야 한다는 견해도 있다. 그러나 다른 한편에서는 왜 어떤 사람들은 구직활동을 계속하는데 어떤 사람들은 구직활동을 포기하는가에 대한 문제를 제기하며 팽팽한 의견차를 보인다. 만약 구직활동을 포기한 이유가 개인의 성격에 기인한다거나 개인이 처한 상황이 다르기 때문이라면 구직활동의 포기는 결국 그 개인의 선택 문제로 귀착되기 때문에 정책으로 구제해야 하는 실업자로 봐서는 안 된다는 것이다.

우리나라의 경우 이러한 실망실업자가 많아서 경제활동참가율이 다른 나라에 비해 떨어진다. 최근에 임시직이나 시간제 근로자가 늘어난 것도 실업률이 낮은 원인 중 하나다. 취업자의 정의에 따르면 일주일에 한 시간 이상 일을 해서 돈을 벌면 모두 취업자로 분류된다. 임시직이나 시간제로 일하는 사람들은 자신이 제대로 된 취업을 했다고 생각하지 않기 때문에, 통계청이 발표하는 공식 실업률보다 고용 사정이 나쁘다고 느끼게 되는 것이다.

어려운 고용 사정은 우리나라에만 국한된 이야기일까? 다른 나라의 고용 수준은 어떨까? [그림 2-8]처럼 OECD 데이터 프로그램

[그림 2-8] 나라별 고용 동향 알아보기

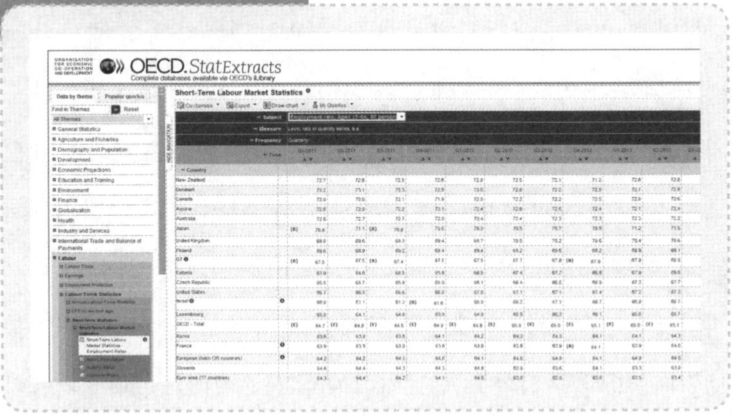

이렇게 찾아가요!

OECD StatExtracts(http://stats.oecd.org) ● Labour ● Labour Force Statistics ●
Short-Term Statistics ● Short-Term Labour Market Statistics ● 조회결과

을 통해 각 나라의 경제활동 관련 데이터를 도출해볼 수 있다.

15세부터 64세까지 단기간의 고용률이 가장 높은 나라는 뉴
질랜드로 2013년 3분기 기준 73.2%를 기록 중이다. 덴마크와 캐
나다가 그 뒤를 잇고 있으며 일본이 71.8%, 미국이 67.4%다. 한
국은 64.6%를 기록하고 있다.

통계청에서 제공하는 국가별 통계를 참고해도 된다. 그런데
업데이트되는 기간이 많이 소요되기 때문에 최신 데이터를 확
보하기 어렵다는 단점이 있다. [그림 2-9]를 보면 2011년 기준 청
년층(15~24세)의 실업률이 가장 높은 곳은 스페인으로 46.4%에

달했다. 이어 그리스(44.4%), 크로아티아(36.1%), 슬로바키아
(33.2%) 순으로 청년 실업률이 높았다. 반면 스위스는 7.7%로
실업률이 가장 낮았다. 우리나라도 9.6%로 낮은 편에 속했다.

 글로벌 금융위기 이후 5년이 지난 지금, 유럽의 청년 실업률
은 위험한 수준으로 치닫고 있다. 현재 그리스와 스페인의 청년
실업률은 50%를 넘어섰고, 열악한 근로 조건에도 일자리를 찾
아 북유럽으로 자리를 옮기는 청년들이 늘고 있다. 우리나라의
경우 그리스와 스페인 수준은 아니지만 실업률을 낮출 수 있는
정부의 실질적인 대책 마련이 요구된다.

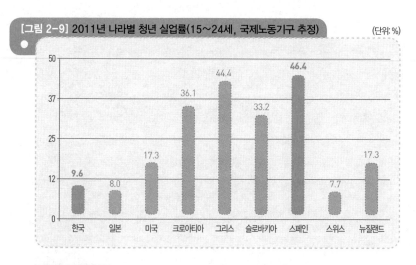

[그림 2-9] 2011년 나라별 청년 실업률(15~24세, 국제노동기구 추정) (단위: %)

이렇게 찾아가요!
통계청 국가통계포털(http://kosis.kr) ❂ 국제통계 ❂ 주제별 국제통계 ❂ 고용, 노동 및 임
금 ❂ 청년 실업률(15~24세) ❂ 조회기간과 나라 선택 ❂ 차트 ❂ 조회결과

실업률과 고용률을 알아보자. 2013년 12월 기준 우리나라 남녀 전체의 실업률과 고용률은 얼마나 될까?

1) 2.9~48.0% 2) 3.1~70.6% 3) 3.2~70.4% 4) 3.0~59.1%

4) 3.0~59.1%

우리나라, 튼튼한가요?
– 외환보유액

서울에 살고 있는 고등학생 이궁금 군은 우리나라 외환보유액이 세계 7위라는 뉴스를 접했다. 그런데 외환보유액이라는 것이 도대체 무엇일까? 세계 7위라면 외환보유액이 많다는 이야기일까? 외환보유액은 많으면 많을수록 좋은 걸까? 어느 정도의 외환보유액이 적정한 것일까? 나궁금 군의 궁금증은 꼬리에 꼬리를 물고 이어졌다. 그렇다면 16년 전 외환위기 당시에는 외환보유액이 적었다는 말인데, 그때와 비교해 지금 외환보유액은 얼마나 늘어났을까? 외환보유액을 제대로 잘 운영해야 또다시 같은 일을 겪지 않을 텐데… 외환보유액은 어떻게 운영되고 어떤 자산에 투자를 하고 있을까?

1997년 11월 22일 우리나라는 외환위기라는 혹독한 시련을 겪었다. 달러화가 바닥나면서 국가부도 위기에 직면했고 국제통화기금ⁱᴹꟳ에 구제금융을 신청했다. 이른바 'IMF 사태'다. 결국 수많은 기업이 문을 닫았고 사람들은 하루아침에 직장을 잃고 길거리에 나앉았다. 대형 은행이 퇴출되고, 25%라는 살인적인 고금리가 부과됐다. 당시 우리나라의 외환보유액은 200억 달러 수준까지 떨어졌다. 외환보유액이 도대체 뭐기에 한 나라를 이렇게까지 내몰았을까?

외환보유액은 일정한 시점에 정부나 중앙은행이 보유하고 있는 외화자산을 말한다. 여기에는 달러화, 엔화, 마르크화 등의 외화는 물론 금도 포함된다. IMF 당시 범국민적으로 '금 모으기 운동'을 벌인 이유가 여기에 있다. 2013년 6월 말 현재 우리나라의 외환보유액은 3,123억 달러로 세계에서 일곱 번째로 많은 수준이다.

그렇다면 외환보유액은 어떤 역할을 할까? 외환위기를 막는 경제의 방패막이 역할을 한다. 외환보유액이 너무 적으면 1997년 외환위기 때처럼 외국으로부터 진 빚을 갚지 못할 수 있다. 또한 외환보유액이 충분하다는 것은 그만큼 국가의 지급 능력이 충실하다는 의미이므로, 외환보유액은 한 나라의 재무안정성을 판단하는 지표가 되기도 한다. 이는 결국 국가신인도를 높이고 민간기업 및 금융회사의 해외자본 조달비용을 낮추는 한편 외국인 투자를 촉진시키는 효과도 있다.

최근 유럽을 비롯한 많은 국가의 신용등급이 하락하는 가운데서도 우리나라의 신용등급이 유지되고 있는 데는 외환보유액의 역할이 크다고 볼 수 있다. 외환보유액은 수출기업이 많은 우리나라의 산업 특성상 환율을 안정시키는 중요한 역할도 한다. 환율이 급등하면 외환보유고의 달러를 팔아 외환 시장에서 달러 공급량을 늘리는 등 환율을 조정할 수 있다.

우리나라의 외환보유액은 한국은행이 운용한다. 외환보유액

[표 2-7] 우리나라 외환보유액 추이(2008~2012) (단위: 억 달러)

기간	외환보유액
2008	2,012
2009	2,700
2010	2,916
2011	3,064
2012	3,270

이렇게 찾아가요!

한국은행 경제통계시스템(http://ecos.bok.or.kr) ◐ 통계검색 ◐ 간편검색 ◐ 국제수지/외채/환율 ◐ 외환보유액 ◐ 항목선택: 합계 ◐ 조회결과

추이를 알고 싶다면 어떻게 해야 할까? 한국은행 경제통계시스템을 확인하면 자세한 외환보유액 데이터를 볼 수 있다.

[표 2-7]을 보면 2008년 2,012억 달러였던 외환보유액이 2009년 2,700억 달러, 2010년 2,916억 달러, 2011년 3,064억 달러, 2012년 3,270억 달러로 5년 사이 약 10,000억 달러가량 늘어났다.

외환보유액은 우리나라 경제 위기를 방어하기 위해 언제든 활용할 수 있는 자산이어야 한다. 위기상황에서 자산의 가치를 떨어뜨리지 않으면서 필요할 때 큰 손실 없이 즉시 팔 수 있어야 제대로 된 외환보유액 운용이라고 할 수 있다. 때문에 유동성과 안전성의 확보가 가장 중요한 원칙이 되는 것은 너무나 당연하다. 다만, 외환보유액을 보유하는 데에도 비용이 발생하기 때문에 수익성 측면도 무시할 수 없다.

[표 2-8]의 외환보유액 구성비를 살펴보면 채권투자 및 미 달러화, 유로화, 엔화 등의 외환이 약 97%가량을 차지하고 있고, 금 1.2%, 특별인출권 1.0%, IMF포지션 0.8%로 구성돼 있다. 2008년과 비교해보면 금에 투자하는 액수가 점점 늘고 있음을 알 수 있다.

한국은행은 2011년 이후 외환보유액을 활용해 본격적으로 금에 투자를 하고 있다. 한국은행의 금 보유량은 김중수 한국은행 총재 취임 이전인 2009년 말 14t 내외 수준이었지만 김 총재 취임 이후 공격적으로 금 투자를 확대하면서 2012년 말 기준으로 104t에 이르고 있다. 한국은행은 2011년 7월 금 25t을 매입한 것을 시작으로 2013년까지 금 90t에 투자했는데, 이 시기 한국은행이 매입한 금은 전체 보유량의 80%를 넘는다.

[표 2-8] 우리나라 외환보유액 구성(2008~2012)

(단위: 천 달러)

구분	2008	2009	2010	2011	2012
금	75,650	78,976	79,646	2,166,636	3,761,391
특별인출권	86,021	3,731,871	3,539,921	3,446,715	3,525,637
IMF포지션	582,614	981,583	1,024,738	2,556,211	2,783,634
외환	200,479,128	265,202,306	286,926,356	298,232,927	316,897,731
합계	201,223,413	269,994,736	291,570,661	306,402,488	326,968,393

이렇게 찾아가요!

한국은행 경제통계시스템(http://ecos.bok.or.kr) ● 통계검색 ● 간편검색 ● 국제수지/외채/환율 ● 외환보유액 ● 항목선택: 금, 특별인출권, IMF포지션, 외환 ● 조회기간 ● 조회결과

일각에서는 한국은행이 투자한 금 가격이 하락해서 금 평가손실이 커지고 있다는 점을 우려하기도 한다. 2011년 당시 한국은행이 금을 매입한 단가는 온스(31.1g)당 1,627달러로 추정되는데, 2013년 현재는 온스당 1,300달러 아래에서 거래되고 있다. 앞으로 1,000달러 아래로 하락할 것이라는 전망도 나온다. 이에 따라 외환보유액을 활용한 금 투자의 평가 손실은 1조 원을 넘어설 것으로 나타났다. 하지만 이는 추정된 손실일 뿐 확정 손실이 아니고, 금값이 상승하면 금 투자 비중을 조절할 수도 있다.

그렇다면 다른 중앙은행들은 어떨까. 금값이 하락하면서 러시아를 비롯한 각국의 중앙은행이 잇따라 금 매도에 나서고 있는 상황이다. 투자대상으로서 금의 매력이 떨어졌다는 이야기다. 국제통화기금에 따르면 2013년 9월 러시아 중앙은행이 올해 들어 처음으로 보유하고 있던 금 가운데 약 1만 2,000온스를 매도했다. 멕시코(3,697온스), 캐나다(2,000온스), 프랑스(1,000온스), 체코, 코스타리카 중앙은행에서도 금 보유량을 줄이고 있다.

최근 몇 해 전까지만 해도 금 비축이 이들 중앙은행의 추세였다. 특히 러시아만 해도 지난 2010년부터 전 세계 중앙은행 가운데 금 신규 매입의 30%를 차지할 만큼 금 매입에 깊은 관심을 보였다. 보유외환을 다각화하기 위해서라도 금 비축량을 늘려왔던 이들 중앙은행들이 갑작스럽게 금을 매도하고 나선 것은 최근 들어 금값이 급락했기 때문으로 추정된다. 금값은 2013년 초와 비교해 19%가량 폭락했다.

이번에는 외환보유액의 구성요소인 특별인출권SDR; Special Drawing Rights에 대해 알아보도록 하자. 특별인출권이란 1969년 IMF 워싱턴회의에서 도입이 결정된 가상의 국제준비통화를 말한다. IMF는 기축통화인 달러를 국제사회에 충분히 공급하려면 미국이 경상수지 적자를 감수해야 하고, 만약 달러 공급을 중단하면 세계경제가 위축될 수밖에 없는 모순을 해결하기 위해 달러 같은 특정 국가의 통화가 아닌 새로운 통화를 만들 필요성을 느꼈다. IMF 가맹국은 금이나 달러로 환산해서 일정액의 SDR을 출연하고, 국제수지 악화 등으로 경제가 어려워지면 SDR을 배분받아 사용한다.

국제준비자산을 증대시킬 필요가 있다고 판단되는 경우, 특별인출계정참가국의 85% 이상의 찬성을 얻어야 SDR을 창출할수 있다. SDR 창출 규모는 세계경제에 인플레이션이나 디플레이션을 초래하지 않는 범위 내에서 결정된다. 1 SDR의 가치는 5개국(미국·영국·프랑스·독일·일본) 통화를 가중 평균해서 산정한다. 한국은 전체 외환보유액(2013년 9월 말 기준 3,369억 달러) 가운데 SDR 규모가 34억 달러(약 1.0%)에 달한다.

유동성과 안정성이 외환보유액 운용의 핵심이라고 했는데, 그렇다면 우리나라는 어디에 얼마만큼 투자하고 있을까? 2012년 말 기준으로 외환보유액의 상품별 투자내역을 보면 정부채 36.8%, 정부기관채 20.1%, 우량회사채 14.1%, 자산유동화채 17.0% 등 우량채권이 거의 90%를 차지하고 있다. 이외에 해외주식 5.4%와 예치금 6.6%로 구성돼 있다.

통화도 다양하게 보유하고 있는데, 한국은행은 환율변동에 따른 외환보유액의 가치변동을 완화하기 위해 미 달러화 이외에 유로화, 엔화, 파운드화 등 주요 통화에 분산투자하고 있다. 최근에는 세계경제에서 신흥국의 중요성이 커지고 있는 점을 감안해 중국 위안화에 대한 투자도 시작했다. 2012년 말 외화자산 중 미 달러화 비중은 60.5%인데 이는 전 세계의 외환보유액에서 미 달러화가 차지하는 비중인 62.1%보다는 조금 낮은 수준이다.

외환보유액이 외환 위기를 막는 경제의 방패막이 역할을 한다고는 하지만, 외환보유액을 많이 비축한다고 해서 항상 좋은 것만은 아니다. 앞서 설명한 것처럼 외환보유액은 그대로 보관하는 것이 아니라 다른 나라의 국채를 사서 운용하는데, 그 과정에서 큰 기회비용이 발생할 수도 있기 때문이다.

예를 들어 위험자산에 투자하면 10%의 수익을 낼 수 있는데 미 국채에 투자해 1%의 수익만을 얻는다면 상대적으로 손실을 볼 수밖에 없다. 외환보유고는 안전자산 운용을 원칙으로 하기 때문에 위험자산에 투자하기 힘들다.

또 외국 돈을 사들이는 과정에서 국내 물가가 오를 가능성도 감수해야 한다. 한국은행이 서울 외환시장에서 원화를 주고 달러를 사들이면 국내에는 원화 통화량이 늘어나게 되는데, 원화 대금으로 원화가 시중에 풀렸으니 그만큼 국내 물가는 상승하고 인플레이션 가능성이 생길 수도 있다.

그렇기 때문에 세계 외환보유액 1위 국가인 중국은 외환보유액을 더는 늘리지 않을 것이라는 방침을 세웠다. 외환보유액 확충에 드는 한계비용이 한계이득보다 많기 때문에 외환보유액을 늘리는 것은 더 이상 중국의 관심사가 아니라는 것이다.

[표 2-9]를 보면 중국의 외환보유액은 2013년 9월 말 기준으로 3조 6,600억 달러에 달해 사상 최고치를 기록하고 있다. 중국의 뒤를 일본(1조 2,734억 달러), 스위스(5,300억 달러), 러시아(5,226억 달러), 대만(4,126억 달러), 브라질(3,687억 달러) 등이 잇고 있다.

너무 적어도, 너무 많아도 문제라면 외환보유액의 적정선은

[표 2-9] 주요국의 외환보유액1)(2013년 9월 말 기준) (단위: 억 달러)

순위	국가	외환보유액		순위	국가	외환보유액	
1	중국	36,627	(1,096)	6	브라질	3,687	(17)
2	일본	12,734	(192)	7	한국	3,369	(58)
3	스위스	5,300	(98)	8	홍콩	3,035	(-4)
4	러시아	5,226	(129)	9	인도	2,772	(17)
5	대만	4,126	(32)	10	싱가포르	2,681	(62)

주: 1) ( ) 내는 전월 말 대비 증감액
자료: IMF, 각국 중앙은행 홈페이지

얼마일까? 적정선 기준에 대해서는 의견이 엇갈린다. 다만 선진국일수록 자국통화가 결제통화로 사용되므로 외환보유액을 축적할 필요가 없는 반면, 자국통화가 국제사회에서 사용되지 못하는 국가는 국제금융시장에서 외화차입이 어렵고 대외의존도가 높아 외화보유액을 많이 보유하려는 경향이 있다. 또한 우리나라나 브라질처럼 금융위기를 겪은 나라일수록 외채를 갚지 못한 것에 대한 두려움 때문에 외환보유고를 넉넉히 쌓아두려는 모습을 보인다.

🔍 한번 찾아보세요

우리나라 외환보유액 중 금으로 갖고 있는 규모는 얼마인지 알아보자. 2013년 12월 기준 외환보유액 중 금으로 사서 보유하고 있는 있는 금액은 얼마일까?

1) 29억 8,000만 달러   2) 37억 6,000만 달러
3) 47억 9,000만 달러   4) 51억 1,000만 달러

3) 47억 9,000만 달러

지금 시중에 돈이
얼마나 풀려 있나요?
– 통화 및 유동성

전셋집에 살고 있는 30대 초반 직장인 김이자 씨는 요즘 고민이 많다. 저축해놓은 돈도 없는데 지난해 집주인이 갑자기 전세금을 6,000만 원가량 올려달라 요구해 어쩔 수 없이 변동금리로 은행대출을 받았기 때문이다. 대출이야 이왕 받은 것이니 어쩔 수 없지만 최근 미국이 양적완화를 축소해서 금리가 오를 것이라는 이야기가 솔솔 들려오니 지금이라도 고정금리로 갈아타야 하는 건 아닌지 머리가 아플 지경이다. 시중에 풀린 많은 돈을 미국 정부가 흡수하면 금리가 바로 상승할까? 한국은행이 기준금리를 올릴 가능성도 높다는데 정부의 통화정책을 알려면 어떻게 해야 할까?

경제정책을 결정할 때 가장 중요한 요인이 바로 '통화通貨'다. 통화라고 하면 조금 어렵게 느껴지기도 하지만 우리가 물건을 사거나 팔 때 교환 수단으로 쓰는 화폐, 즉 돈이 곧 통화다. 이 돈으로 우리는 아늑한 집도 살 수 있고 맛있는 음식을 먹을 수도 있고, 원하는 대학교에 진학할 수도 있다.

자, 그런데 시중에 이러한 돈이 많이 풀린다면 어떤 현상이 일어날까? 그만큼 돈의 가치가 떨어질 것이고, 돈을 빌려주는 은행이 받는 이자가 낮아져 금리가 하락할 것이다. 저금리에 돈을 많이 빌릴 수 있게 되면, 주택을 사거나 투자를 하려는 사람들이 늘어나고 이는 다시 부동산 가격상승과 주가상승으로 이어진다. 소비자들의 지출이 늘어나 경기가 좋아지면 환율이 하락하고 이로써 수출경쟁력이 확대되기도 한다. 이는 결국 경기부양으로 이어질 수 있다.

반면 부작용도 있다. 시중에 비정상적으로 돈이 많아지면 상품의 가격이 상승한다. 상품 가격의 상승은 원유, 원자재의 가격상승으로 이어지고 결국 이는 인플레이션을 유발한다. 이로써 생활필수품의 가격이 높아져서 서민들은 생활에 큰 타격을 입고, 상품을 파는 기업은 돈을 많이 버는 구조가 형성된다. '부익부 빈익빈' 현상이 심화되는 것이다.

시중에 돈이 얼마나 풀려 있느냐는 이렇게 한 나라를 비롯해 세계경제에까지 영향을 미칠 수 있다. 그만큼 '통화'라는 것이 중요하다는 뜻이다. 이렇게 중요한 돈의 양은 중앙은행에서 조절한다.

중앙은행이 시중의 통화량을 조절하는 방법에는 공개시장 조작, 지급준비율, 기준금리 등 세 가지가 있다. 통화정책 운영체제가 금리 중심으로 변경된 이후 지금까지 통화지표는 중간목표나 정책수단이 아닌 경기를 진단하는 정보변수의 하나로 활용되어왔다. 그러나 글로벌 금융위기 이후 주요국에서 양적완화 등 유동성 공급 확대를 주요 정책수단으로 적극 활용하면서 통화에 대한 관심이 다시금 높아지고 있다.

2008년 서브프라임 모기지 사태로 글로벌 금융위기가 발생했을 때 미국은 그 상황을 벗어나기 위해 시중에 비정상적으로 많은 돈을 풀었다. 이것이 바로 우리가 흔히 이야기하는 '양적완화'이다. 저금리 상태에서 중앙은행이 경기부양을 위해 시중에 돈을 푸는 정책으로, 정부의 국채나 여타 다양한 금융자산을 매입하여 시장에 유동성을 공급하는 방식을 사용한다. 이는 앞서 말한 통화량 조절방법 중 첫 번째에 해당하는 공개시장 조작이다. 공개시장 조작은 중앙은행이 기준금리를 조절해서 간접적으로 유동성을 조절하던 기존의 방식과 달리, 국채나 다른 자산을 사들이는 직접적인 방법으로 통화량 자체를 늘리는 정책이다. 자국의 통화가치를 하락시켜 수출경쟁력을 높이는 것이 이 정책의 주목적이다.

앞서 설명한 것처럼 통화량이 증가하면 통화가치가 하락하고, 원자재 가격이 상승해서 물가가 오른다. 한 나라의 양적완화는 영향력이 그 나라에만 국한되지 않는다. 예컨대 미국에서 양적완화가 시행되어 달러 통화량이 증가하면 달러가치가 하락해 미국 상품의 수출경쟁력은 강화되지만 우리나라의 원화가치는 상승한다(원화절상).

양적완화를 처음 도입한 나라는 일본이다. 2001년 3월 일본은행은 장기간의 침체를 벗어나기 위해 양적완화를 처음으로 시행하였다. 미국은 2008년 리먼브러더스 파산 사태 이후 2009년 3월을 시작으로, 2010년 11월 등 두 차례의 양적완화를 시행했다. 그러나 두 차례의 양적완화는 기대만큼 실물경기 회복에 영향을 주지 못했고, 이로 인해 미 연방준비제도이사회FRB는 2011년 9월부터 장기국채는 사들이고 단기국채는 파는 '오퍼레이션 트위스트Operation twist'로 방식을 전환했다.

오퍼레이션 트위스트란 장기금리를 끌어내리고 단기금리는 올리는 공개시장 조작 방식이다. 장기채권을 매입하는 동시에 단기채권을 팔기 때문에 FRB의 보유채권 구성만 변화시키면서 유동성을 확보할 수 있다. 장기금리가 하락하면 기업의 투자가 촉진되고, 가계는 주택 매입에 적극성을 띠어 내수가 활성화되는 효과가 발생한다. 또한 단기국채 매도는 동시에 이루어지는 장기국채 매입으로 인해 증가한 통화량을 억제하는 효과도 발휘한다.

하지만 오퍼레이션 트위스트 이후에도 경제 불안이 계속되자 FRB는 2012년 9월 13일(현지시간) 매달 400억 달러 규모의 주택 저당증권MBS; Mortgage Backed Securities을 사들이고 0% 수준의 기준금리를 2015년 중반까지 유지한다는 3차 양적완화를 발표했다. 미국은 주택저당증권과 함께 매달 450억 달러의 국채를 추가 매입해 매달 850억 달러의 자금을 풀어 통화량을 늘리고, 사실상 제로금리 정책을 실업률이 6.5% 이하로 떨어지거나 인플레이션이 2.5% 이상 오를 때까지 무기한 시행하기로 하였다.

그렇다면 미국의 통화량은 얼마나 늘었을까? 한국은행 경제통계시스템을 통해 미국의 통화량 추이를 알아볼 수 있다.

금융위기가 발생하기 이전인 2007년 미국의 본원통화 규모는 [표 2-10]에서 알 수 있듯이 8,184억 달러였다. 그런데 금융위기가 발생한 후 양적완화가 시작된 2009년의 본원통화는 2조 219달러로 무려 1조 2,035억 달러가 늘어났다. 우리나라 돈으로 따지면 약 1,200조 원이 넘는 돈이 시중에 풀린 것이다. 두 차례의 양적완화 이후 2011년에는 2조 6,146달러로 통화량이 급증했다.

본원통화란 중앙은행의 창구를 통해 발행된 돈을 말한다. 즉, 현금통화와 지급준비금(예금은행이 중앙은행에 예치한 돈)의 합계로 구성된다. 그러니까 중앙은행이 예금은행에 대해 대출

[표 2-10] 미국의 통화량 추이 (단위: 억 달러)

기간	본원통화
2006	8,085
2007	8,184
2008	8,298
2009	20,219
2010	20,137
2011	26,146

이렇게 찾아가요!

한국은행 경제통계시스템(http://ecos.bok.or.kr) ◐ 통계검색 ◐ 간편검색 ◐ 17. 해외/북한 ◐ 주요국제통계 ◐ 본원통화 ◐ 항목선택: 미국 ◐ 조회결과

을 하든 외환을 매입하든 혹은 정부가 중앙은행에 보유하고 있는 정부예금을 인출하면 본원통화가 공급된다.

미국의 이러한 양적완화는 수출중심국인 우리나라 경제에도 큰 영향을 미쳤다. 달러의 가치가 하락하면 상대적으로 원화의 가치는 상승한다. 수출경쟁력이 악화될 수 있는 것이다. 반면 장점도 있다. 미국에서 투자할 곳을 찾지 못한 투자자들이 조금 더 이자율이 높은 신흥국에 투자를 하게 되어 우리나라 주식 시장이 활기를 띠기도 하기 때문이다.

수출기업에 미칠 악영향을 우려해 우리나라는 당시 정부 주도의 고환율 정책을 시행했다. 정부가 외환보유액을 이용해 의도적으로 환율시장에 개입해 직접 달러를 사들이는 방법이다. 이렇게 해서 달러의 가격이 높아지면 원화의 가치는 절하된다. 금융위기로 이미 타격을 받은 기업들이 수출경쟁력마저 상실해 연쇄부도가 나는 상황을 방지하고자 했던 것이다. 그러나 이 고환율 정책은 원자재 가격을 비롯한 물가상승으로 이어져 민생경제에 부정적인 영향을 미쳤다는 지적도 있다.

[표 2-11]의 미 달러화 대비 원화 추이를 살펴보면 2007년 929원에서 금융위기 이후인 2009년 1,276원으로 급등(원화가치 절하)하였다. 그리고 이후 계속되는 달러화의 가치 하락으로 2010년 1,156원, 2011년 1,107원, 2013년 1,095원으로 원화가치가 절상되고 있음을 알 수 있다. 2013년은 미국 달러화에 대한 원화

[표 2-11] 미 달러화 대비 원화 추이 (단위: 원)	
기간	원화의 대미 달러 환율
2006	955
2007	929
2008	1,103
2009	1,276
2010	1,156
2011	1,107
2012	1,126
2013	1,095

이렇게 찾아가요!

한국은행 경제통계시스템(http://ecos.bok.or.kr) ● 통계검색 ● 간편검색 ● 8.국제수지/외채/환율 ● 환율 ● 평균환율, 기말환율 ● 원화의 대미 달러, 대엔 환율 ● 항목선택: 원/달러 종가, 평균/기말 ● 조회기간 ● 조회결과

가치 절상률이 주요 20개국(G20) 가운데 네 번째로 높았다. 2013년 마지막 거래일 종가는 달러당 1,055.4원으로, 전년 말보다 15.2원 떨어져 미 달러화에 대한 원화가치가 1.4% 절상되었다.

정부의 고환율 정책과 함께 한국은행은 금융위기에 발맞춰 금리 인하와 더불어 유동성 공급을 대폭 늘리는 확장적 통화정책을 견지해왔다. 한국은행의 협의통화(M1) 증가율을 보면 이러한 움직임을 확인할 수 있다.

먼저 시중에서 유통되는 돈의 흐름을 파악하는 기준을 이해하고 넘어갈 필요가 있다. 대표적인 통화지표에는 본원통화, 협의통화(M1), 광의통화(M2), 총유동성(M3) 등이 있다.

협의통화(M1)는 말 그대로 '작은 범위'의 통화지표를 말한다. 지급수단으로서의 화폐의 기능을 중시한 통화지표로, 앞서 설명한 본원통화(중앙은행의 창구를 통해 발행된 돈)에 민간이 보유하고 있는 현금, 은행 등에 예치된 예금(요구불예금, 수시입출금식예금) 등의 합계이다.

광의통화(M2)는 협의통화보다는 넓은 의미의 통화를 말한다. 협의통화에 은행 정기예금, 정기적금 등 기간을 정해놓은 예적금 및 부금, 거주자 외화예금 그리고 양도성예금증서CD, 환매조건부채권RP, 표지어음 등 시장형 금융상품, 채권, 어음 등을 모두 포함한다.

우리는 여기서 정부의 고환율 정책과 확장적 정책으로 시중 통화량이 어떻게 변했는지 알고 싶은 것이므로 M1의 흐름을 파악해보자.

[그림 2-10]을 보면 2007년 312조 원 수준이었던 M1은 2008년 307조 원 수준으로 줄었다가 2009년 357조 원 수준으로 급등하였다. 이후 2010년 399조 원, 2011년 425조 원, 2012년 442조 원으로 통화량이 증가해왔음을 알 수 있다.

미국뿐만 아니라 우리나라는 글로벌 금융위기 이후 통화량이 크게 증가했다. 하지만 시중 유동성이 실물경제활동에 비해 과다하면 경제에 부작용을 초래할 가능성이 높다. 단기적으로는 물가에 별다른 영향을 미치지 않을 수 있지만 장기적으로는 인

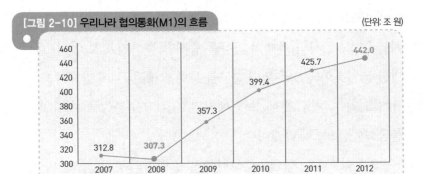

[그림 2-10] 우리나라 협의통화(M1)의 흐름 (단위: 조 원)

이렇게 찾아가요!

한국은행 경제통계시스템(http://ecos.bok.or.kr) ➡ 통계검색 ➡ 간편검색 ➡ 1. 통화 및 유동성 지표 ➡ 주요 통화금융지표 ➡ M1(협의통화, 평잔) ➡ 조회결과 ➡ 차트

플레이션을 유발하는 요인으로 작용할 수밖에 없기 때문이다.

금융위기 극복을 위해 2009년 3월부터 4년 9개월 동안 시중 통화량을 늘려온 미국도 이러한 부작용을 우려했다. 세계 4위의 경제대국 독일의 국내총생산과 맞먹는 3조 달러, 우리 돈으로 3,000조 원이 넘는 막대한 돈이 풀렸기 때문이다. 미국에서 대규모로 풀린 돈이 다양한 국가로 퍼지면 통화가치 혼동을 조장하고 출구전략을 시행할 때 금융시장에 쇼크가 발생한다.

실제 미국의 물가 추이를 살펴보자. [그림 2-11]을 보면 2006년 미국의 소비자물가 상승률은 201.6이었지만 2012년에는 229.6으로 증가했다. 물가가 오르면서 주택 임대료와 원자재 가격도 함께 상승하였다. 하지만 2011년 후반부터는 이런 물가상승률이 둔화되기 시작했고 원자재 가격이 하향 안정세로 돌아섰다.

이러한 변화에 미국은 2013년 12월 양적완화 정책을 점진적으로 축소했는데 시장에서는 이를 테이퍼링^{Tapering}이라고 이름 붙였다. 부작용을 우려해 규모는 크지 않았다. 매달 매입하던 국채 450억 달러, 주택담보채권 400억 달러를 각각 50억 달러씩 줄여 월 100억 달러씩 축소하기로 한 것이다.

미국이 이러한 출구전략을 시행하면 금리와 달러가치가 상승한다. 또한 상품 자산의 가격하락을 유발해 대출을 많이 받아서 부동산을 매입한 사람들이 자산가치 하락과 더불어 금리상승에 따른 상환부담에 직면하는 부정적인 영향을 초래할 수 있다. 그

[그림 2-11] 미국의 소비자물가 추이 (단위: %)

이렇게 찾아가요!

한국은행 경제통계시스템(http://ecos.bok.or.kr) ➡ 통계검색 ➡ 간편검색 ➡ 17.해외/북한 ➡ 주요국제통계 ➡ 소비자물가지수 ➡ 항목선택: 미국 ➡ 조회기간 ➡ 조회결과 ➡ 차트

뿐만 아니라 일자리가 줄어들어 실업률이 상승하고 주가가 하락할 수 있다는 점 또한 우려되는 부분이다.

특히 우리나라처럼 부동산이 주요 자산의 대부분을 차지하는 경우에는 부동산 시장이 큰 타격을 입을 수 있다. 금리가 오르면 부동산 투자에 따른 금융비용이 늘어나 투자심리가 악화되기 때문이다. 특히 오피스텔, 상가 등 수익형 부동산이 타격을 받고 금융대출이 많은 하우스푸어와 렌트푸어 계층은 경제적 압박을 많이 받을 수 있다. 미국이 양적완화를 급격히 축소하면 급등한 전세금 때문에 은행에서 거액을 대출받은 렌트푸어의 고민도 커질 수밖에 없다. 금리상승이 우려된다면 전세금 대출을 조금씩 줄여나가는 것이 안전하다.

🔍 **한번 찾아보세요**

시중 통화량을 찾아보자. 2013년 11월 시중 통화량(본원통화, 원계열 기준)의 평균잔액은 얼마일까?

1) 85조 1,000억 원 2) 90조 6,000억 원 3) 94조 3,000억 원 4) 95조 1,000억 원

3) 94조 3,000억 원

경제전망을 알고 싶다면?
– 기업경기실사지수 및 경제심리지수

10년째 식당을 운영 중인 정매상 씨는 요즘 장사가 너무 안 돼 밤잠을 설칠 지경이다. 급기야 식당을 접어야 하는 건 아닌가 하는 생각이 들기도 한다. 하지만 지금 당장 식당을 접으면 손실이 너무 커서 이러지도 저러지도 못 하고 있는 상황이다. 최소한 투자금이라도 회수를 해야 하는데 경기가 계속 악화되면 빚만 더 늘어나는 것 아닌가 싶은 생각에 한숨이 절로 나온다. 앞으로 경기가 좋아지기는 하는 걸까? 경기가 어떻게 변화할지, 소비자들이 지출을 늘리기는 할지 예측할 수 있는 방법은 없을까?

기업들은 앞으로 경기가 악화될 것으로 예상할까, 아니면 호전될 것으로 예상할까? 이렇듯 기업들이 느끼는 체감경기를 나타내는 지표가 있는데 바로 기업경기실사지수[BSI]이다. 기업가들에게 향후 경기동향에 대한 의견을 조사해 지수화한 것으로 단기적인 경기예측지표로 사용된다.

기업경기실사지수의 장점은 다른 관련 자료와 달리 기업가의 주관적이고 심리적인 요소까지 조사가 가능하다는 점이다. 100을 기준으로 이보다 낮으면 경기악화를 예상하는 기업이 호전

될 것으로 보는 기업보다 많다는 뜻이고, 100보다 높으면 경기
호전을 예상하는 기업이 더 많다는 것을 의미한다.

기업경기실사지수는 한국은행을 비롯해 산업은행, 상공회의
소, 전국경제인연합회 등에서 분기별 또는 월별로 조사해 발표
한다.

[표 2-12]는 한국은행에서 조사한 기업경기실사지수이다. 데
이터를 보면 대부분의 업종이 100보다 낮은 지수를 기록하고 있

[표 2-12] 기업경기실사지수(한국은행 조사)

기간	전산업	제조업	대기업	중소기업	중화학공업	경공업	수출기업	내수기업	비제조업	서비스업
2013/01	69	70	74	66	70	71	75	67	68	68
2013/02	71	72	73	70	72	71	73	71	70	71
2013/03	73	76	78	74	76	75	75	77	69	70
2013/04	75	80	83	76	80	77	85	77	71	72
2013/05	76	81	82	79	81	78	86	78	72	73
2013/06	75	82	83	80	82	83	89	77	69	70
2013/07	73	78	81	75	78	78	86	73	69	69
2013/08	70	73	76	70	73	74	80	69	67	67
2013/09	73	77	80	73	77	79	82	74	70	70
2013/10	76	82	83	80	82	81	86	79	72	73
2013/11	76	83	86	79	84	78	86	81	70	70
2013/12	75	78	81	74	77	79	79	79	72	70
2014/01	74	79	82	76	79	76	84	76	70	71

이렇게 찾아가요!

한국은행 경제통계시스템(http://ecos.bok.or.kr) ◑ 통계검색 ◑ 간편검색 ◑ 9. 기업경기/
소비자동향/경제심리 ◑ 기업경기실사지수(한국은행, 전국, 전 기간) ◑ 전국전망 ◑ 항목선
택: 업종 ◑ 조회결과

[표 2-13] 기업경기실사지수(전국경제인연합회 조사)

기간	종합경기(전망)	종합경기(실적)
2013/03	104.4	101.3
2013/04	101.5	94.1
2013/05	99.8	97.6
2013/06	97.2	95
2013/07	90.7	91.1
2013/08	92.7	89.8
2013/09	94.4	93
2013/10	101.1	94.7
2013/11	94.7	91.9
2013/12	92.6	90.5
2014/01	93.4	-

이렇게 찾아가요!

전국경제인연합회(http://www.fki.or.kr) ○ 전경련활동 ○ 조사연구 ○ 기업경기전망 ○
조회결과

는데, 이는 경기상황이 좋지 않다는 의미이다. 다만, 약 1년간 전
국의 기업경기실사지수 추이를 보면 1년 전보다는 경기전망을
긍정적으로 보고 있음을 알 수 있다.

[표 2-13]은 전국경제인연합회에서 조사한 기업경기실사지수
이다. 전국경제인연합회는 매출액 기준 600대 기업을 대상으로
매달 기업경기실사지수를 조사하는데, 데이터를 보면 2014년 1
월 종합경기 전망치는 93.4로 3개월 연속 기준선 100을 하회하
고 있다. 미국 양적완화 축소 결정, 지속되는 경기부진에 따른
기업의 자금사정 악화 등이 반영되었기 때문이다.

눈여겨봐야 할 것은 한국은행과 전국경제인연합회의 기업경기실사지수를 자세히 보면 전망치에 차이가 있다는 점이다. 한국은행은 2014년 1월 제조업 경기전망치를 79로 보고 있는 반면, 전국경제인연합회는 93.4로 예상했기 때문이다. 또한 전국경제인연합회 기업경기실사지수 중 가장 전망치가 높았던 때는 2013년 3월로 104.4를 기록했는데, 한국은행은 76으로 낮은 편이었다. 그 밖에도 전국경제인연합회 전망치는 4, 5월로 갈수록 수치가 떨어졌는데 한국은행은 4, 5월에 80을 넘어서며 수치가 오히려 높아졌다. 왜 이런 차이가 발생하는 것일까?

이는 조사의 표본이 다르기 때문이다. 전국경제인연합회는 상위 600대 기업을 대상으로 하기 때문에 주로 대기업의 체감경기를 반영한다. 반면 한국은행은 매출액 20억 원 이상인 업체의 경영자들을 대상으로 조사하기 때문에 대기업은 물론 중소기업까지 그 대상에 포함된다. 한국은행의 조사대상은 중소기업 비중이 70%에 달하기 때문에 대기업 위주인 전국경제인연합회의 조사와는 차이가 있을 수밖에 없는 것이다.

앞서 예로 든 2013년 3월의 경우 대기업들은 체감경기를 긍정적으로 보는 반면 중소기업들은 여전히 부정적으로 보는 경향이 강하다고 해석할 수 있다. 이는 중소기업중앙회가 조사하는 기업경기실사지수를 통해서도 확인할 수 있다.

[표 2-14]에서 중소제조업체들의 체감경기는 2013년 3월 87.2

[표 2-14] 중소기업 건강도지수(중소제조업 전체)

기간	중소기업 건강도지수
2013/03	87.2
2013/04	90.6
2013/05	92.2
2013/06	90.4
2013/07	88.4
2013/08	84.9
2013/09	90.3
2013/10	93.4
2013/11	91.9
2013/12	88.7
2014/01	87.8

이렇게 찾아가요!

한국은행 경제통계시스템(http://ecos.bok.or.kr) ● 통계검색 ● 간편검색 ● 9. 기업경기/소비자동향/경제심리 ● 기업경기실사지수 ● 중소기업건강도지수 ● 전망 ● 항목선택 ● 조회기간 ● 조회결과

로 4월과 5월 90.6, 92.2에 비해 낮은 편이었다. 앞서 언급한 것처럼 중소 제조업체들이 경기전망을 부정적으로 보면서 한국은행과 전국경제인연합회의 통계에 차이가 발생했다는 것을 알 수 있다.

하지만 이렇게 한국은행과 전국경제인연합회의 통계 방향이 너무 다르면, 기업들은 어떤 지표를 봐야 할지 헷갈릴 수 있다. 그렇기 때문에 표본집단을 넓혀서 오류를 다소 해소하는 방법 등이 논의되고 있다.

기업들의 체감경기를 지표화한 것이 기업실사지수라면, 소비

자들의 체감경기를 지표화한 소비자심리지수CSI도 있다. 이는 한국은행이 생활형편, 경기상황 등 소비자의 응답결과를 집계해서 매달 작성한다.

한국은행은 분기마다 소비자동향조사를 실시하여 이 자료를 토대로 현재생활형편CSI, 생활형편전망CSI, 현재경기판단CSI, 향후경기전망CSI, 가계수입전망CSI, 소비지출계획CSI 등 여섯 개 개별지수를 작성, 표준화해 소비자의 심리를 종합적으로 판단한다. 소비자심리지수 역시 100을 넘으면 앞으로 생활형편이나 경기, 수입 등이 좋아질 것으로 보는 사람이 많다는 의미이며 100 미만이면 그 반대다.

[표 2-15]를 살펴보면 최근 1년간 소비자들이 느낀 체감경기는 기업들에 비해서는 상대적으로 양호함을 알 수 있다. 2012년 말에는 경기침체가 지속되면서 소비자심리지수가 99로 100을 하회했는데, 2013년 하반기부터는 106~107을 기록하면서 생활형편이 호전될 것으로 보는 소비자들이 많았다.

소비자심리지수의 개별지수인 소비지출계획CSI 추이를 살펴보면 소비지출에 대한 소비자들의 생각을 알 수 있는데, 2008년에는 글로벌 금융위기로 90대까지 떨어졌지만 2010년 말에는 115~116 수준으로 최고 수준까지 올랐다. 그리고 2011년부터는 계속 하락하여 2013년 하반기에는 105까지 떨어졌다. 이를 통해 불황이 계속되면서 소비자들이 지출을 꺼리고 있다는 사실

[표 2-15] 소비자심리지수 추이

기간	소비지출전망CSI
2012/12	99
2013/01	102
2013/02	101
2013/03	104
2013/04	102
2013/05	104
2013/06	105
2013/07	104
2013/08	105
2013/09	102
2013/10	106
2013/11	107
2013/12	107
2014/01	109

이렇게 찾아가요!

한국은행 경제통계시스템(http://ecos.bok.or.kr) ● 통계검색 ● 간편검색 ● 9. 기업경기/
소비자동향/경제심리 ● 소비자동향조사(한국은행, 전국)(월)(2008년 9월~) ● 소비자지출
전망조사 ● 소비지출전망CSI ● 조회기간 ● 조회결과

을 알 수 있다.

소비심리는 전통적인 내수업종인 유통업체에 즉각적인 영향을 미친다. 소비자들의 체감경기가 악화될수록 지갑을 닫는 소비자들이 많아져 백화점, 대형마트, 슈퍼마켓 등의 매출에 부정적인 영향을 미치기 때문이다.

통계청에 따르면 [표 2-16]에서 볼 수 있듯이 대형마트는 2011년만 해도 매출 신장률이 10.7%에 달했지만 2012년에는 5.1%로

[표 2-16] 대형마트 매출 현황 (단위: 조 원, %)

구분	2010년	2011년	2012년	2013년 3분기
매출	38.2	42.3	44.4	33.7
신장률	7.7	10.7	5.1	1.2

이렇게 찾아가요!

통계청 국가통계정보(http://kosis.kr) ❍ 국내통계 ❍ 주제별통계 ❍ 도소매·서비스 ❍ 소매
판매·도소매업동향 ❍ 소매판매액지수 ❍ 소매업태별 판매액지수 ❍ 조회결과

떨어졌고 2013년 3분기에는 1.2%의 저성장에 그쳤다.

전문가들은 이러한 현상의 원인을 국내외 경제 불안요소에 따른 민간소비의 위축, 온라인몰 등 경쟁업체의 성장, 대형마트 사업에 대한 정부규제 강화 등 어려운 시장 환경에서 찾고 있다.

백화점의 경우는 이러한 소비자들의 체감경기에 더욱 민감하게 반응한다. 대형마트는 의식주 위주의 생필품을 사는 경우가 많지만 백화점은 명품, 화장품, 가구 등 고가의 선택형 제품을 많이 팔고 있기 때문이다. 통계청에 따르면 [표 2-17]에서 볼 수 있듯이 백화점은 2011년만 하더라도 시장규모가 27조 6,000억 원으로 11.3%의 두 자릿수 성장을 이루어냈다. 하지만 2012년에는

[표 2-17] 백화점 시장규모 추이 (단위: 조 원, %)

구분	2011년	2012년	2013년 3분기
시장규모	27.6	29.1	21.1
증가율	11.3	5.4	2.8

소비심리가 악화되어 5.4% 성장에 머물렀고 2013년 3분기에는 2.8%의 저성장에 그쳤다.

아무리 경기가 안 좋아도 명품을 사는 사람은 있다고들 하지만, 이러한 소비침체는 불황을 모르던 명품 매출에도 영향을 미쳤다. 영국 명품인 버버리코리아의 2012회계연도(2012.4.1∼2013.3.31) 감사보고서에 따르면 이 회사는 해당 기간 매출 2,281억 원, 영업이익 210억 원을 기록하였다. 매출액은 전년 대비 5.3%, 영업이익은 38.8% 줄어든 수치라고 한다. 당기순이익도 전년 259억 원에서 168억 원으로 35.1% 감소했다.

구찌그룹코리아 역시 2012회계연도(2012.1.1∼2012.12.31) 매출액이 2,826억 원으로 전년 대비 4.5%, 영업이익은 461억 원에서 301억 원으로 34.7% 하락했고 순이익도 43.0% 줄었다. 페라가모코리아도 마찬가지다. 지난해 영업이익은 9.0%, 순이익은 12.8% 감소했다. 프라다코리아는 지난해 순이익 588억 원으로 전년 대비 10.5% 증가했지만 2011회계연도의 순이익 증가율(64.2%)보다는 증가세가 크게 둔화되었다.

샤넬, 에르메스, 루이비통, 버버리, 발리 등 일부 브랜드는 실적 부진으로 국내 백화점에서 매장을 철수하기도 했다. 상황이 이렇다 보니 프라다 등은 백화점에서 반값 세일을 하는 등 명품도 몸을 낮추고 있다.

🔍 한번 찾아보세요

기업들이 느끼는 업황전망을 알아보자. 2014년 1월 기업들의 업황전망 기업경기실사지수는 얼마인가?

1) 74 2) 75 3) 76 4) 77

1) 74

가계 빚, 얼마나 되죠?
– 가계신용 및 가계대출

40대 자영업자 이주택 씨는 지난해 담보대출을 받아 집을 샀다. 그런데 TV 에도 가계대출이 큰 문제처럼 비춰지고, 가계부채 문제를 집중적으로 추궁 하는 청문회도 열리는 것을 보니 영 찜찜한 기분을 지울 수 없었다. 정말로 우리나라의 가계대출 문제가 그렇거나 심각한 것일까? 사실 집값도 바닥을 쳤다고들 하니 추가적으로 담보대출을 받아 집을 하나 더 구입할까 싶은 마 음도 있는데, 정부의 가계대출 해결대책에 따라 부동산 규제에도 변화가 있 을 것 같아 망설여진다. 우리나라의 가계부채가 어느 정도 규모인지, 정부가 이에 대해 어떤 대책을 세우고 있는지 알 수 있는 방법은 없을까?

'가계 빚이 사상 최대를 기록하면서 1,000조 원에 바짝 다가 섰다.'

신문 1면에 자주 등장하는 헤드라인이다. 국가경제를 위협하 는 뇌관으로 지적받으면서 가계 빚에 대한 관심이 커지고 있다. 여기서 가계 빚은 가계신용을 일컫는데, 가계신용이란 일반 가 정이 은행 등 금융기관에서 빌린 돈이나 외상으로 물품을 구입 하고 진 빚을 모두 합해 일컫는 말이다. 다만 개인 간의 거래인 사채私債는 제외된다. 다시 말해, 가계신용은 은행을 비롯한 각종 기관의 가계대출과 카드 외상구매인 판매신용을 합한 것이다.

가계대출은 다시 가계일반자금대출과 가계주택자금대출로 나뉘는데, 가계일반자금대출에는 은행이나 보험사 등에서 빌린 일반대출금, 신용카드회사의 현금서비스 및 카드론이 포함된다. 가계주택자금대출은 시중은행 등에서 집을 사기 위해 빌린 돈이다. 판매신용은 신용카드로 물품을 구입하거나 자동차나 가전제품, 기타 상품을 할부로 구입한 금액을 일컫는다. 이렇듯 가계신용은 가계부채 수준을 보여주는 가장 대표적인 통계인데, 한국은행에서 분기마다 가계신용을 집계해 발표하고 있다.

한국은행 경제통계시스템에서 최근 10여 년 동안의 가계신용

[그림 2-12] 가계신용 추이 (단위: 조 원)

이렇게 찾아가요!
한국은행 경제통계시스템(http://ecos.bok.or.kr) ❶ 통계검색 ❶ 간편검색 ❶ 3. 예금/대출금/기타금융 ❶ 가계신용 ❶ 예금취급기관의 가계대출(월별) ❶ 항목선택 ❶ 조회결과

추이를 확인해보니, 2002년에는 464조 원이던 가계신용 규모가 2010년에는 843조 원으로 확대되었고 2011년에는 다시 916조 원으로 70조 원 가까이 늘어났다. 10년여 만에 두 배 넘게 가계신용 규모가 늘어난 것이다. 금융기관을 통해 빌린 가계대출 추이도 2002년 416조 원에서 2010년 793조 원으로 늘어난 후 2011에는 861조 원으로 급등하였다. 그리고 이후 완만한 증가 추세를 보이고 있다. 은행권 대출은 줄었지만 상대적으로 금리가 높은 저축은행 등 2금융권 대출이 늘면서 가계부채 구조가 악화되고 있다는 점이 문제로 지적되고 있다.

은행별로 가계부채 규모를 살펴보면, 2003년 예금은행 가계대출은 253조 원에서 2012년 467조 원으로 1.8배가량 늘어난 반면, 비은행예금취급기관의 가계대출 잔액은 같은 기간 68조 원에서 192조 원으로 2.8배 가까이 증가해 2금융권을 통한 대출규모가 급증하고 있음을 알 수 있다. 이러한 현상은 갈수록 심해져 최근에는 사상 최초로 200조 원을 넘어섰다.

늘어난 가계부채와 이자부담의 고통은 주로 저소득층에게 집중될 가능성이 크다. 2금융권을 중심으로 가계대출이 급증하는 현상이 일어난 원인도 전월세 보증금과 생활비를 마련하기 위해 빚을 내서 빚을 갚는 수요가 늘어난 데 있기 때문이다. 여기에 미국의 양적완화 축소로 인해 유동성이 줄어들면서 금리가 상승해 부채상환 부담이 가중되고 연체된 부채가 더 큰 부채를 낳는 악순환 구조에 빠질 수 있다.

가계부채 상황을 더 자세히 파악하고 싶다면 가계금융복지조사 데이터를 활용하면 된다. 가계금융복지조사는 통계청과 한국은행, 금융감독원이 매년 전국 2만 가구를 대상으로 실시하고 있는데, 이 결과에 따르면 우리나라 가구는 자산이 거의 정체돼 늘지 않는 반면 부채는 7% 가까이 증가하고 있다. 2013년 가계금융복지조사 결과를 보면 3월 말 기준 우리나라 가구당 평균 보유자산은 3억 2,557만 원으로 전년 대비 0.7% 증가에 그쳤다. 반면에 부채는 5,818만 원으로 6.8% 급증해 순자산이 0.5% 감소했다. 평균소득은 4,475만 원, 지출은 3,137만 원으로 1,338만 원의 흑자를 기록했다.

하지만 경상소득에서 비소비지출(경직성 지출)을 뺀 처분가능소득은 3,645만 원으로 4.9% 늘어난 반면에 소비지출은 2,307만 원으로 0.2% 증가에 그쳤다. 소득은 늘었지만 지출은 제자리걸음 수준이라는 뜻이다. 가계부채 원리금 상환부담뿐 아니라 연금, 사회보험료, 세금 등 비소비지출도 830만 원으로 9.6%나 급증해 소비심리가 악화된 탓이다.

부채지표도 대부분 악화일로다. 부채보유가구 비율은 66.9%로 전년 대비 1.8%p 증가했다. 이를 소득계층별로 살펴보면 상위 20%인 5분위 가구의 부채보유 비율만 소폭 감소했고 1~4분위 가구는 모두 증가했다. 처분가능소득 대비 금융부채 비율은 지난해보다 2.8%p 늘어난 108.8%를 기록해 금융부채가 처분가능소득보다 많았다. 원리금 상환액은 709만 원으로 전년 대비 18.9% 증가했다. 처분가능소득 대비 원리금 상환액 비율도 2.3%p 증가한 19.5%를 기록했다. 쓸 수 있는 소득 중 5분의 1이 원리금 상환에 쓰여 소비할 수 있는 돈은 가처분소득의 80% 정도에 머물렀다.

[표 2-18]의 부채 유형별 가구당 보유액과 구성비를 살펴보면 2013년 가계부채 중 가장 많은 부분을 차지하는 것은 금융부채로 68.2%이다. 이는 전년 대비 0.6%p 증가한 수치이고, 금액을 살펴보면 3,967만 원으로 전년보다 7.7% 증가하였다. 이 중 담보대출은 3,189만 원, 신용대출은 639만 원으로 담보대출 비중이 50%를 넘었다.

금융부채를 보유한 가구 중 '원리금 상환이 부담스럽다'고 응답한 가구는 70.2%로 전년에 비해 2.0%p 높아졌고, '가계부채

[표 2-18] 부채 유형별 가구당 보유액 및 구성비 (단위: 만 원, %, %p)

구분		부채	금융부채					임대보증금
				담보대출	신용대출	신용카드 관련대출	기타	
평균	2012년	5,450	3,684	2,962	593	49	81	1,766
	2013년	5,818	3,967	3,189	639	58	80	1,852
	증감률	6.8	7.7	7.7	7.8	20.1	-0.6	4.9
구성비	2012년	100.0	67.6	54.3	10.9	0.9	1.5	32.4
	2013년	100.0	68.2	54.8	11.0	1.0	1.4	31.8
	전년차	0.0	0.6	0.5	0.1	0.1	-0.1	-0.6

상환이 불가능할 것이다'라고 응답한 가구도 8.1%로 역시 전년에 비해 1.0%p 증가했다.

금융감독원의 가계대출 연체율 통계를 살펴보자. 2006년 0.7% 수준이던 연체율이 2012년 8월부터 1.0%로 오른 후 비슷한 수준을 기록하는 중이다. 금융기관에서 빌린 돈을 기한 내에 갚지 못해 어려움을 겪고 있는 가구가 지속되고 있다는 의미로 해석할 수 있다. 금감원에서는 매달 가계대출 연체율을 비롯한 금융관련 통계를 월보로 제작해 배포하고 있다. 금감원 금융통계정보시스템에서 금융통계월보를 전자책으로 다운로드하여 받아볼 수 있다. 전체 금융시장의 흐름을 파악하는 데 용이하다.

앞서 언급했듯 이런 대출이 은행에서 저축은행과 비은행금융기관 쪽으로 이동하고 있다는 점은 우려할 만하다. [표 2-19]의 금융기관별 대출 비중을 살펴보면 2012년에는 은행 대출이 76.3%를 차지했지만 2013년에는 74.5%로 1.8%가량 줄어들었다. 반면 저축은행과 비은행금융기관은 각각 0.5, 0.3%씩 늘었다. 대부분 거주주택을 마련하기 위한 대출이었고, 사업자금, 전월세 보증

[표 2-19] 금융기관별 대출 비중 (단위: %, %p)

구분	은행	저축은행	비은행 금융기관	보험회사	기타
2012년	76.3	1.6	13.0	3.0	6.0
2013년	74.5	2.1	13.3	3.7	6.4
전년차	-1.8	0.5	0.3	0.7	0.4

금, 생활비 마련을 위한 대출이 많았다. 이렇듯 신용등급이 낮은 저소득층의 대출이 점차 늘고 있다는 점 때문에 가계부채 폭탄이 터질 것이라는 우려의 목소리가 높아지고 있는 것이다.

빚이 산더미처럼 늘어나면서 개인회생신청과 저소득계층 비은행대출 연체율도 증가하는 추세다. 대법원에 따르면 개인회생신청 건수는 연일 사상최대를 기록하며 10만 건을 돌파하고 있다고 한다. 부채상환으로 고통을 받는 사람이 많이 늘었다는 뜻이다.

가계부채 문제가 이렇게 심각해진 원인은 무엇일까? 이에 대한 의견은 엇갈린다. 일각에서는 한국은행이 기준금리 인상 타이밍을 놓쳐서 금융회사들이 대출경쟁에 나섰고, 단기적으로는 신용창출이 확대되는 계기가 되었으며 궁극적으로 부동산 가격 급등으로 이어져 가계부채 문제가 심각해졌다고 보는 시각도 있다. 또한 저축은행의 프로젝트파이낸싱PF 대출도 가계부채 문제의 원인 중 하나로 꼽힌다. 2006년 6월 저축은행 9곳의 대출이 9,330억 원이었는데 2009년 12월에는 저축은행 35곳의 대출이 17조 원에 달했다. 정부가 부동산 담보대출의 증가가 가계부채 원인이라는 것을 알면서도 부동산 담보대출을 확대하는 정책을 펴온 점도 가계부채의 한 원인으로 지적되고 있다.

이런 상황에서도 정부와 금융당국 수장들은 현재 가계부채 수준이 위기를 우려할 정도로 위험한 상황은 아니라는 시각을 보이고 있다. 소득 4~5분위 고소득층이 전체 가계부채의 71%를 보유하고 있고, 대출 연체율이 관리가능한 수준이기 때문에 가계부채 문제가 금융회사 부실로까지 전이될 위험성은 크지 않다는 것이다.

하지만 전문가들은 8년 만에 두 배로 커진 가계부채 문제에 대한 대책 마련이 시급하다고 입을 모은다. 정부도 취약계층의 부채상환 여건을 개선하기 위해 2금융권의 건전성 관리를 강화하고 고정금리대출을 활성화시키겠다는 계획이다. 더불어 정부는 신용불량자 양산을 막기 위해 60만 명이 넘는 국민들의 개인부채를 탕감해주고 있다. 부채탕감에 대해서는 '버티면 결국 나라가 개인 빚을 갚아준다'는 도덕적 해이가 일어나 신용불량자가 더욱 양산되지는 않을까 우려하는 시각도 많다. 이 때문에 부채탕감보다는 복지안전망 구축이 더 시급하다는 지적이 나오고 있다.

🔍 **한번 찾아보세요**

현재 가계대출 규모가 얼마인지 알아보자. 2013년 11월의 예금취급기관 가계대출 규모는 얼마일까?

1) 647조 6,000억 원   2) 656조 2,000억 원
3) 681조1,000억 원   4) 692조 3,000억 원

3) 681조1,000억 원

제3장

금융

데이터를 알면 **돈의 흐름**이 보인다

어렵기만 한 주식투자,
어떻게 할까요?

– 주가지수

대학시절부터 주식투자에 관심이 있던 취직 1년차 송초보 씨는 주식투자를 할까 말까 고민이 많다. 주위 친구들이 짭짤한 수익을 얻었다는 소식에 마음이 더 들썩들썩했지만 주식투자 용어가 너무 어려운 것이 문제. 무엇을 어떻게 시작해야 할지 엄두가 나지 않는다. 주식 시장을 꿰뚫어보려면 어떤 지표를 참고해야 할까? 주식 시장을 단번에 알 수 있는 지표는 무엇일까?

주식투자를 하려면 일단 기본적으로 주가지수를 알아야 한다. 주가지수는 경제의 전반적인 흐름을 이해하는 데 중요한 판단 기준이 되며 수많은 투자자들이 주가지수를 보고 투자 의사결정을 내린다. 주가지수를 통해 매매 타이밍을 잡을 수도 있다. 상승 추세면 지금 주식을 샀다가 향후 주식이 더 올랐을 때 팔아 시세차익을 얻을 수 있고, 하락 추세면 지금 사놓은 주식이 더 하락하기 전에 팔아야 손해를 덜 볼 수 있다. 주식 매매 타이밍을 잡는 데 주가지수가 기본적인 판단 기준이라는 뜻이다.

물론 모든 주식이 주가지수에 정비례해 움직이지는 않는다. 하지만 시가총액이 크거나 대형주의 경우 통상적으로 주가지수가 상승할 때 주식 가치도 동반 상승하는 경우가 많다. 반대의 경우도 마찬가지라 이들의 주식 가치가 오르면 주가지수 상승으로 이어진다.

우리나라의 주가지수에는 코스피KOSPI; Korea Composite Stock Price Index 와 코스닥KOSDAQ; Korea Securities Dealers Automated Quotation이 있다. 코스피는 유가증권에 상장된 대형주들의 주식 가치를 계산해 지수화한 것이고 코스닥은 코스닥 시장에 상장된 소형주들의 주식 가치를 계산해 지수화한 것이다. 때문에 코스피와 코스닥 지수는 주식을 매입하거나 매매하려는 사람이라면 꼭 알아야 할 기초적인 지표이다. 이들 두 지수는 모두 우리나라 주식이 거래되는 곳인 한국거래소에서 실시간으로 확인할 수 있다.

코스피지수는 한국거래소의 유가증권 시장에 상장된 회사들의 주식에 대한 총합인 시가총액의 기준시점과 비교시점을 비교해 나타낸 지표다. 원래 명칭은 종합주가지수였는데 2005년 11월 1일부터 현재의 이름으로 바꾸어 사용하고 있다. 상장주식 수에 변동이 생기면 기준시가총액과 비교시가총액을 수정한다.

코스피지수는 증권 시장 개장 시간인 오전 9시부터 오후 3시까지 실시간으로 흐름을 확인할 수 있다. 코스피지수는 현재 10초 단위로 발표되고 있는데 한국거래소에 접속해 시간대별로 주가지수 흐름을 확인할 수 있을 뿐더러 일자별로 코스피 흐름이 어떻게 달라졌는지도 확인할 수 있다. 또한 건설주, IT주 등 업종별로도 주식의 상승, 하락 여부를 알 수 있다. 각 증권사의 홈트레이딩시스템HTS을 설치하면 이러한 지수뿐 아니라 거래대금, 매매주체별 투자 동향 등도 파악할 수 있다.

코스피지수는 1972년부터 산출되었지만 현재 한국거래소 사이트에서는 2000년부터 현재까지의 주가 흐름을 조회할 수 있다. 그럼 2000년 1월 2일부터 약 13여 년간 코스피지수 흐름이 어떻게 변화되어왔는지를 살펴보자.

[그림 3-1] 코스피지수 찾아보기

이렇게 찾아가요!

한국거래소(http://www.krx.co.kr) ❶ 지수 ❶ 국내지수 ❶ 일자별지수 ❶ (유)코스피 ❶ 조회결과

[그림 3-2] 2001년 1월 코스피지수

일자	현재지수 (종가지수)	대비	락률 (%)	시가지수	고가지수	저가지수	거래량(천주) 외국주 미포함	거래량(천주) 외국주 포함
2001/01/16	603.42	▲ 4.42	0.74	600.68	608.51	588.42	0	606,279
2001/01/15	599.00	▲ 11.13	1.89	595.06	608.22	588.87	0	611,962
2001/01/12	587.87	▲ 26.08	4.64	578.95	601.09	578.95	0	713,788
2001/01/11	561.79	▲ 0.98	0.17	568.26	570.57	557.86	0	518,789
2001/01/10	560.81	▼ 29.11	-4.93	586.63	593.86	560.81	0	642,378
2001/01/09	589.92	▲ 3.27	0.56	583.85	589.92	572.55	0	558,968
2001/01/08	586.65	▲ 5.80	1.00	573.72	587.91	572.48	0	558,645
2001/01/05	580.85	▲ 22.83	4.09	559.54	581.41	555.40	0	578,286
2001/01/04	558.02	▲ 36.59	7.02	551.53	567.16	550.91	0	444,541
2001/01/03	521.43	▲ 0.48	0.09	512.74	524.58	510.70	0	324,584
2001/01/02	520.95	▲ 16.33	3.24	503.31	521.34	500.97	0	231,015

　[그림 3-1]과 같이 찾아간 다음 '국내지수' 하위에서 '일자별 지수'를 선택하고, 조회기간 시작을 2001년 1월 2일로 맞춘 뒤 '조회'를 클릭하면 된다.

　13여 년간의 코스피 흐름을 살펴보니 2001년에는 코스피지수가 520포인트 선에 머물렀다. 현재는 1,999.47포인트(2013년 10월 3일 기준)로 크게 오른 상태다. 대형주로 구성된 우리나라 유가증권 시장이 크게 성장했음을 알 수 있는 대목이다.

　일별 주가지수로 조회할 수 있는데, 2001년 1월의 코스피지수는 [그림 3-2]와 같다. 2001년 1월에는 코스피지수가 520~600포인트 사이에서 형성되었다. 데이터를 자세히 살펴보면 그 날 첫 개장 때 형성된 시가지수와 가장 높았던 고가지수, 가장 낮았던 저가지수까지 확인할 수 있다. 그럼 이제 그때로부터 13여 년이 지난 2013년의 코스피지수는 어떠한지 알아보자.

[그림 3-3] 2013년 9월 코스피지수

일자	현재지수 (종가지수)	대비	락률 (%)	시가지수	고가지수	저가지수	거래량(천주)	
							외국주 미포함	외국주 포함
2013/10/02	1,999.47	▲ 0.60	0.03	2,012.07	2,012.82	1,999.02	235,195	238,252
2013/10/01	1,998.87	▲ 1.91	0.10	1,997.62	2,012.52	1,991.22	278,201	281,273
2013/09/30	1,996.96	▼ 14.84	-0.74	2,002.02	2,005.41	1,994.22	289,886	292,784
2013/09/27	2,011.80	▲ 4.48	0.22	2,012.26	2,016.34	2,008.25	279,376	282,342
2013/09/26	2,007.32	▲ 9.26	0.46	1,992.10	2,007.32	1,991.10	251,998	255,553
2013/09/25	1,998.06	▼ 9.04	-0.45	2,004.53	2,006.88	1,988.87	289,974	294,753
2013/09/24	2,007.10	▼ 2.31	-0.11	2,001.51	2,011.11	1,990.36	300,497	309,360
2013/09/23	2,009.41	▲ 3.83	0.19	2,000.72	2,015.18	1,994.77	248,178	249,540
2013/09/17	2,005.58	▼ 7.79	-0.39	2,009.31	2,009.31	1,994.31	263,743	264,662

[그림 3-3]을 보면 2013년 9월 코스피지수는 1,990~2,010포인 트 사이를 오르락내리락하고 있다. 데이터를 살펴보면 장중 기록한 가장 고점은 2,018.02포인트였다는 사실을 알 수 있다.

참고로 장중 기준 역대 최고치는 2011년 4월 27일에 기록한 2,231.47포인트이며, 장 마감 기준 역대 최고치는 2011년 5월 2일에 기록한 2,228.96포인트다. 역대 최고 상승치는 2008년 10월 30일에 기록한 115.75포인트이며, 역대 최고 하락치는 2008년 10월 16일에 기록한 -126.50포인트다. 시가총액은 2011년 4월 25일에 1,241조 8,266억 원으로 사상 최대치를 기록했다.

이쯤 되면 코스피지수가 어떻게 만들어졌는지 궁금증이 생길 법도 하다. 왜 주가지수가 필요해진 것일까?

우리나라 증권 시장은 1956년 2월 11일 대한증권거래소의 설립과 함께 시작되었다. 하지만 개소 초기에는 주로 채권이 거래되어 이렇다 할 증권투자지표가 필요하지 않았다. 그러다가 1962

년부터 채권 시장이 주식 시장으로 전환되면서 종합적인 시황을 파악할 수 있는 주가지수의 필요성이 제기되기 시작했다. 1963년 5월 19일부터 같은 해 12월 24일까지의 채용종목 주가평균을 100으로 하여, 1964년 1월 4일부터 우리나라 최초의 주가지수인 수정주가평균지수Adjusted Stock Price Average Index를 발표했다.

산출방식은 다우존스Dow Jones식이었으며 17종목을 채용종목으로 했다. 1972년에는 1월 4일을 100으로 하고 시장 제1부 종목 중 35종목을 채용종목으로 하는 한국종합주가지수KCSPI; Korea Composite Stock Price Index를 산출, 발표했다.

1979년에는 시장 규모가 급속하게 확대되면서 기존처럼 채용종목이 고정된 방식으로는 시장 전체의 동향을 제대로 반영할 수 없다는 문제점이 제기되어 다시 1975년 1월 4일을 100으로 하고 산출대상을 확대하는 한편, 매년 채용종목을 우량종목으로 교체하는 방식으로 개편했다.

이후 증권 시장이 질적, 양적으로 성장하면서 다우존스식 지수에 대한 구조적인 문제점이 제기되었고 국제적으로도 시가총액식 지수로 전환되는 추세에 발맞추어 유가증권 시장 상장종목을 대상으로 1980년 1월 4일을 100으로 하는 시가총액식 지수인 현행 코스피지수가 쓰이게 되었다. 코스피지수는 1980년 1월 4일의 시가총액을 분모로 놓고, 현재의 시가총액을 분자로 놓은 후 100을 곱해 산출할 수 있다. 즉 현재 코스피지수가 1,900포인트라면 1980년보다 약 19배가량 시가총액이 늘어났다는 의미이다.

　다우존스식과 시가총액식은 각각의 장단점이 있다. 다우존스식은 대표적인 우량주만 골라서 그 종목의 주가평균(채택종목의 주식 합계 ÷ 채택종목 수)을 산출하기 때문에 산출방식이 용이하고 시황을 민첩하게 파악할 수 있다는 장점이 있다. 하지만 자본금의 크기에 상관없이 채택종목을 동등하게 취급하므로 가격의 움직임이 큰 소수종목의 영향을 크게 받아 정확한 시황파악이 어려울 수 있다. 채택종목 수가 한정되어 있으므로 산업구조의 변동 등에 대응하기 어렵다는 단점도 있다.

　이에 대한 대안으로 채택된 시가총액식 주가지수는 상장주식수가 주가에 가중되고 전 상장종목을 대상으로 작성되므로 전체적인 주가 수준을 비교적 정확하게 반영할 수 있을 뿐 아니라 전체적인 시황 파악이 용이하다는 장점이 있다. 그러나 자본금

[그림 3-4] 코스피 시가총액 상/하위 순위정보 찾아보기(2013년 9월 기준)

순위	종목코드	종목명	현재가	대비	락률(%)	거래량(주)	거래내금 (백만원)	시가총액 (백만원)	시가총액비율 (%)
1	005930	삼성전자	1,418,000	▲ 36,000	2.60	351,727	497,156	208,870,460	16.14
2	005380	현대차	247,500	▼ 7,000	-2.75	565,715	141,412	54,518,429	4.21
3	012330	현대모비스	281,000	▼ 7,500	-2.60	247,350	69,630	27,353,626	2.11
4	005490	POSCO	313,000	▲ 500	0.16	190,738	59,647	27,289,479	2.11
5	000270	기아차	62,800	▼ 3,000	-4.56	3,460,718	219,811	25,456,818	1.97
6	000660	SK하이닉스	31,150	▲ 1,200	4.01	7,077,277	219,299	22,122,758	1.71
7	032830	삼성생명	106,000	▲ 1,000	0.95	143,005	15,147	21,200,000	1.64

이렇게 찾아가요!

한국거래소(http://www.krx.co.kr) ◑ 주식 ◑ 순위정보 ◑ 시가총액 상/하위 ◑ 코스피 ◑ 조회결과

규모가 큰 대형주의 등락이 전체 주가지수의 변동을 좌우하기 때문에 중소형주를 포함한 전체 시장의 흐름은 제대로 나타내 주지 못한다는 단점 역시 지니고 있다.

코스피에서 가장 큰 비율을 차지하는 기업은 단연 '삼성전자' 다. [그림 3-4]를 보면 삼성전자의 시가총액은 약 209조 원이고 코스피의 16.14%를 차지하고 있다(2013년 9월 기준). 워낙 차지 하는 비중이 높기 때문에 삼성전자 주가가 크게 변동하면 코스 피지수까지 출렁일 수밖에 없다.

그렇다면 삼성전자는 언제부터 시가총액 1위였을까? 삼성전 자가 유가증권 시장에서 시가총액 상위 1위를 차지한 것은 지난 1999년 7월 29일(29조 2,647억 원)부터다. 이전까지 1위였던 한 국전력을 밀어낸 후 1위를 차지한 후 잠시 SK텔레콤에 그 자리 를 빼앗기기도 했다. 2000년 11월 1일 1위 자리를 재탈환하는 데 성공한 뒤 13여 년이 지난 현재까지 시가총액 1위 자리를 지켜 내고 있다.

🔍 한번 찾아보세요

코스피지수를 알아보자. 2014년 1월 24일 코스피 종가는 얼마일까?

1) 1,940.56포인트 2) 1,950.48포인트
3) 1,980.21포인트 4) 1,990.14포인트

1) 1,940.56포인트

어떤 펀드의 수익률이 좋을까요?
– 펀드 수익률과 수수료

아이 둘을 키우는 주부 5년차의 오똑순 씨는 요즘 재테크에 관심이 많다. 그런데 주식에 직접 투자를 하자니 돈을 잃을까봐 걱정이고, 그렇다고 예적금에 넣어놓자니 저금리 기조 때문에 딱히 재테크가 되지 않을 것 같다. 그래서 고심 끝에 펀드 투자를 하기로 결정했는데, 펀드도 종류가 너무 많고 구조가 복잡해서 어디에 투자를 해야 할지 도통 감을 잡을 수가 없다. 펀드 수익률은 어떻게 알아봐야 하고, 자신의 펀드를 운영하는 회사의 펀드 설정 규모나 펀드매니저 현황을 알려면 어떻게 해야 할까?

직접 주식에 투자하기는 겁이 난다. 채권, 파생상품은 너무 어려워 투자방법조차 모르겠다. 이럴 때 선택하는 것이 바로 채권 전문가들이 대신 투자해주는 상품, 펀드Fund다.

펀드는 불특정 다수로부터 모금한 실적 배당형 성격의 투자 기금을 말한다. 쉽게 말해 여러 명에게서 돈을 모은 후 주식, 부동산, 채권, 선물 같은 파생상품에 투자해 얻은 수익만큼을 나누어주는 것이다.

펀드의 가장 큰 장점은 적은 돈으로 쉽게 투자할 수 있다는 점이다. 개별 투자자가 소액의 자금으로 고가의 주식, 수억 원대의 채권이나 부동산 등에 직접 투자하기란 쉬운 일이 아니다. 유망한 주식에 투자를 하면 비교적 안전하겠지만, 한 주에 100만 원이 넘는 주식은 100주만 사도 투자금액이 1억 원을 넘기 때문이다. 하지만 투자자들의 소액자금을 펀드로 모아 큰 기금을 형성하면 개별 투자자가 접근하기 힘들었던 대규모 단위의 자산에 대한 투자가 가능해진다. 결과적으로 펀드에 투자한 투자자들이 소액의 자금으로도 거의 모든 자산에 투자를 할 수 있는 환경이 조성되는 것이다.

전문가들이 투자를 대행해주기 때문에 투자대상 자산분석, 위험관리 등이 수월하다는 것도 펀드의 장점이다. 펀드 투자를 하면 투자를 할 때 필요한 많은 지식과 경험, 그리고 훈련을 쌓는 데 들어가는 수많은 시간과 비용을 줄일 수 있다. 또한 장기투자가 가능하기 때문에 오랜 기간 투자할수록 안정된 수익률을 보장받을 수 있다. 우리나라뿐 아니라 전 세계가 저금리 기조에 들어가 마땅한 투자처가 없는 상황이기 때문에 좋은 기업, 투자처를 찾아낸다면 높은 수익률을 기대할 수도 있다.

그렇다면 펀드에는 어떤 종류가 있을까? 위탁자가 국내 투자자들과 외국 투자자들을 대상으로 수익증권을 발행해 판매된 자금으로 국내증권과 해외증권에 동시에 투자하는 매칭 펀드, 벤처기업에 투자할 목적으로 창업투자회사에서 결성하는 벤처

펀드, 채권·주식·선물에 적절한 비율로 투자해 손실위험을 줄이는 원금보존형 펀드, 한국 증권 시장에서 투자활동을 할 수 있는 외국인들의 수익증권인 코리아 펀드, 수수료 없이 주식형에서 공사채 펀드로, 공사채 펀드에서 주식형으로 돌릴 수 있는 카멜레온 펀드(전환형 펀드) 등 현재 우리나라에는 약 1만여 개가 넘는 펀드가 있다.

그런데 문제는 이 수많은 펀드들 중에서 어떤 펀드가 좋은 펀드냐 하는 것이다. 더구나 지금 있는 것에 더해 해마다 펀드가 약 1,000개씩 늘어나고 있는 상황인데 말이다. 우리나라는 경제규모에 비해 운용되는 펀드 개수가 매우 많은 편이다. 우리보다 경제규모가 큰 미국이 7,000개, 유럽 28개 주요 국가가 총 3만여 개의 펀드를 보유하고 있다는 것을 보면 그 사실이 여실히 드러난다. 그렇다면 이렇게 많은 펀드 중에서 대체 어떤 기준으로 무엇을 선택해야 하는 것일까?

이렇게 수많은 펀드 중에서 무엇을 골라야 할지 갈피를 잡지 못하는 투자자들을 위해 '한국예탁결제원'과 '금융투자협회'에서는 펀드에 투자되는 자산구성부터 실제 운용하는 펀드매니저, 펀드 수수료, 펀드 수익률까지 다양한 통계를 제공하고 있다.

금융투자협회의 전자공시서비스(http://dis.kofia.or.kr)를 이용하면 투자예정자들을 위한 많은 통계를 활용할 수 있다. 설정액 상위 펀드부터 신규설정 펀드, 펀드 공시, 펀드 수익률 비교

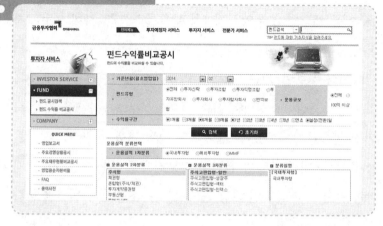

[그림 3-5] 펀드 수익률 비교해보기

이렇게 찾아가요!

금융투자협회 전자공시서비스(http://dis.kofia.or.kr) ◐ 투자자 서비스 ◐ 펀드 ◐ 펀드 수익률 비교공시 ◐ 검색조건 입력 ◐ 조회결과

공시 등을 통해 어떤 펀드에 돈이 많이 몰렸고, 어떤 펀드가 높은 수익률을 올리는지를 자세히 살펴볼 수 있다.

펀드의 수익률은 기준가격의 상승률로 계산한다. 원칙적으로 수익률은 투자신탁금을 결산할 때 지급되는 이익분배금 지급률에 분배율을 곱해 계산하지만, 펀드의 경우는 수익자별로 수익증권의 매입 시점과 매도(환매) 시점이 다르기 때문이다.

펀드를 고를 때는 1개월, 6개월, 1년, 3년 등 첫 설정기간을 기준으로 수익률을 조회해 자신에게 가장 잘 맞는 것을 선택해야 한다. 예를 들어 국내 주식과 채권에 같이 투자하는 혼합형 펀드의 수익률을 찾아보자. 수익률 구간에 '1개월, 6개월, 1년, 연초 후'를 체크하고 운영실적 1차 분류를 '국내투자형'으로, 2차 분류를 혼합형으로 선택한 후 [그림 3-6]처럼 검색을 해보았다.

데이터를 보면, 최근 1개월 수익률은 KTB자산운용의 'KTB목표배당형증권투자신탁[주식혼합]'이 4.63%(2013년 9월 기준)로 가장 높음을 알 수 있다. 그렇다면 이 펀드를 운용하는 사람은 누구일까? 내가 가입한 펀드를 전문적으로 운용하는 매니저가 누구인지 알고 싶다면 해당 펀드의 '투자운용인력' 버튼을 클릭해 간단히 조회할 수 있다.

'금융투자협회'뿐만 아니라 '한국예탁결제원'을 통해서도 자세한 펀드 수익률과 설정현황 등을 알 수 있다. 예를 들어 중국 본토에 투자해 한창 인기를 끌었던 미래에셋자산운용의 펀드

[그림 3-6] 혼합형 펀드 수익률 비교해보기

운용실적분류	국내투자형 > 혼합형(주식/채권) > 주식고편입형								분류조건 재선택

[총237건]

운용회사	펀드명	구분(추가/단)	수익률 및 순위							투자운용인
			1개월		6개월		1년		연초	
			%	순위	%	순위	%	순위	%	순위
KTB자산운용	KTB목표배당형증권투자신...	추가개	4.63	-	6.86	-	9.65	-	6.61	-
KTB자산운용	KTB목표배당형증권투자신...	추가개	4.52	-	6.14	-	8.19	-	5.42	-
하나UBS자산운용	하나UBS SmartUpPlus포...	단위개	4.47	-	6.58	-	14.39	-	8.29	-
하나UBS자산운용	하나UBS SmartUpPlus포...	단위개	4.46	-	6.28	-	15.38	-	9.21	-
하나UBS자산운용	하나UBS SmartUpPlus포...	단위개	4.37	-	6.34	-	14.48	-	8.30	-
하나UBS자산운용	하나UBS SmartUp포커스...	단위개	4.36	-	6.48	-	15.12	-	8.90	-
하나UBS자산운용	하나UBS SmartUpPlus포...	단위개	4.34	-	6.60	-	15.58	-	9.36	-
하나UBS자산운용	하나UBS SmartUpPlus포...	단위개	4.33	-	5.72	-	10.25	-	4.37	-
하나UBS자산운용	하나UBS SmartUpPlus포...	단위개	4.33	-	5.45	-	10.03	-	4.15	-
하나UBS자산운용	하나UBS SmartUpPlus포...	단위개	4.31	-	6.26	-	15.11	-	8.90	-

[그림 3-7] 펀드 종합 정보 찾아보기

◆관심종목등록 미래에셋 China A Share 증권 자투자신탁2호(H)(주식) 종류A 신흥아시아주식/공모

| 발행개요 | 기준가/분배금 | 성과/위험분석 | 보유자산명세 |

운용사	미래에셋자산운용	펀드구분	투자신탁(추가형)
수탁회사	국민은행	매니저	공동
사무관리사	미래에셋펀드서비스	펀드유형	신흥아시아주식
설정일	2010/11/18 (3년3개월)	펀드테마	
좌당금액	1000원/1000좌	위험등급*	1 등급
운용사제시벤치마크*	CSI 300 Index × 85% + Call 금리 × 15%		

· 운용사제시벤치마크 / 위험등급: 투자설명서상에 제시된 정보임

· **투자목적**
중국 본토의 A 주식에 주로 투자하는 모투자신탁를 법 시행령 제94조제2항제4호에서 규정하는 주된 투자대상자산으로 하여 투자대상자산의 가격 상승에 따른 투자 수익을 추구합니다.

· **운용전략**
미래에셋 China A Share 증권모투자신탁2호(주식)에 85% 이상 투자합니다.

▣ **펀드보수 및 수수료**   [더보기]

구분	총비용	운용보수	판매보수	수탁보수	사무관리보수	기타비용	수수료
펀드	1.85	0.90	0.86	0.06	0.03	0.09	(선)1.00
유형평균	1.81	0.76	0.96	0.05	0.01	0.14	0.20

이렇게 찾아가요!

한국예탁결제원 증권정보포털 세이브로(SEIBro)(http://www.seibro.or.kr) ❶ 펀드 ❶ 펀드종합정보 ❶ 펀드명 검색 ❶ 발행개요 ❶ 조회결과

수익률과 수수료를 알고 싶다면, 펀드 종합 정보 검색창에 '미래에셋차이나' 또는 'china'를 조회하면 관련된 모든 정보를 검색할 수 있다.

그렇다면 '미래에셋 China A Share 증권자투자신탁2호'라는 펀드를 한번 살펴보자. [그림 3-7]을 보면 이 펀드는 신흥아시아주식에 투자하고 있고, 2010년 11월에 설정됐으며 위험등급이 1등급이라는 것을 알 수 있다. 펀드보수 및 수수료는 1.85%로 다른

펀드들의 평균인 1.82%보다 높다. 이 펀드를 대신 운용해주고 떼어가는 미래에셋의 수수료가 다른 곳에 비해 비싸다는 의미다.

그렇다면 매니저들이 비싼 수수료를 받는 만큼 수익률도 좋을까? '성과/위험분석'을 클릭하면 이 펀드가 다른 펀드에 비해 수익률이 어떤지, 이 펀드에 투자한 자산이 늘었는지 줄었는지 등을 자세히 알 수 있다.

실제 살펴보니, 수수료는 높지만 다른 펀드들에 비해 수익률이 매우 낮음을 알 수 있다. 최근 2년간 평균 수익률이 약 -19%로 2년 전 이 펀드에 투자했다면 수수료 비용까지 포함해 20% 이상은 손실을 봤다는 의미로 해석할 수 있다.

[그림 3-8] 해당 펀드의 성과와 위험 알아보기

기간별 누적수익률

구분	1주	1개월	3개월	6개월	연초이후	1년	2년	3년
펀드	-1.78	-7.07	-11.24	-13.51	-10.58	-17.31	-24.11	-32.65
(연환산)							-12.06	-10.88
BM대비	1.12	-7.11	-9.75	-9.46	-7.62	-10.97	-17.32	-23.43
유형대비	2.25	-3.02	-4.59	-8.73	-3.42	-15.56	-24.47	-23.35
%순위	30.00	68.00	82.00	75.00	84.00	85.00	92.00	88.00

■ 위험지표

구분	6개월(26주)		1년(52주)		3년(
	펀드	유형	펀드	유형	펀드
평균수익률(%)	-30.08	-8.20	-19.01	-1.76	-12.92
표준편차(%)	12.98	12.61	15.42	12.95	15.94
수정샤프	-4.25	-1.37	-3.35	-0.58	-2.56
베타	0.37	0.82	0.29	0.72	0.40
젠센알파	-29.97	-4.78	-19.11	2.24	-13.53
트래킹에러	14.16	8.74	17.58	9.71	17.45
정보비율	-1.79	-0.40	-0.71	0.49	-0.55

누적수익률 그래프를 보면, 이 펀드와 비슷한 펀드들보다 평균 수익률이 낮다는 것을 알 수 있다. 중국 본토에 투자하는 다른 펀드들에 비해서도 수익률이 낮다는 의미다. 향후에는 수익률이 올라갈 수도 있지만, 지금 현재로서는 이런 펀드에 투자했다가는 본전도 못 건질 수 있으니 투자에 주의해야 하겠다.

> 🔍 한번 찾아보세요
>
> 펀드를 운용해주면서 운용사가 투자자들에게 떼 가는 수수료를 보수율이라고 한다. 각 상품별 보수율을 알아보자. 신한BNP파리바운용의 '신한BNPP S-MORE 증권자투자신탁[주식](종류A)'의 판매보수율(2013년 11월 29일 기준)은 얼마일까?
>
> 1) 1.501% 2) 2.051% 3) 1.651% 4) 2.075%

1) 1.501%

기술경쟁력 있는 벤처기업에
투자하고 싶어요
– 코스닥 시장

대기업에 다니는 정신중 과장은 얼마 전부터 주식투자를 시작했다. 그런데 대형주에 투자를 하려니 너무 비싸서 엄두가 나질 않았다. 더구나 대형주는 투자를 해봤자 유통물량이 적어서 수익이 쉽게 나지 않는다. 정신중 과장은 규모는 좀 작아도 알찬 중소기업을 목표로 잡았다. 포털 네이버^{NHN}도 처음에는 벤처기업이었지만 지금은 시가총액 14조 원 이상의 대형주로 성장했다. 그러니 기술경쟁력이 있는 중소기업이라면 향후 주식 가치가 몇 배는 더 커질 수 있지 않을까 하는 생각에서였다. 이런 기업은 어디서, 어떻게 찾을 수 있을까?

작지만 강한 기업, 이른바 강소기업으로 불리는 기업에 대한 정보는 어디서 찾을 수 있을까? 기술력으로 승부하는 기업이 모인 시장에서 찾을 수 있다. 바로 코스닥 시장이다. 유가증권 시장이 규모가 큰 기업들이 모인 곳이라면 코스닥 시장은 이보다는 규모가 작은 기업들이 상장돼 거래된다. 코스닥 시장에 상장된 기업들 가운데는 기술력이 뛰어난 벤처기업이 많다. 규모는 작지만 해당 분야에서 세계 최초나 1위를 기록한 기업도 있기 때문에 이들 기업의 성장 가능성을 믿고 투자하면 예상보다 높은 수익을 얻을 수도 있다.

중소기업이나 신생 벤처기업에게는 유가증권 시장의 문턱이 너무 높고 기업공개IPO 과정에서 탈락할 소지가 많기 때문에, 정부는 이러한 어려움을 해소하고자 1987년 4월에 기존의 증권거래소 시장과는 별도로 협회 주관하의 장외주식시장을 개설했는데 이것이 바로 코스닥 시장의 효시다. 하지만 장외시장의 매매 절차가 복잡한 탓에 활성화되지 않았다. 이에 정부가 1996년 7월 정식으로 코스닥 시장을 개설하고 1997년 4월 '증권거래법'에 코스닥 시장의 개념을 반영했다.

이러한 노력으로 장외시장이 발달함에 따라 거래소 시장과 마찬가지로 장외시장의 시황을 대표할 수 있도록 1996년 12월 30일 코스닥지수를 정식으로 개발·발표했고, 2004년 1월 26일부터 기존의 지수를 열 배 상향해 발표했다. 이는 1990년대 중반 이후 국내외 지수의 기준단가가 1,000 이상으로 발표되는 당시의 추세에 맞추고 코스닥 시장을 다른 시장과 쉽게 비교할 수 있도록 하기 위해서였다. 코스닥지수는 코스닥 시장 상장기업의 주가에 주식 수를 가중한 시가총액식, 파쉐식Paasche formula 주가지수이다. 코스닥 시장에는 현재 969개 회사가 상장돼 있는데, 1996년 7월 1일의 시가총액을 분모로 놓고 현재의 시가총액을 분자로 놓아 1,000을 곱하면 지수를 산출할 수 있다.

성장성과 기술력을 갖춘 기업들을 대상으로 문을 연 코스닥 시장은 벤처붐의 원동력이 되어주었다. 실제 1998년 이후 코스닥 시장 활성화를 위한 여러 가지 특례가 인정되면서 벤처 열풍이 일어났고 1999년 초부터 2000년 초까지 지수, 거래량, 거래대금 등 여러 측면에서 연일 '사상 최고'의 기록이 쏟아졌다. 유가증권 시장에 상장하기 어려운 벤처나 유망 중소기업들이 코스닥 시장에 상장해 신주공모 등을 통해 자금을 안정적으로 조달할 수 있었기 때문이다. 이는 투자자들에게 성장 가능성이 높은 회사에 투자할 기회를 제공하는 측면 역시 있었다.

하지만 코스닥 열풍이 가라앉고 거품이 꺼진 2000년 한 해 동안은 코스닥지수가 반 토막 나면서 세계에서 유례를 찾아볼 수 없는 기록을 양산하기도 했다. 1999년 말의 코스닥지수는 2,561.4 포인트였으나 2000년 말에는 525.8 포인트로 연초 대비 79.5%나 떨어지기도 했다. 코스닥 시장에 상장된 기업들은 규모가 작은 만큼 작은 규모의 자금에도 주가가 크게 흔들릴 수 있다. 그러므로 작전세력들에게 이용당해 손해를 입는 개인 투자자들이 생기는 폐해도 있으니 투자할 때 유의해야 한다.

앞서 봤듯이 코스피지수는 13여 년간 크게 올랐다. 그렇다면 같은 기간 동안 코스닥의 흐름은 어떠했을까? 코스피처럼 많이 올랐을까? 실제 살펴보니 2001년 1월에는 코스닥지수가 550~700 포인트 사이에서 등락했다. 그런데 최근에는 530포인트 선으로 오히려 하락했다. 그 이유는 무엇일까?

[그림 3-9] 코스닥지수 조회하기

이렇게 찾아가요!

한국거래소(http://www.krx.co.kr) ◐ 지수 ◐ 국내지수 ◐ 현재가 ◐ 코스닥지수 ◐ 조회결과

코스닥 시장은 2000년 초반 벤처붐이 일면서 IT버블이 일어날 때 가장 활성화됐었다. 10년이 지나도록 당시 벤처붐이 일었을 때만큼 시장이 활성화되지 못하고 있다는 의미다. 이 때문에 2000년 3월 10일 장중에 기록했던 2,925.20이 여전히 코스닥지수 최고치로 기록되고 있다.

현재의 코스닥지수는 530포인트 선에서 등락하고 있다. 코스닥 시장의 거래량도 갈수록 줄어들어 하루에 100주도 거래되지 않는 이른바 '왕따 종목'들이 만들어지기도 했다. 이런 종목들의 경우 시세가 형성되고는 있지만 적은 거래량 탓에 단 몇 주의 거래에도 주가가 크게 등락할 수 있으므로 투자에 주의해야 한다.

한국거래소에서는 최근 한 달간 코스피지수와 코스닥지수의 등락 현황을 한눈에 그래프로 볼 수 있다. 그래프를 보면 한 달간 코스닥지수의 상승률보다 코스피지수의 상승률이 높음을 알 수 있다. 또한 지수의 등락추이뿐 아니라 거래대금, 시가총액 기준으로도 두 가지 지수를 비교해볼 수 있다.

중소형주들이 모여 있는 코스닥 시장에서 가장 큰 비율을 차지하는 기업은 바이오 제약 회사인 '셀트리온'이다. 셀트리온의

[그림 3-10] 코스닥 시가총액 상/하위 찾아보기

이렇게 찾아가요!

한국거래소(http://www.krx.co.kr) ❶ 주식 ❶ 순위정보 ❶ 시가총액 상/하위 ❶ 코스닥 ❶ 조회결과

시가총액은 약 4조 7,000억 원으로 코스닥 시장의 3.59%를 차지하고 있다(2014년 2월 기준). 코스피의 삼성전자에 비해서는 시가총액 비중이 낮은 편이라 코스닥지수가 출렁거릴 정도의 영향을 미치지는 않는다.

셀트리온이 코스닥 시장에서 시가총액 상위 1위를 차지한 것은 지난 2009년 3월(1조 4,700억 원)부터다. 이전까지는 하나로텔레콤이 줄곧 시가총액 1위를 차지해왔는데 2008년 SK텔레콤이 하나로텔레콤을 인수하면서 셀트리온이 1위로 올라섰다. 이후 셀트리온은 4년째 시가총액 1위 자리를 지켜내고 있다.

셀트리온은 자체 개발한 자가면역질환치료제 '램시마'가 유럽연합에서 최종 판매 허가를 받은 이후 주가가 6만 원대까지 치솟았다. 최근에는 주가조작 논란이 불거지면서 4만 원대로 떨어졌다.

주의할 점은 코스닥 등록 기업들 중 재무구조, 수익성, 주식 분산 요건 등에서 증권 시장 상장 요건에 미달되는 기업들이 많아 리스크가 클 수 있다는 점이다. 코스닥 시장은 비교적 규모가 작은 벤처기업들이 상장돼 거래가 이뤄지는 시장으로, 심사 기준이 코스피 시장보다 덜 까다롭기 때문에 변동성이 심하고 부실 기업이 많은 편이다.

그렇다면 어떤 코스닥 기업을 주의하는 것이 좋을까? 일단 대주주 및 사명 변경이 잦은 기업은 주의해야 한다. 주인이 자주 바뀐다는 의미는 회사의 정책이나 매출의 안정성 확보가 어렵다는 것을 의미한다. 기업 경영에서 전문성을 갖추지 못한 대주주 내지는 최고경영자CEO가 새로 기업을 맡을 때 회사가 더욱 부실해질 경우가 많다.

또 비상식적인 유상증자를 조심해야 한다. 일반적으로 신규 설비투자나 새로운 사업을 영위하기 위한 자본 조달에 유상증자가 활용돼야 하는데, 코스닥 일부 기업들은 신규 투자보다 회사의 부채 상환이나 관리종목 탈피를 위한 자금 조달 등의 기타 목적으로 활용하는 경우가 많다. 따라서 자본금이 적은 회사가 자기자본금에 비해 유상증자를 지나치게 많이 하는 등 비상식적이라고 판단되는 유상증자, 잦은 전환사채CB나 신주인수권부사채BW 발행 등은 주의 깊게 따져야 한다.

갑자기 거래량이 급변하는 기업도 조심해야 한다. 코스닥 종목은 발전 가능성이 높은 대신 거래 물량이 적다는 게 단점이다. 추세와 관계없이 거래량이 갑자기 변할 때는 시세 조작을 의심해볼 필요가 있다. 불가피하게 단기 투자를 해야 할 때에는 환금성이 뛰어난 거래량 상위 종목을 고르는 게 좋다.

대주주의 담보 주식도 잘 살펴봐야 한다. 회사를 갖고 있는 코스닥 대주주 및 주요 주주 중에서는 급전이 필요한 때 상장 주식을 담보로 자금을 융통하게 된다. 기업 배당이 어렵고 실적이 뒷받침되지 않을 경우 이러한 현상은 짙다. 그러나 차후 시장 상

황 악화에 따른 주가 하락으로 담보 비율을 충족하지 못한다면
유통 시장에서 담보 주식이 매물화될 수 있다.

어떤 회사가 우량기업이죠?
– 실적보고서와 재무제표

주식투자를 시작한 지 1년째 되는 서꼼꼼 씨는 어떤 기업이 투자하기 좋은 기업인지, 또 어떤 기업이 투자해서는 안 되는 기업인지 자세히 알고 싶었다. 1년 동안 나름대로 공부도 하고 실전 경험을 쌓았지만 아직까지도 주먹구구식으로 투자를 하고 있다는 느낌이 들었기 때문이다. 또 최근에 투자한 A기업은 투자하자마자 대주주가 바뀌는 바람에 큰 폭으로 주가가 하락해 손실을 봐야 했다. 물론 기사를 통해 기업 정보를 접할 수는 있지만, 총체적인 기업 재무 현황 등을 알기는 어려웠다. 이러한 기업 정보는 어디서 얻어야 할까?

주식투자에서 가장 중요한 것이 기업의 실적과 재무 정보다. 기본이 탄탄하면 주가 가치도 상승하게 마련이다. 그런데 상장사의 재무 정보는 어디에서 알아볼 수 있을까? 상장사가 공개하는 사업보고서를 보면 된다. 현행 자본시장법은 상장회사로 하여금 해당 기업에 발생한 재무 내용을 투자자에게 적시에 공시하도록 하고 있다.

상장사는 매 사업연도마다 사업보고서와 분반기보고서를 작성해 일반에 공개한다. 정기보고서에는 일정기간 동안 기업의 경영활동 성과와 특정 시점의 회사 재정상황을 쉽게 확인할 수 있는 재무 현황 관련 통계가 포함되어 있다. 금융감독원 전자공시시스템은 마치 만물상처럼 모든 기업의 재무 정보가 기록돼 있으므로 기업의 재무와 관련하여 궁금한 점이 있다면 이 시스템을 확인하면 된다.

　기업들이 분기별, 또는 반기별 실적을 발표하는 시기를 '어닝 시즌Earning Season'이라고 하는데 여기서 어닝이란 매출을 올리는 정도, 즉 실적을 의미한다. 기업들의 주가는 실적에 따라 시시각각 변하는데, 이 특정 시기에는 주가의 변화가 활발한 편이다. 우리나라의 어닝 시즌은 보통 1분기가 끝난 뒤 5월 15일까지, 2분기 결산보고서를 내는 8월 초순에서 8월 중순 사이, 3분기 실적이 나오는 10월 중순부터 11월 초순 사이, 4분기 실적이 나오는 1월 중순부터 2월 초순까지이다. 기업 실적이 시장의 기대수준보다 좋으면 '어닝 서프라이즈Earning Surprise', 나쁠 때는 '어닝 쇼크Earning Shock'라고 한다.

　결산보고서는 전자공시시스템 사이트, 혹은 각 포털의 주식 관련 사이트에서 조회해볼 수 있다. 일부 유명한 기업의 경우에는 뉴스 기사로 나오기도 한다.

　전자공시시스템에 들어가면 회사별로 최근 3년여 동안 재무구조가 어떻게 변해왔는지, 이 회사가 안정적인 이익을 올리고 있는지 여부를 확인할 수 있다.

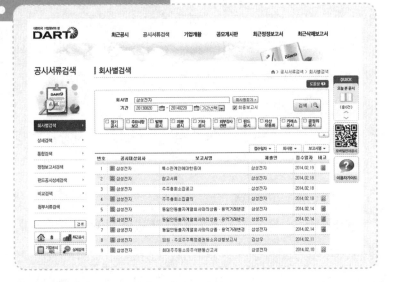

[그림 3-11] 회사별 공시서류 찾아보기

이렇게 찾아가요!

금융감독원 전자공시시스템(http://dart.fss.or.kr) ➡ 공시서류 검색 ➡ 회사별 검색 ➡ 회사명 입력 ➡ 조회결과

영업이익은 매출액에서 매출원가를 빼고 얻은 매출 총이익에서 다시 일반 관리비와 판매비를 뺀 것을 말한다. 말 그대로 순수하게 영업을 통해 벌어들인 이익이라는 의미다. 빵을 만드는 회사에서는 빵을 팔아서 남긴 마진이 영업이익이고, 자동차 회사에서는 자동차를 팔아서 남긴 이익이 영업이익이다.

그렇다면 영업이익과 순이익은 무엇이 다를까? 순이익이란 영업 이외의 부분에서 나는 이익까지 모두 합산한 것을 의미한다.

기업들은 주로 부동산에 투자를 하는데, 이 경우 부동산 임대를 통해 돈을 벌 수 있다. 여기서 나오는 임대수익과 이자수익 등 다양한 수익을 모두 합친 것이 순이익인 것이다. 예컨대 패션 회사인 A기업이 영업이익은 높은데 순이익에서는 손실을 봤다고 치자. 이 경우 본업인 패션 부문에서는 이익을 냈지만 부동산 투자나 환손실 등으로 실제 들어오는 돈은 '마이너스'가 된다. 기업의 경영상황을 파악할 때 영업이익과 순이익을 주된 지표로 삼는 것은 이런 이유다.

재무제표에서 중요한 것은 대차대조표, 손익계산서, 현금흐름표다. 대차대조표는 해당 기업이 건전한가를 알아보는 데 가장 중심이 되는 재무제표다. 손익계산서는 해당 기업이 장사를 잘 하고 있는지 알아보는 데 유용한 재무제표다.

손익계산서는 기업의 경영성과를 밝히기 위하여 일정기간 내에 발생한 모든 수익과 비용을 대비시켜 당해 기간의 순이익을 계산하고 확정하는 보고서다.

[그림 3-12]는 전자공시시스템을 통해 얻은 삼성전자의 분기보고서이다. 이를 보면 삼성전자는 제45기 3분기까지 누적 169조 원가량의 매출을 올렸다. 이 가운데 101조 원가량이 영업수익을 올리는 데 필요한 비용인 매출원가로 쓰여졌다. 원가를 제한 후 남은 비용은 약 68조 원. 이중 판매비와 관리비를 제하니 약 28조 원의 영업이익을 얻었음을 알 수 있다.

[그림 3-12] 삼성전자의 손익계산서

연결 손익계산서

제 45 기 3분기 2013.01.01 부터 2013.09.30 까지
제 44 기 3분기 2012.01.01 부터 2012.09.30 까지
제 44 기 2012.01.01 부터 2012.12.31 까지
제 43 기 2011.01.01 부터 2011.12.31 까지

(단위 : 백만원)

	제 45 기 3분기		제 44 기 3분기		제 44 기	제 43 기
	3개월	누적	3개월	누적		
수익(매출액)	59,083,499	169,416,042	52,177,270	145,044,766	201,103,613	165,001,771
매출원가	35,527,620	101,248,394	31,989,604	92,099,184	126,651,931	112,145,120
매출총이익	23,555,879	68,167,648	20,187,666	52,945,582	74,451,682	52,856,651
판매비와관리비	13,392,285	39,693,913	12,126,332	32,733,531	45,402,344	37,212,360
영업이익(손실)	10,163,594	28,473,735	8,061,334	20,212,051	29,049,338	15,644,291
기타수익	419,495	996,647	376,616	1,137,534	1,552,989	2,251,019
기타비용	449,455	1,037,977	313,255	650,330	1,576,025	1,612,690
지분법이익	149,651	539,902	132,552	768,657	986,611	1,399,194
금융수익	1,998,542	6,257,206	1,524,423	5,878,482	7,836,554	7,403,525
금융비용	2,042,670	6,117,091	1,479,283	5,963,687	7,934,450	7,893,421
법인세비용차감전순이익(손실)	10,239,157	29,112,422	8,302,387	21,382,707	29,915,017	17,191,918
법인세비용	1,994,421	5,938,934	1,737,460	4,575,899	6,069,732	3,432,875

이렇게 찾아가요!

금융감독원 전자공시시스템(http://dart.fss.or.kr) ▶ 공시서류 검색 ▶ 회사별 검색 ▶ 회사명 입력 ▶ 정기공시 ▶ 사업보고서 또는 분반기보고서 ▶ 11. 재무제표 등 ▶ 조회결과

매출과 영업이익을 알면 영업이익률을 계산해볼 수 있다. 영업이익률은 매출액에 대한 영업이익의 비율을 나타낸 것으로 이 비율이 높을수록 우량회사로 볼 수 있다.

$$영업이익률 = \frac{영업이익}{매출액} \times 100$$

계산해보면 삼성전자의 영업이익률은 약 16.6%다. 국내 제조업 평균 영업이익률(5.6%)과 비교해보면 3배 가까이 높다. 물건

을 판매하고 얻는 이득이 다른 제조업보다 월등히 높고 우량함을 알 수 있다.

그럼 지배구조는 어떠한지 경영권은 안정적인지를 알아보려면 어떻게 해야 할까? 이 역시 금융감독원 전자공시시스템을 활용하면 쉽게 알 수 있다.

[그림 3-13]을 보면 이건희 삼성전자 회장을 비롯해 삼성그룹 계열사 등 특수관계인 지분이 17%가량 되는 것을 알 수 있다. 다음으로 지분을 많이 갖고 있는 곳은 국민연금(6.59%)인데 최대

[그림 3-13] 삼성전자 지분구조 현황

성 명	관 계	주식의 종류	소유주식수(지분율)				변 동 원 인
			기 초		기 말		
			주식수	지분율	주식수	지분율	
이건희	본인	보통주	4,985,464	3.38	4,985,464	3.38	
		우선주	12,398	0.05	12,398	0.05	
삼성물산	특수관계인	보통주	5,976,362	4.06	5,976,362	4.06	
삼성복지재단	특수관계인	보통주	89,683	0.06	89,683	0.06	
삼성문화재단	특수관계인	보통주	37,615	0.03	37,615	0.03	
홍라희	특수관계인	보통주	1,083,072	0.74	1,083,072	0.74	
이재용	특수관계인	보통주	840,403	0.57	840,403	0.57	
삼성생명	특수관계인	보통주	10,622,814	7.21	10,622,814	7.21	
		우선주	879	0.00	879	0.00	
삼성생명 (특별계정)	특수관계인	보통주	389,895	0.26	449,079	0.30	장내매매
		우선주	24,458	0.11	27,829	0.12	장내매매
삼성화재	특수관계인	보통주	1,856,370	1.26	1,856,370	1.26	
제일모직	특수관계인	보통주	9,679	0.01	9,679	0.01	

이렇게 찾아가요!

금융감독원 전자공시시스템(http://dart.fss.or.kr) ◉ 공시서류 검색 ◉ 회사별 검색 ◉ 회사명 입력 ◉ 정기공시 ◉ 분기보고서 ◉ Ⅶ. 주주에 관한 사항 ◉ 조회결과

주주와는 지분 차이가 많이 난다. 게다가 국민연금은 경영권보다는 투자 목적으로 지분을 확보한 것이므로 삼성전자의 경영권은 안정돼 있다는 것을 알 수 있다. 통상 경영권이 안정적이면 그만큼 주가의 변동 가능성이 낮기 때문에 투자해도 크게 손실을 입을 가능성은 낮다는 의미로 해석된다.

이처럼 관심을 가지고 있는 기업이 있다면 전자공시시스템에서 그 회사의 재무 현황은 양호한지, 경영권은 안정적인지를 꼼꼼하게 살펴보고 투자하는 것이 실패를 줄일 수 있는 방법이다.

🔍 한번 찾아보세요

LG그룹의 최대주주는 누구일까?

1) 국민연금공단   2) 구본무 회장
3) LG전자   4) First State Investment Management

정답 구본무 회장 (2

적대적 M&A 위험기업을
미리 알 수 있나요?
- 사업보고서 및 부채비율

자영업을 하면서 주식 투자를 하는 이불안 씨는 요즘 도통 잠이 오지 않는다. A기업은 이 씨가 처음 투자를 했을 때만 해도 괜찮은 회사였는데, 기존 경영인들이 제대로 경영을 하지 못하면서 기업이익이 점차 줄어들고 주주들의 불만도 점점 커지고 있는 상황이다. 더구나 요즘은 적대적 인수합병 M&A설이 솔솔 들려오기까지 한다. 이 씨로서는 큰돈을 투자했는데 불안하지 않을 수 없는 상황이다. A기업의 경영권이 안정적인지 어떻게 알 수 있을까? 어떤 기업이 좋은 기업인지 제대로 알 수 있는 방법은 없을까?

모든 기업이 삼성전자처럼 경영권이 안정적일까? 그렇지는 않다. 경영권이 흔들려 적대적 M&A를 당하는 경우도 있다. 대주주의 지분이 많지 않은 경우, 경영권을 노린 2대 주주 및 관계인들이 주식을 사 모아서 대주주의 경영권을 빼앗을 수도 있다. 적대적 M&A는 상대기업의 동의 없이 강행하는 기업의 인수와 합병을 뜻하고 통상 공개매수Tender Offer나 위임장 대결Proxy Fight의 형태를 취한다.

공개매수란 단기간에 의도한 가격으로 대량의 주식을 공시해 매집하는 것인데 인수대상 기업도 적극적으로 맞대응을 하기 때문에 그 과정에서 주가가 오른다. 그래서 시세차익을 노리는 공개매수도 생기고, 주식을 매집한 후 경영권을 담보로 대주주를 협박하며 이미 매집한 주식을 비싼 값에 되파는 그린메일 Greenmail도 있을 수 있다. 또 하나의 방법인 위임장 대결이란, 주주총회에서 의결권을 가지고 있는 위임장을 보다 많이 확보해서 현 이사진이나 경영진을 갈아 치우는 방법이다. 적대적 M&A에 대항하기 위한 방어책으로는 인수자의 매수자금에 부담을 주는 방법과 재무적인 전략, 회사정관을 이용한 전략 등이 있다.

적대적 M&A가 가시화되면 주주총회 시즌 전에 '지키려는 자'와 '뺏으려는 자'가 치열한 신경전을 벌이기도 한다. 예를 하나 들어보자. 셋톱박스 업체인 A사의 전 최대주주인 김 씨(현 대표이사)는 주주 개인 자격으로 임시주총에서 현 최대주주인 장 모 씨의 의결권을 제한하는 내용의 의결권행사금지 가처분 신청을 서울동부지방법원에 제출했다. 김 모 씨는 현 경영진의 무능함으로 회사가 손해를 보고 있다며 경영권 획득에 의지를 보였다. 한편 같은 날 B사 최대주주인 이 모 씨는 의결권을 공동 행사키로 한 소액주주 커뮤니티 N사와 함께 소액주주들의 의결권 대리행사를 권유하는 참고서류를 공시했다. 이 씨의 주장 또한 A사 전 최대주주 측의 입장과 유사했다. 이 씨는 현 경영진이 독단적으로 경영을 하고 있어 이 씨 본인이 나서서 직접 경영권을 확보해 회사를 살려보겠다고 말했다. 이 씨는 다음 달 정기주총 일정이 확정되자, 경영권 쟁탈전에 적극적으로 뛰어들었다.

이처럼 적대적 M&A에 시달리는 회사의 주가는 크게 하락하거나 크게 상승할 수 있기 때문에 투자할 때 유의해야 한다. 통상 적대적 M&A 소식이 알려지면 주가는 급등한다. 적대적 M&A를 시도하려는 측과 경영권을 방어하려는 측에서 서로 지분 확보에 열을 올리기 때문이다. 하지만 반대로 주가가 크게 하락할 수도 있다. 더 이상 주가가 오르지 않으면 현재 수익을 현실화하려는 투자자들이 많아지면서 주식을 내다 팔기 시작한다. 이렇게 되면 주가는 급락할 가능성이 높다. 결국 주가 변동 폭이 크기 때문에 이런 회사에 투자하는 것은 위험하다는 얘기다. 적대적 M&A에 노출될 가능성, 경영권 불안정 등의 징조는 어디서 알아볼 수 있을까? 이번에도 전자공시시스템을 이용하면 경영권이 안정적인지를 확인할 수 있다.

적대적 M&A를 당한 기업의 지분구조를 살펴보면, 해당 기업의 지분구조가 취약했음을 알 수 있다. 2012년 '미원상사'에 적대적 M&A를 당한 '동남합성'의 사례를 살펴보자. 이 두 회사는 세제 등에 들어가는 계면활성제를 생산하는 화학업체인데 동종업계의 적대적 M&A 사례로 관심을 모았다.

일단 적대적 M&A를 당하기 전 동남합성의 지분구조를 살펴보도록 하자. 전자공시시스템에 들어가 2011년 한 해 동안의 사

[그림 3-14] 동남합성 사업보고서

사 업 보 고 서

(제 47 기)

사업연도   2011년 01월 01일   부터
2011년 12월 31일   까지

금융위원회
한국거래소 귀중   2012년   3 월 30 일

회 사 명: 주식회사 동남합성
대 표 이 사: 이 지 희
본 점 소 재 지: 인천광역시 부평구 청천1동 385-1
(전 화) 032)450-3700
(홈페이지) http://www.dongnamchem.com
작 성 책 임 자: (직 책) 상무   (성 명) 안 현 관
(전 화) 032) 450-3720

이렇게 찾아가요!

금융감독원 전자공시시스템(http://dart.fss.or.kr) ● 공시서류 검색 ● 회사별 검색 ● 회사명 입력 ● 정기보고서 ● 사업보고서 ● 조회결과

업을 주주들에게 보고하는 사업보고서를 찾아보면 된다. [그림 3-14]의 사업보고서(2011년 말 기준)를 보니 창업주인 고^故 이의갑 명예회장의 맏딸 이지희 부회장이 대표이사를 맡고 있음을 알 수 있다.

경영권을 행사하고 있는 대표이사를 확인했으니 이번엔 주주

현황을 살펴보자. [표 3-1]을 보면 대표이사인 이지희 부회장 지분은 5.63%에 불과하다. 그런데 여동생인 이주희 씨가 8.77%의 지분을 갖고 있다. 그리고 미원상사는 이미 2008년부터 꾸준히 주식을 사모아 주요 주주로 등극했다. 경영권을 두고 3각 경쟁 구도를 형성한 것이다.

결국 이지희 대표는 미원과 손을 잡았다. 동생인 이주희 씨가 경영권을 행사할 것을 우려했기 때문이다. [표 3-2]의 적대적 M&A 이후의 주주 현황을 살펴보면 이지희 대표의 지분은 사라지고 미원화학과 미원상사의 지분이 크게 늘어나면서 두 회사가 26%가 넘는 지분을 확보한 것을 볼 수 있다. 이로써 경영권

[표 3-1] 적대적 M&A 전 주주 현황(2011년 12월 31일 기준) (단위: 주, %)

구분	주주명	소유주식 수	지분율
5% 이상 주주	미원화학(주)	163,188	12.77
	이주희	112,151	8.77
	조병완	75,000	5.87
	이지희	71,914	5.63
우리 사주 조합		-	-

[표 3-2] 적대적 M&A 이후 주주 현황(2012년 9월 30일 기준) (단위: 주, %)

구분	주주명	소유주식 수	지분율
5% 이상 주주	미원화학(주)	250,000	19.56
	이주희	112,151	8.77
	미원상사(주)	87,873	6.87
	조병완	75,000	5.87
	태광정밀화학(주)	72,431	5.67
우리 사주 조합		-	-

분쟁은 일단락되었다.

기업의 재무제표를 찾고 확인하는 것만으로 기업분석이 끝나는 것은 아니다. 좋은 기업과 나쁜 기업을 선별하는 척도로 활용되는 지표가 있는데, 이것까지 확인을 해야 그 기업에 대해 제대로 안다고 말할 수 있다.

먼저 부채비율Debt ratio을 봐야 한다. 부채비율이 낮을수록 좋은 회사인데, 부채비율이 낮다는 것은 쉬운 말로 빚이 적다는 의미다. 부채비율이 낮을수록 기업의 재무구조는 안정적이다. 그런데 무조건 빚을 지지 않는 것이 상책은 아니다. 기업의 투자수익률이 이자율을 웃돈다면 금융기관에서 자금을 빌리거나 채권을 발행해 자금을 조달하는 것이 자기자본을 늘리는 것보다 유리할 수 있다. 이런 점을 감안해 일반적으로 부채비율 200%까지는 양호한 수준으로 보는 것이 대체적인 시각이다. 1,000%가 넘어가면 해당 기업이 자본금까지 까먹고 자본잠식에 빠질 위험이 있으니 주의해야 한다. 부채비율은 부채총계를 자기자본으로 나눈 후 100을 곱해 구한다.

$$부채비율 = \frac{타인자본(부채총계)}{총자본(자본총계)} \times 100$$

다음으로는 총자산이익률ROA을 살펴보아야 한다. 이 지수가 높을수록 좋은 회사이다. 총자산이익률은 총자산에서 당기순이익이 차지하는 비율을 나타내는 지표로, 총자산은 자기자본과 타인자본의 합인 총자본과 같기 때문에 총자본순이익률이라고도 한다. 이 비율이 높다는 것은 자산에 비해 이익이 많다는 의미다. 쉽게 말해 수익성이 높다는 뜻이므로 자산을 매우 효율적으로 운용하고 있다고 평가할 수 있다.

다음으로 살펴볼 지수는 매출액총이익률Gross Profit on sales이다. 이 지수가 10% 이하면 나쁜 회사다. 매출액총이익률은 매출액에서 매출원가(제품과 서비스를 만들고 판매하는 데 들어간 비용)를 뺀 매출총이익이 매출액에서 차지하는 비율이다. 쉽게 말해 기업의 마진율을 알 수 있는 지표다. 이 비율이 10% 이하라면 일반적으로 당기순이익이 마이너스여서 적자라는 의미이다. 매출액총이익률은 매출총이익을 매출액으로 나눈 후 100을 곱해 구한다.

$$\text{매출액총이익률} = \frac{\text{매출총이익}}{\text{매출액}} \times 100$$

상장 폐지 가능성이 있는 기업들도 주의해야 한다. 가끔 주식 게시판을 보면 상장 폐지 예정기업에 대해 상장 폐지 반대를 외치는 소액주주들의 글을 볼 수 있다. 여기서 말하는 상장 폐지란 해당 종목이 더 이상 주식 거래에 적합하지 않아 거래를 중단한다는 뜻이다. 이러한 상장 폐지의 조건은 여러 가지가 있는데, 이런 조건에 해당되는 기업이라면 주식을 매수해서는 안 된다. 상장 폐지가 되면 보유주식이 휴지조각이 되어 투자금을 회수하기 어렵기 때문이다.

첫째, 회사가 정기보고서를 제출하지 않으면 상장 폐지를 당할 수 있다. 둘째, 회계 감사를 받았을 때 부적정 또는 의견 거절을 받아도 상장 폐지가 될 수 있다. 보통 부적정이나 의견 거절의 검토 의견은 회사가 회계 감사에 필요한 정보를 제공해주지 않았거나 분식회계 등의 비리가 드러났을 때 받는다. 그 밖에도 자본금 50% 이상 잠식 상태가 2년 연속 지속되거나, 지분율 10% 미만이 2년 연속 지속될 경우, 2반기 연속 거래량이 전체 주식 수의 1% 미만인 경우에도 상장 폐지를 당할 수 있다. 상장 폐지 실질심사를 통해 상장가치가 없다는 판정을 받아도 상장이 폐지될 수 있다.

이런 상장 폐지 기업은 한국거래소의 상장 폐지 기업 목록을 보면 알 수 있다.

지난해의 경우 코스피와 코스닥에서 50개 이상의 종목이 상장 폐지를 당했다. 상장 폐지를 당하더라도 유예기간 동안 임시 거래가 가능하고, 그 기간이 지나면 38커뮤니케이션(http://www.38.co.kr), 와스톡(http://www.wastock.co.kr), 피스톡

(http://www.pstock.co.kr) 등의 장외시장에서 직접거래를 할
수는 있다. 하지만 보통 한 번 상장 폐지된 기업이 다시 상장되
는 경우는 극히 드물기 때문에 투자금을 회수하기란 거의 불가
능하다.

🔍 한번 찾아보세요

다음 코스닥 종목 중 상장 폐지된 회사가 아닌 것은?

1) 중국고섬 2) 신민저축은행 3) 대한은박지 4) 중국원양자원

행은춘저민신 (2

은행 예적금 금리는
어디가 제일 높죠?
- 예적금 및 대출 금리

현재 전세에 거주하고 있는 결혼 5년차 주부 송비교 씨는 아이가 생긴 후, 집을 구입하는 것이 좋겠다는 생각이 들었다. 내 집 마련에 필요한 목돈을 마련하는 가장 안전한 방법은 뭐니 뭐니 해도 역시 은행 예적금. 그런데 금리가 가장 높은 은행은 어딜까? 저축은행도 5,000만 원 이하면 위험하지 않다던데 금융기관별로 예적금 금리를 비교해볼 수는 없을까? 또 예적금 금액이 충분치 않으면 대출도 받아야 할 텐데, 어떤 은행의 수수료가 제일 저렴한지 알 수 있는 방법은 무엇일까?

목돈 마련을 위한 금융상품을 선택할 때 가장 중요한 것이 바로 '이자'다. 우리가 일정기간 맡긴 돈은 금융기관이 책정한 이자율에 따라 배로 불어날 수도 있고 원금 수준에 머무를 수도 있기 때문이다. 금융기관마다 이자율을 다르게 책정하고 있기 때문인데, 상품 가입 전에 꼼꼼히 따지고 비교해봐야 한다.

특히 최근에는 저금리 기조가 이어져 예금자 입장에서는 어떤 상품을 선택해야 할지 더욱 고민스러워졌다. 금융기관 또는 금융상품별로 금리 차이가 더 커졌기 때문이다. 이럴 때 유용한

[그림 3-15] 전국은행연합회에서 예금 금리 비교하기(2014년 1월 기준)

검색결과

12개월 ▼ 정렬   * 선택한 금리가 높은 은행순으로 리스트가 됩니다. 엑셀출력

은행	상품명	금리(%)						은행 확인일
		1개월	3개월	6개월	12개월	24개월	36개월	
전북	JB다이렉트예금통장			3.10				2014-02-17
↳ 가입대상 JB 다이렉트 입출금통장을 보유한 실명의 개인 개인사업자(임의단체 제외), 1계좌당 1백만원이상 5억원이하로하며 1인당 가입최고한도10억원이하								
산업	KDBdirect/Hi정기예금			2.90				2014-01-16
↳ 〈개인(개인사업자,임의단체제외)가입〉〈모든은행 CD/ATM 출금 및 이체수수료 면제〉								
제주	사이버우대정기예금	2.50	2.60	2.70	2.90	2.95	3.00	2014-01-16
↳								
부산	e-푸른바다정기예금	2.10	2.40	2.50	2.80	2.90	3.00	2014-01-21
↳ 인터넷 가입 상품입니다.								
대구	Smart업지예금		2.55	2.60	2.77			2014-02-18
↳ 스마트폰전용, 거래조건에 따라 최고 0.2% 까지 우대금리 추가 지급								
대구	9988예금		2.55	2.60	2.77	2.90	3.00	2014-02-18
↳ 가입대상은 9988통장을 보유한 개인								
산업	KDBdream 정기예금		2.50	2.75	2.75			2014-01-16
↳ 〈개인(개인사업자,임의단체 포함)가입〉/								
수협	사랑해나누리예금	2.20	2.40	2.50	2.75			2014-01-16
↳ 예금평균잔액 일부를 전액 수협부담으로 어촌복지기금으로 적립하는 공익상품이며, 기부금영수증, 헌혈증, 자원봉사증 등을 제시하시면 최대 0.1% 금리우대해 드리는 상품입니다.								
부산	BIG 3 정기예금(CD연동금리)			2.67	2.71			2014-01-21
↳ 6개월:CD91일물+0.02%, 12개월:CD91일물+0.06%								

이렇게 찾아가요!

전국은행연합회(http://www.kfb.or.kr) ➡ 은행업무정보 ➡ 은행금리비교 ➡ 예금금리 ➡ 조회결과

것이 전국은행연합회의 금리비교 시스템이다. 이 시스템을 이용하면 정기 예적금부터 주택청약부금, 재형저축까지 은행별로 금리비교가 가능하다.

[그림 3-15]처럼 1년 만기 정기예금 금리를 비교해보니 전북은행의 'JB다이렉트예금통장'이 3.10%로 금리가 가장 높았다. 다음으로는 산업은행의 'KDBdirect/Hi정기예금'과 제주은행의 '사

이버우대정기예금'이 두 번째로 예금 금리가 높았다. 금리가 가장 낮은 예금상품은 수협의 '사랑해정기예금(2.05%)'으로 전북은행의 예금상품과 1.05%가량 차이가 난다.

1년 만기 정기적금 금리 역시 전북은행의 'JB다이렉트적금'이 3.42%로 가장 높고 광주은행의 '사이버우대적금'과 부산은행의 'e-푸른바다적금', 전북은행의 '정기적금', 제주은행의 '제주탑스허니문통장'이 3%로 뒤를 이었다.

그렇다면 저축은행의 예적금 금리는 어떨까? 최근 부실대출로 일부 저축은행의 영업이 정지되는 사건이 발생하기도 했지만 5,000만 원 미만의 예금은 예금자보호법에 의해 보호되기 때문에 소액이라면 저축은행을 이용해도 크게 무리가 없다. 통상 시중은행보다 저축은행의 예적금 금리가 높기 때문에 장단점을 잘 비교해보고 고르는 것이 좋다.

저축은행 금리는 저축은행중앙회에서 비교해볼 수 있다. [그림 3-16]처럼 1년 만기 정기예금 금리를 비교해보니 대구 경북 참저축은행이 3.20%로 가장 높음을 알 수 있다. 전북은행의 정기예금 금리 3.10%보다 0.10%p 높았으며, 1년 만기 정기적금 역시 대구 참저축은행이 4.20%로 가장 높았다. 시중은행과 비교하면 전북은행(3.42%)보다 0.78%p가량 높은 수치다. 그다음으로는 유니온저축은행이 4.10%로 뒤를 잇고 있다.

다만 저축은행은 지역에 따라 없는 곳이 많기 때문에, 지역별

[그림 3-16] 저축은행중앙회에서 저축은행 금리 비교하기(2013년 12월 기준)

• 저축은행 금리   🖨 인쇄하기 | 🗎 엑셀다운

| 전체 | 서울 | 부산 | 대구/경북 | 인천/경기 | 광주/전남 | 대전/충남 | 울산/경남 | 강원 | 충북 | 전북 | 제주 |

* 해당 저축은행 금리는 참고용이므로 정확한 금리는 각 저축은행 홈페이지 및 지점에서 확인하세요.

지역 ▲▼	은행명 ▲▼	정기예금 (1년) ▲▼	정기적금 (1년) ▲▼	신용부금 (1년) ▲▼	표지어음 (90일) ▲▼	전화번호	등록일자
대구/경북	참	3.20	4.20	4.00	-	053-720-7318	2013-12-22
울산/경남	조흥	3.16	4.00	4.00	-	055-645-4411	2013-12-22
대구/경북	유니온	3.16	4.10	-	2.00	053-256-4000	2013-12-22
대전/충남	서일	3.10	3.30	3.30	-	041-664-7777	2013-12-22
충북	한성	3.00	3.70	3.70	2.00	043-730-0500	2013-12-22
충북	청주	3.00	4.00	4.00	3.00	043-256-9114	2013-12-22
충북	대명	3.00	3.10	1.25	-	043-640-5118	2013-12-22
대구/경북	드림	3.00	3.80	3.50	2.50	053-663-5025	2013-12-22
대전/충남	세종	3.00	3.80	3.80	-	041-901-0155	2013-12-22
대전/충남	오투	3.00	3.80	-	-	1661-0022	2013-12-22
광주/전남	골든브릿지	3.00	3.80	3.80	2.20	061-660-0115	2013-12-22
인천/경기	SBI 4	3.00	4.00	3.50	2.55	02-1566-2240	2013-12-22
대구/경북	엠에스	3.00	4.00	3.80	-	053-742-4411	2013-12-22
대구/경북	대백	3.00	3.50	3.50	2.00	053-742-3301	2013-12-22
인천/경기	안국	3.00	4.00	4.00	-	031-941-7271	2013-12-22
광주/전남	더블	3.00	3.90	-	-	062-223-5506	2013-12-22
광주/전남	동양	3.00	3.60	3.60	2.20	062-720-0800	2013-12-22

이렇게 찾아가요!

저축은행중앙회(http://www.fsb.or.kr) ❺ 금융상품 ❺ 예금안내 ❺ 예금금리 보기 ❺ 조회결과
◀

로 금리를 살펴보는 것이 좋다. 서울 지역에서는 SBI저축은행(옛 현대스위스저축은행)의 1년 만기 적금 금리가 4.00%로 가장 높고, 그 뒤를 스카이, 아주, 현대저축은행이 3.90%로 잇고 있다.

송비교 씨의 경우 내 집 마련을 계획하고 있기 때문에, 은행 예적금만으로는 예산이 부족할 수 있다. 이럴 때 대출을 고민해볼

수 있는데 대출 금리 역시 전국은행연합회 금리비교 시스템으로 알아볼 수 있다.

신용등급 4등급인 A씨가 집을 마련하기 위해 은행에서 분할상환방식의 주택담보대출을 받고 이를 10년간 나눠서 갚기로 했다고 가정해보자. 어떤 은행의 대출 금리가 가장 낮을까.

[그림 3-17]은 전국은행연합회에서 은행대출 금리를 비교해본 것이다. 대출 금리를 비교해보니 농협이 3.59%로 가장 낮음을

[그림 3-17] 전국은행연합회에서 은행대출 금리 비교하기(2013년 12월 기준)

② 공시년월 [2013 ▾] 년 [12 ▾] 월   은행이름 [▾]   □부터정렬 [▾]   검 색 ◉

● 분할상환방식 주택담보대출(만기 10년 이상) 신용등급별 금리현황 (단위 : %)   🗷 엑셀출력

은행	구분	신용등급별 금리						참고사항
		1~3등급	4등급	5등급	6등급	7~10등급	평균금리	
경남	대출금리	3.75	3.75	3.75	3.82	3.81	3.77	
광주	대출금리	3.54	3.61	3.61	3.73	3.83	3.64	
국민	대출금리	3.68	3.79	3.85	3.91	4.00	3.82	
기업	대출금리	3.93	3.96	4.02	3.95	4.28	3.96	
농협	대출금리	3.55	3.59	3.62	3.67	3.73	3.59	
대구	대출금리	3.76	3.79	3.78	3.86	3.90	3.79	
부산	대출금리	3.87	3.85	3.95	3.97	3.93	3.89	
산업	대출금리	3.92	0.00	0.00	4.56	0.00	4.05	
수협	대출금리	3.91	3.95	4.28	3.95	4.21	4.06	
신한	대출금리	3.65	3.71	3.81	3.89	3.97	3.70	
외환	대출금리	3.85	3.86	3.88	3.88	4.03	3.86	
우리	대출금리	3.50	3.63	3.66	3.71	3.75	3.57	
전북	대출금리	3.86	3.91	3.99	4.02	0.00	3.96	
제주	대출금리	3.62	3.80	3.82	0.00	3.83	3.69	
하나	대출금리	3.85	3.93	3.94	3.95	4.01	3.91	
한국SC	대출금리	3.79	3.93	4.03	4.14	4.41	3.85	
한국씨티	대출금리	3.60	3.64	3.71	3.74	3.71	3.62	

이렇게 찾아가요!

전국은행연합회(http://www.kfb.or.kr) ◐ 은행업무정보 ◐ 은행금리비교 ◐ 가계대출금리비교공시 ◐ 대출종류: 분할상환방식 주택담보대출 ◐ 조회결과

알 수 있다. 뒤를 이어 광주은행(3.61%), 우리은행(3.63%), 한국씨티은행(3.64%)의 대출금리가 낮다.

그렇다면 저축은행은 어떨까. 저축은행은 예적금 금리가 높은 대신 대출 금리는 시중은행보다 높은 편이다. 시중은행보다 신용등급이 낮은 고객들이 대출받기가 수월하기 때문에 상대적으로 높은 금리를 책정하는 것이다. 그렇기 때문에 신용등급이 낮은 경우가 아니라면 저축은행보다는 시중은행에서 대출을 받는 것이 좋다. 대출금리도 저축은행중앙회에서 은행별로 상세히 비교해볼 수 있다.

대출받을 은행을 정했다면 그다음에는 고정 금리와 변동 금리 중에서 하나를 선택해야 한다. 대출기간 동안 대출 금리가 떨어질 것으로 예상된다면 변동 금리를, 대출 금리가 오를 것으로 예상되면 고정 금리로 대출을 받는 것이 유리하다. 즉 변동 금리는 금리 변화에 따른 위험을 고객이 감수하고, 고정 금리는 은행이 위험을 감수하는 방식이다.

주택담보대출 고정 금리는 국고채 금리를 기준으로, 변동 금리는 코픽스COFIX를 기준으로 한다. 코픽스란 예금은행의 자금조달비용을 반영해 산출하는 주택담보대출 기준금리로 2010년 2월 16일 처음 도입됐다. 은행연합회가 시중 9개 은행의 자금조달 금리를 취합한 뒤, 은행별 조달잔액을 참작해 가중평균 금리를 구하는 방식으로 산출되는데 매월 15일 발표한다. 코픽스 산출의 기준이 되는 은행의 자금조달원에는 정기예적금, 주택부금, 양도성예금증서CD, 금융채 등이 포함되고, 금리가 낮은 요구불예금과 수시입출식 예금은 제외된다. 각 은행은 여기에 조달비용과 마진을 반영한 가산금리를 붙여 실제 대출 금리를 정한다.

그렇다면 대출 금리 기준이 되는 코픽스 금리는 어디서 확인할 수 있을까? 전국은행연합회에서 확인할 수 있다. 또 매달 발표하기 때문에 월별 추이도 살펴볼 수 있다. [그림 3-18]을 보면 2014년 1월 기준 코픽스 금리(신규취급액 기준)는 2.64%로 1년

[그림 3-18] 코픽스 금리 찾아보기

이렇게 찾아가요!

전국은행연합회(http://www.kfb.or.kr) ❶ 빠른메뉴 보기 ❷ COFIX ❸ 조회결과

[그림 3-19] 3년 만기 국고채 금리 알아보기(2013년 12월 기준)

▸▸ 차트보기	(단위:%)
일자	국고채권 (3년)
최고	3.640
최저	2.440
2013/12/31	2.858
2013/12/30	2.858
2013/12/27	2.834
2013/12/26	2.883
2013/12/24	2.887
2013/12/23	2.881
2013/12/20	2.878
2013/12/19	2.893

이렇게 찾아가요!

금융투자협회(http://www.kofiabond.or.kr) ◑ 채권정보센터 ◑ 채권 금리 ◑ 기간별 ◑ 종류 선택: 국고채 3년 ◑ 조회결과

여 전인 2013년 1월 2.99%에 비해 크게 하락했음을 알 수 있다.

고정 금리는 3년 만기 국고채 금리를 기준으로 하는데, 그 추이는 금융투자협회에서 운영하는 채권정보 사이트에서 확인할 수 있다. [그림 3-19]를 보면 2013년 12월 말 기준 3년 만기 국고채 금리는 2.85% 수준인데, 신규취급액 기준 코픽스 금리보다 높음을 알 수 있다. 2013년 기준 코픽스 금리가 큰 폭으로 하락하고 있는 반면, 3년 만기 국고채 금리는 2.5%에서 2.85%로 오히려 상승했다. 이러한 점을 감안하면 단기간을 놓고 봤을 때는 고정 금리보다 변동 금리가 더 유리하다고 예상할 수 있다. 하지만 최근 미국이 양적완화를 단계적으로 축소하고 있기 때문

에 한국은행이 기준금리를 인상할 수 있다는 점까지 감안하여 고정 금리를 선택할지, 변동 금리를 선택할지 잘 판단해보는 것이 좋다.

예적금 금리나 대출 금리뿐만 아니라 은행 수수료도 비교해볼 수 있다. [그림 3-20]처럼 2,000만 원을 타행으로 송금할 경우 각 은행별 수수료를 비교해보면, 창구를 이용할 때는 3,000원으로 모두 동일하고 자동화기기를 이용할 때는 기업은행, 하나은행이 제일 저렴하다. 산업은행은 인터넷뱅킹, 텔레뱅킹 등을 이용할 때는 수수료가 면제된다.

대출 관련 제증명서 발급수수료는 2,000~3,000원으로 비슷하

[그림 3-20] 은행 수수료 비교하기

➔ 검색결과

은행	창구이용	자동화기기		인터넷뱅킹	텔레뱅킹 (ARS이용시)	모바일뱅킹
		마감전	마감후			
경남	3,000	700	900	500	500	500
국민	2,500	1,000	1,000	500	500	500
기업	3,000	700	700	500	500	500
농협	3,000	900	1,000	500	500	500
대구	3,000	750	1,000	500	500	500
부산	3,000	500	1,000	500	500	500
산업	3,000	800	800	면제	면제	면제
수협	3,000	850	1,100	500	500	500

이렇게 찾아가요!
전국은행연합회(http://www.kfb.or.kr) ➔ 은행업무정보 ➔ 은행수수료비교 ➔ 전체 은행 선택 ➔ 조회결과

지만 대출 중도상환 수수료율은 은행마다 차이가 있다. 중도상환 수수료는 만기 이전에 은행 대출원금의 일부라도 갚으면 물어야 하는 비용인데, 현재 시중은행 중 신한, 우리, 하나, 기업은행은 대출의 종류에 관계없이 1.5%의 중도상환 수수료를 받고 있다. 통상 주택담보대출은 대출을 받은 후 3년 안에 원금을 상환하면 1.5%의 수수료율이 적용되어, 잔존일수에 따라 중도상환 수수료를 물어야 한다. 농협은 1.4% 수준이다. 예를 들어 변동금리로 2억 원의 주택담보대출을 받은 소비자가 사정이 생겨서 한 달 만에 원금을 모두 갚는다면 약 280만 원, 1년 만에 상환하면 200만 원, 2년 만에 상환하면 100만 원을 수수료로 내야 한다. 국민은행과 부산은행은 최저 0.5~0.7%로 수수료율이 가장 낮고 경남은행과 전북은행, 한국씨티은행이 최고 2%로 수수료가 가장 비싸다.

그 밖에 외환 수수료율도 비교해볼 수 있으니 꼼꼼하게 비교해보자.

🔍 한번 찾아보세요

코픽스 금리를 알아보자. 2014년 1월의 잔액 기준 코픽스 금리는 얼마일까?

1) 2.54%   2) 2.66%   3) 2.86%   4) 3.02%

3) 2.86%

어떤 저축보험이
이자를 제일 많이 주나요?
- 저축보험 공시이율

아내와 함께 서울에서 편의점을 운영하는 40대 김안심 씨는 장기 저축보험을 가입하려 한다. 요즘 예금상품의 금리가 너무 낮기 때문이다. 그런데 워낙 상품이 다양하고 사람들이 저마다 각기 다른 상품을 추천해서 무엇을 골라야 할지 난감할 따름이다. 더구나 일부 변액보험은 10년이 지나도 원금을 보장받지 못하는 경우가 많다고 하니 불안한 마음도 든다. 이럴 때는 어떤 상품을 골라야 할까? 보험사별, 금융사별로 수익률과 사업비 등을 비교해볼 수는 없을까?

저금리가 지속되면서 장기적으로 목돈을 마련할 수 있는 저축보험 상품이 인기를 끌고 있다. 저축보험은 통상 10년 이상의 장기투자 상품으로 비과세 혜택을 받을 수 있다는 점이 매력적이다. 또한 복리複利로 이자가 붙기 때문에 오래 가입할수록 유리하다. 하지만 보험사별로 상품이 워낙 다양한 데다가 용어도 어려워서 어떤 상품을 선택해야 할지 혼란스러워하는 사람들이 많다.

먼저 저축보험을 고를 때 가장 기본적으로 고려해야 할 요소가 '금리'다. 보험사에서는 이를 공시이율公示利率이라고 하는데 보험회사가 자사의 운용자산이익률과 객관적인 외부지표 수익률이 반영된 공시기준이율에 회사별 조정률을 감안해 일정기간(매월, 분기별, 매년 등)마다 고객의 보험금에 적용하는 이율을 말한다. 공시이율이 높을수록 보험 고객이 만기에 받는 환급금이나 중도해약 환급금이 커진다.

이런 공시이율은 어디서 알아볼 수 있을까? 이런저런 사이트가 많지만 가장 믿을 수 있는 곳은 '생명보험협회'와 '손해보험협회'의 통계시스템이다. 먼저 생명보험사가 운영하는 저축성 상품 중 금리연동형 상품의 공시이율을 살펴보자.

[그림 3-21] 금리연동형 상품 공시이율 찾아보기

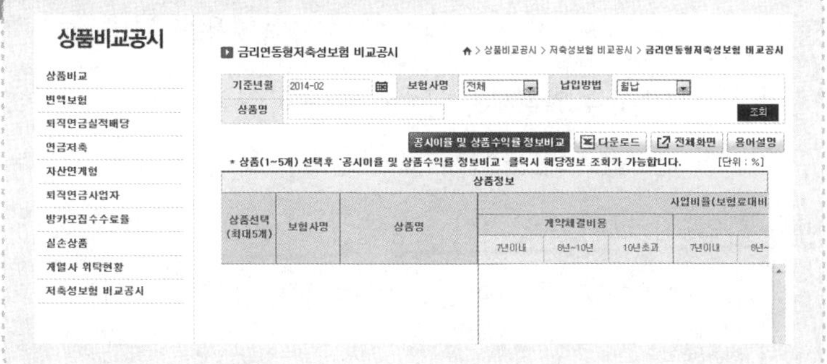

이렇게 찾아가요!
생명보험협회 공시실(http://pub.insure.or.kr) ● 상품비교공시 ● 저축성보험 비교공시 ●
금리연동형저축성보험 ● 공시이율 및 상품수익률 정보비교 ● 조회결과

[표 3-3] 금리연동형 상품의 공시이율 비교하기

보험사명	상품명	현재공시이율	최저보증이율	사업비율(보험료대비) 계약체결비용			위험보장(보험료대비) 사망보험금 등
				7년 이내	8~10년	10년 초과	
미래에셋	파워Rich저축보험(무)1307	4.08	2.5%(5년 미만), 2.0%(5년 이후 10년 미만), 1.5%(10년 이후)	5.65	3.55	-	사망보험금 600만 원, 장해지급률 80% 이상
농협	(무)NH행복더드림저축보험	3.95	2.5%(10년 이내), 1.5%(10년 초과)	4.2	2.65	-	300만 원

미래에셋생명의 '파워Rich저축보험'과 농협생명의 '(무)NH행복더드림저축보험'을 비교해보니 '파워Rich저축보험'의 공시이율이 4.08%로 '(무)NH행복더드림저축보험'의 3.95%보다 0.13%포인트 높다는 것을 알 수 있다.

공시이율은 미래에셋생명이 높지만 거기서 확인을 끝내서는 안 된다. 공시이율을 확인한 다음에는 사업비용도 감안해야 한다. 고객이 내는 보험료(납입보험료)는 보험금 지급용으로 분류되는 위험보험료와 보험사가 보험모집 등 영업활동에 쓰는 비용(사업비), 그리고 만기환급 등을 위해 쌓아놓는 적립금으로 구분되기 때문이다. 공시이율은 이 중 적립금에 부과되는 금리의 일종이다.

사업비율은 미래에셋생명이 7년 이내 5.65%로 농협 상품의 4.20%에 비해 훨씬 높다. 즉, 더 많은 돈을 떼어간다는 뜻이다. 하지만 사망보험금이 600만 원으로 더 높다. 그러니까 미래에셋생명은 이율이 높고 위험보험료가 높지만, 사업비 역시 높다는 점을 감안하여 어떤 상품이 자신에게 적합한지 꼼꼼히 따져봐야 한다.

더불어 요즘처럼 금리 변동이 심할 때는 최저보증이율도 잘 살펴봐야 한다. 최저보증이율이란 시중지표금리 및 운용자산이익률이 하락하더라도 보험회사가 일정 이율 이상의 금리는 보장하도록 정한 최저한도이율을 말한다. 보험회사는 금리연동형 상품에는 공시이율과 별도로 최저보증이율을 설정해야 한다. 최저보증이율은 농협 상품이 10년 이내에 2.5%로 미래에셋

[그림 3-22] 자동차보험료 비교하기

이렇게 찾아가요!

손해보험협회 공시실(http://kpub.knia.or.kr) ◐ 자동차보험공시 ◐ 자동차보험료 ◐ 조회결과

상품보다 유리하다.

은행에서도 보험에 가입할 수 있다. 금융기관에서 판매하는 보험을 방카슈랑스라고 하는데, 방카슈랑스도 별도의 수수료를 받는다. 이 때문에 어떤 금융기관의 수수료율이 가장 저렴한지도 비교해봐야 한다. 생명보험협회와 손해보험협회 공시실을 통해 금융기관의 수수료를 비교해볼 수 있다.

지금까지 저축성보험의 공시이율에 대해서 알아봤다. 그렇다면 이제 우리가 가장 자주 접하는 자동차보험을 비교해보도록 하자. 자동차보험을 싸게 가입하려면 필수적으로 보험료를 조회하여 비교해보아야 한다. 손해보험협회의 자동차보험료 비교 조회 사이트에서 가입 조건을 입력하고 최저가로 조회된 손해보험사를 찾으면 된다.

기본적인 사항이지만 보험료와 이율 등을 감안한 후 보험을 계약할 때는 상품설명서와 약관 등을 확인하여 보험상품의 보장내용, 특약 등을 잘 따져보아야 한다.

🔍 **한번 찾아보세요**

삼성생명의 저축보험 공시이율을 알아보자. 2014년 1월 기준 삼성 생명 스마트저축보험의 공시이율은 얼마일까?

1) 3.90%   2) 3.95%   3) 4.00%   4) 4.05%

2) 3.95%

제 **4** 장

부동산

데이터를 알면 **내 집 장만의 길**이 보인다

아파트의 실제 매매가격은
얼마일까요?
– 부동산 실거래가

결혼 5년차인 공성실 씨는 그동안 맞벌이 부부로 전세에 살면서 알뜰살뜰 돈을 모았다. 이제 어느 정도 자금이 모여 집을 사려고 하는데, 공성실 씨와 남편 회사에서 가까운 영등포구 당산동의 강변래미안아파트 구입을 고려하고 있다. 그런데 아파트 가격이 대충 얼마쯤인지, 실제 거래된 가격이 궁금해졌다. 그래야 집주인과 협상이 가능할 것이기 때문이다. 제대로 알아보지도 않고 집주인이 달라는 대로 주고 샀다가 나중에 후회할 일은 만들고 싶지 않았다. 그리고 만약 임대로 들어갈 경우를 대비해, 전세와 월세 비용이 어떻게 되는지도 알고 싶었다. 그렇다면, 이런 정보는 어디서 어떻게 알아볼 수 있을까?

부동산 거래에서 가장 기본이 되는 데이터는 실거래가다. 주인이 부르는 호가呼價나 주변에서 생각하는 시세와 달리 실거래가는 실제 계약이 성사된 가격이기 때문에 이보다 더 정확한 부동산 가격 정보는 없다.

실거래가 정보의 신고는 법으로 정해진 의무사항이다. 만약 홍길동 씨가 아파트를 사기 위해 매매계약을 체결했다면, 부동산 중개업자는 매매 체결된 내용을 중개업소에 설치된 '부동산 거래시스템'에 입력한다. 이 정보는 지자체로 들어가고, 이어 국토교통부 전산망에 저장된다. 정부는 '부동산 거래의 정확한 정보를 소비자에게 제공하기 위해' 실거래가 공개 홈페이지를 운영한다.

이러한 실거래가 신고는 2006년에 도입되었다. 집값 폭등 때 호가가 과도하게 높아지자 정부는 이 실거래가 정보를 공개하기로 했고, 거래가격을 낮춰 신고하는 '다운계약서'에 대해서도 본격적으로 제재하기 시작했다.

그렇기 때문에 부동산 거래를 원한다면 일단은 기본적으로 정부가 운영하는 사이트를 들여다보아야 한다. 일반 민간 부동산 사이트도 정부 사이트를 링크해 운영하거나 정부 사이트를 기본으로 만들어졌으므로 가장 정확한 정보를 찾을 수 있다.

실거래가 정보는 두 곳에서 찾을 수 있는데 한 곳은 '국토교통부 실거래가 홈페이지(http://rt.molit.go.kr)'이고, 또 한 곳은 '온나라 부동산정보통합포털(http://www.onnara.go.kr)'이다. 두 홈페이지 모두 국토교통부가 운영한다. 온나라 부동산정보통합포털에는 부동산 실거래가 이외에도 기준가격, 표준가격 등 각종 부동산 정보가 수록되어 있다.

우선 국토교통부 실거래가 홈페이지로 가보자. 홈페이지에 등록된 실거래가는 한 달 전에 체결된 매매계약 내용인데, 지난 달의 계약 내용이 그 다음 달 15일까지 게재된다. 실제 매매된 가격이니 매매와 관련해 이보다 더 정확한 자료는 없다. 반면 일반 시세나 호가는 매매를 위한 기대심리가 포함돼 있으므로 정확하다고 볼 수 없다.

실거래가는 파는 사람과 사는 사람이 합의하여 결정한 실제 금액이다. 다만 국토부는 매매 체결이 되었다고 신고된 가격을 전부 발표하지는 않는다. 주변 매매가격에 비해 과도하게 높거나 낮게 거래된 아파트 가격은 발표에서 뺀다. 정상적인 거래로 보기 어려워 오히려 집 판매자와 구입자에게 혼란을 줄 수 있기 때문이다.

예를 들어 아파트 소유자가 갑자기 너무 급하게 돈이 필요해서 반값으로 아파트를 내놓았다면, 이는 주변 시세와는 거리가 먼 가격이다. 이를 매매가격이라고 공표했다가는 '정확한 매매가격을 제공해 시장을 안정시킨다'는 취지에서 어긋날 수 있기 때문에 공개하지 않는다. 이렇게 사장되는 매매 정보는 5% 정도인데, 정부는 이런 거래를 '비정상거래'라고 부른다.

이제 예시에 나와 있는 서울 당산동 강변래미안아파트의 실거래가를 한번 찾아보자.

국토교통부 실거래가 홈페이지에 들어가면 아파트, 다세대/연립, 단독/다가구 등 주택을 세 부류로 나누어 각각 실거래가를 공개하고 있다.

실거래가 정보는 분기별로 공개되는데, 2006년 1분기부터 게재되어 있다. 1분기는 3개월이니 3개월에 한 번씩 정보를 공개

이렇게 찾아가요!

국토교통부 실거래가(http://rt.molit.go.kr) ◐ 아파트 실거래가 ◐ 실거래가 조회 ◐ 아파트
◐ 지역별 ◐ 거래유형, 기준년도, 지역 선택 ◐ 조회결과

하는 셈이다. 2012년 4분기를 선택하면 10월, 11월, 12월의 거래
내역이 나온다.

신혼부부는 통상 소형 아파트를 선호한다. 가장 작은 전용면
적인 55.91㎡(과거에 흔히 쓰던 한 평은 3.3㎡이므로, 55.91㎡는
17평쯤이다)를 한번 찾아보자. 거래가 뜸해서인지 10월에 한 건
만 계약이 성사됐다. 10월 1일~10일 사이에 계약됐고, 거래금액
은 3억 8,900만 원이다. 실거래가 정보는 얻었지만 6층이라는

것만 알 수 있고 동, 호수는 알 수 없다는 점은 단점이다. 햇볕이 드는 방향, 도로와의 인접 여부 등에 따라 가격이 달라질 수 있기 때문이다. 다만 대충 이 정도 금액이면 아파트를 살 수 있다는 것은 확인할 수 있다.

특정 아파트가 아니라 가격대별로 검색을 해보고 싶다면 '지역별' 대신 '금액별'을 선택하면 된다. 매매뿐 아니라 전세와 월세에 대한 정보도 얻을 수 있다. 거래유형에서 '매매' 대신 '전월세'를 클릭하면 된다.

그런데 전월세 실거래가에는 유의해야 할 점이 있다. 정부가 공개하는 전월세 실거래가는 주민센터 등에서 확정일자를 받은 임대차 거래만을 모은 것이기 때문에 확정일자를 받지 않거나 확정일자가 아닌 전세권등기를 설정한 경우는 제외된다. 또 재계약 건도 빠져 있다.

예를 들어 1억 원에 전세로 있던 사람이 임대차가 만료돼 1억 5,000만 원으로 재계약을 했다든가, 보증금 2,000만 원에 월세 70만 원 식의 반전세로 바꾸었을 경우에는 정부 통계에 잡히지 않는다. 월세 70만 원을 주다가 100만 원으로 올려 2년 더 살기로 한 사람의 자료 역시 반영되지 않는다. 새로 확정일자를 받은 거래만 신고하기 때문이다. 이렇게 통계에서 빠지는 물량이 전체 세입자 시장의 30% 정도에 이르는 것으로 추정된다.

그렇다면 정부 사이트 외에 참고할 수 있는 다른 사이트는 없

[그림 4-2] KB부동산 알리지에서 로드뷰 이용하기

이렇게 찾아가요!

KB부동산 알리지(http://nland.kbstar.com) ❶ 종합매물/시세 ❶ 아파트 ❶ 지역 선택 ❶ 로드뷰 ❶ 조회결과

을까? 부동산에 관한 자료에서 오랜 역사를 자랑하는 'KB부동산 알리지'도 일반인이나 부동산 중개업자가 많이 찾는 사이트 중 하나다.

　KB부동산에는 포털사이트 '다음'에서 제공하는 일반지도, 항공뷰(항공사진), 로드뷰 등이 연동돼 있다. 로드뷰에서 '주행'을 클릭하면 마치 현장에 가 있는 것처럼 아파트 곳곳을 돌아다니며 볼 수 있다. 아파트 외관을 비롯하여 조경, 놀이터, 자전거 거치대, 쓰레기 분리수거장, 지상 주차공간의 배치도 등 생활에 필요한 시설을 확인할 수 있고 아파트 밖 전망까지 확인할 수 있다. 직접 가보지 않아도 개략적인 주변 환경을 가늠해볼 수 있는 것이다.

국토부 사이트가 단순히 가격 정보만 제공하는 데 비한다면 훨씬 유용하다. 그뿐만 아니라 시세와 현재 나와 있는 매물 정보도 확인할 수 있다. 심지어 KB국민은행에서 얼마까지 대출을 받을 수 있는지도 알 수 있다.

그 밖에 실거래가를 면적별로 알 수 있는데, '실거래가 조회'를 누르면 지난 1년간 실제로 거래된 매매가를 면적 단위와 층수별로 찾아볼 수 있다. 전세가, 월세가 정보도 같은 형식으로 제공된다. 시간순으로 잘 정렬되어 있기 때문에 한눈에 알아보기 쉽다. 하지만 1년 전 실거래가는 알 수 없다는 점이 단점인데, 이때는 실거래가가 아닌 시세 정보로 추정하는 수밖에 없다. 어쨌거나 내가 살 아파트에 대한 다양하고 종합적인 정보를 얻고자 하는 것이므로 KB부동산 알리지를 비롯한 다양한 공시 정보를 활용해보자.

🔍 한번 찾아보세요

부산 해운대구 우동에 위치한 '해운대 두산위브더제니스'는 최고가 아파트 중 하나다. 이 아파트의 29층 전용면적 111.07㎡의 2013년 1월 실거래가는 얼마인가?

1) 5억 3,000만 원 2) 7억 1,500만 원 3) 8억 5,500만 원 4) 9억 2,500만 원

2) 7억 1,500만 원

아파트 시세는 얼마나 될까요?
– 부동산 시세

중소기업 팀장 나미래 씨는 국토교통부 실거래가를 보면서 요모조모 따져가며 아파트 구입을 고려하고 있다. 그런데 거래량 자체가 많지 않아서 정확한 비교를 하기 어려웠다. 오랫동안 허리띠 졸라매서 마련한 자금인데, 아파트 구매처럼 큰 결정을 하려면 더 많은 정보를 알아야 후회하지 않을 것이라는 생각이 들었다. 그러려면 주변에서 생각하는 시세 정보도 알아야 하고, 또 시세 자료를 이용해 장기적으로 해당 아파트의 집값이 어떻게 움직일지도 추정해봐야 한다. 이런 정보는 어디에서 얻을 수 있을까?

아파트 가격에는 실거래가와 시세가 있다. 실거래가는 실제 매매계약이 체결된 가격이고, 시세는 주변을 볼 때 그 정도면 적당하다고 생각되는 가격이다. 물론 실거래가와 시세는 같을 수가 없다. 동, 호수, 집의 상태 그리고 집주인의 재정 상태와 상황에 따라 협상가격이 달라질 수 있기 때문이다.

실거래가만으로 아파트 가격 정보를 알 수 있을까? 거래가 많을 때는 가능하지만 거래량이 적으면 실거래가만으로 아파트 가격을 추정하기 힘들다. 이번에도 당산 강변래미안아파트를 예로 살펴보도록 하자. 해당 아파트의 55.91㎡는 2012년에 거래가 단 한 건밖에 없다. 2011년에도 일곱 건뿐이다. 이래서는 추세를 보기 힘들다. 또한 거래량이 부족하면 현재의 실거래가를 알 수 없다는 단점도 있다. 집값이 폭등하거나 폭락할 때는 과거 실거래가가 잘못된 정보를 전달할 수도 있다.

이때 필요한 것이 바로 시세다. 시세를 알아볼 때는 KB부동산 알리지가 좋다. 국민은행은 특정 아파트를 전문으로 취급하는 공인중개사 사무소를 두 곳 이상 선정해서 시세 조사를 의뢰하는데, 해당 사무소는 매주 월요일 국민은행 인터넷에 로그인해서 실거래가와 매도인이 의뢰한 호가를 감안해 시세를 입력한다. 국민은행은 두 곳의 공인중개사 사무소에서 제공하는 시세의 평균가를 시세로 공표한다. 예컨대 한 중개업소가 2억 원, 또 다른 곳이 2억 4,000만 원을 시세로 올렸다면 그 평균인 2억 2,000만 원이 시세가 된다. 시세는 실제 거래가 되지 않더라도 통상 사람들이 '이 정도면 성사될 수 있다'고 생각하는 가격이다. 그렇기 때문에 거래가 적어서 통계가 부족한 곳에서는 유용하게 사용할 수 있다.

시세는 면적별로 다양하게 살펴볼 수 있다. 매매가뿐 아니라 전세가와 월세가 시세도 살펴볼 수 있다. 각 가격은 하위평균가, 일반평균가, 상위평균가 등 세 종류로 나뉘어 제공된다. 실거래가 정보에 비해 정리가 매우 잘돼 있다.

[그림 4-3] 아파트 시세 알아보기

이렇게 찾아가요!

KB부동산 알리지(http://nland.kbstar.com) ➡ 시세 ➡ 종합매물/시세 ➡ 아파트 ➡ 지역 선택
➡ 시세 ➡ 조회결과

TIP!

상위평균가: 해당 면적 내에서 고가로 거래되는 선호 세대들의
평균적인 가격

일반평균가: 해당 면적 내에서 일반적으로 거래되는 세대들의
평균적인 가격

하위평균가: 해당 면적 내에서 저가로 거래되는 세대들의 평균
적인 가격

그렇다면 국내에서 가장 시세가 비싼 아파트는 어디일까? 이역시 KB부동산 알리지를 이용하면 쉽게 찾을 수 있다. 면적당(㎡) 시세가 가장 비싼 곳을 세부적으로 30위까지 공개하고 있기 때문이다.

2013년 11월 8일 기준으로 보면 1위가 서초구 반포동의 신반포(한신 1차)다. 재건축 대상으로 1㎡당 1,697만 원이다. 3.3㎡로 환산하면 평당 5,600만 원이다. 이어 강남구 개포동 개포주공 3단지, 서초구 반포동 주공 1단지, 에이아이디차관, 강남구삼성동 아이파크, 송파구 가락동 가락시영(2차) 등이 10위권에올라 있다. 이 중 삼성동 아이파크를 제외하고는 모두 재건축 대상 아파트라는 점이 이채롭다. 서울 최고의 요지에 위치해 있으므로 재건축을 하면 집값이 더 큰 폭으로 올라 막대한 시세차익을 올릴 수 있다는 기대심리가 반영되어 있다. 그러니까 실수요보다는 여전히 투자심리가 반영돼 있는 것으로 분석할 수 있다.

이번에는 실거래가와 시세의 차이가 얼마나 나는지 알아보도록 하자. 강변래미안아파트 55.91㎡의 시세는 하위평균가 3억6,000만 원에서부터 상위평균가 4억 1,500만 원 사이에 형성돼있다. 아파트의 동과 층, 방향, 위치 등이 서로 다르기 때문에 시세도 각각 다를 수밖에 없다. 통상 시세가 낮은 곳은 1층 등 저층이거나 볕이 다소 부족한 곳, 혹은 도로가 가까운 곳일 가능성이 높다. 높은 가격은 고층이거나 볕이 잘 드는 곳, 소음이 적고, 도로가 먼 곳일 가능성이 크다. 또한 베란다 확장공사를 했는지, 인테리어를 개조했는지 등에 따라서도 가격 차이가 난다.

강변래미안아파트 55.91㎡의 실거래가는 2012년 10월 1일~10일에 6층이 3억 8,900만 원에 거래됐다. 2013년 2월 시세 범위 안에 들어간다. 지난 몇 달 동안 부동산 가격에 변화가 별로 없었던 것으로 추정할 수 있다.

시장이 불안정할 때는 시세와 실거래가 사이에 큰 차이가 발생할 수 있다. 금융위기 당시 실거래가는 9월에 떨어졌지만 시세는 10~11월에 떨어졌다. 시세는 심리의 문제이기 때문에 곧바로 떨어지지 않는 경향이 있다. 오랫동안 유지돼온 가격에 관성이 남아 있기 때문이다. 그러다가 매매가격이 현실화되면 뒤늦게 심리에 반영이 되면서 시세 역시 떨어진다. 한창 부동산 가격이 급락하는 시점이라면 불안심리 때문에 시세가 실매매가보다 더 떨어질 수도 있다.

그렇다면 당산동 강변래미안아파트의 투자가치는 어떨까? 아파트 구매를 앞두고 있는 사람에게 앞으로 집 가격이 어떻게 변할지는 큰 관심사가 아닐 수 없다. KB부동산 알리지 사이트에 들어가 '면적별 시세'가 보이는 화면에서 '과거 시세'를 클릭하면, 2004년 1월부터 현재까지의 시세 변화를 한눈에 살펴볼 수 있는 그래프가 나온다. 월별로 매매가와 전세가 시세, 두 가지를 제공한다. 매매가 시세의 경우 매매상한가와 매매하한가, 두

가지 그래프로 표시가 된다. 그래프 아래에는 과거 시세 데이터
가 제시되어 있는데, 그래프가 전체적인 흐름을 알아보는 데 편
리하다면 데이터로는 정확한 가격을 알 수 있다.

  당산동 강변래미안아파트는 2012년 7월에 4억 2,000만 원으
로 최고점을 찍었다. 금융위기 때도 전혀 떨어지지 않았다. 오
히려 금융위기가 한창이던 2008년 7월 매매하한가가 수직상승
하기도 했다. 2004년 이후 꾸준히 올랐으니 거품이 없고, 전반
적으로 실수요 중심으로 움직일 가능성이 큰 것으로 보인다.
2009년 이후 가격이 꾸준히 유지되고 있으니 큰 투자수익을 기
대하지는 못하지만 그렇다고 투자손실을 크게 염려할 필요도
없을 것이다.

> ### 🔍 한번 찾아보세요
>
> 시세를 한번 찾아보자. 경기도 용인시 신갈동에 위치한 갈현마을
> 현대홈타운 82.64㎡(전용면적)의 2013년 11월 전세가 중 KB부동
> 산 알리지에서 제공하는 일반평균가는 얼마일까?
>
>   1) 1억 3,050만 원   2) 1억 8,750만 원
>   3) 2억 5,500만 원   4) 3억 2,000만 원

2) 1억 8,750만 원

주택, 얼마나 팔렸을까요?
– 주택매매 거래량

오랫동안 전세 생활을 한 대기업 과장 오부단 씨는 집을 살까 말까 고민 중이다. 지금껏 절약하며 살아온 덕분에 자금은 충분하지만 선뜻 집을 사야겠다는 결정을 내리지 못하는 이유는, 괜히 집을 샀다가 나중에 집값이 떨어지면 손해를 보지 않을까 걱정이 돼서다. 그런데 최근 들어 집값이 다시 상승하고 있다고 하고, 주변에서도 주택 구매를 고민하는 사람들이 많은 것 같다. 아무래도 매매가 늘면 주택 시장도 활기를 띨 텐데, 어디서 주택 거래량을 확인할 수 있을까? 최근 전국의 주택 거래량을 알 수 있는 방법이 있을까?

주택 시장을 정확히 보려면 주택 가격과 함께 주택 거래량을 봐야 한다. 거래가 많아진다는 것은 시장 참여자가 많다는 뜻이고, 시장도 그만큼 활기를 띠고 있다는 이야기다.

통상 집값이 뛰면 거래량이 많아진다. 추후 집값이 상승할 것이라는 기대심리로 집을 사기 때문이다. 집은 자기 돈에 은행 빚을 더해 사는 경우가 많기 때문에 은행 금리 이상 집값이 오른다고 생각할 때 집 구매가 가능하다. 은행에서 돈을 빌려서 집을 샀는데 집값이 떨어진다면 주택 구매자는 이중고에 시달릴 가능성이 높다. 자신의 보유자산 가치가 하락하는 것과 함께 주택담보 가치가 떨어지면서 은행이 대출금을 갚으라고 요구할 수도 있다.

정부는 매달 15일께 전국의 주택 거래량을 공표하는데, 주택 거래량 중에서도 의미가 있는 것은 실제로 매매가 이루어진 것들이다. 정확하게 말하자면 '주택매매 거래량'이지만 통상 줄여서 '주택 거래량'이라고 부른다.

온나라 부동산정보통합포털에는 최근 주택 거래량이 행정구역별로 정리돼 있다. 기초지자체로 자동 설정돼 있기 때문에 구

[그림 4-4] 주택매매 거래 현황 알아보기

이렇게 찾아가요!
온나라 부동산정보통합포털(http://www.onnara.go.kr) ➡ 부동산 통계 ➡ 부동산 통계자료
➡ 부동산거래 ➡ 주택매매 거래 현황 ➡ 월별 행정구역별 ➡ 조회결과

군별 자료를 바로 알 수 있다. 서울, 부산, 대구, 인천, 광주, 대전, 울산, 세종 등 광역시 자료가 먼저 나오고 이어 경기, 강원, 충북, 충남 등 광역도 자료가 차례로 표시된다.

이 중에서 서울, 경기, 인천 등 수도권 세 개 시도를 보려면 상단박스의 '조회범위 상세설정'을 클릭해 들어간 뒤 '전체항목' 박스에서 서울, 경기, 인천 세 개 시도를 선택해 오른쪽 '선택된 항목' 박스에 추가하면 된다. 그 뒤 '설정하기'를 누르면 세 개 시도의 거래량을 살펴볼 수 있다. 전국의 거래량을 보고 싶으면 '전국'을 선택한 뒤 '설정하기' 버튼을 누르면 된다. 이어 '기간'을 나타내는 박스에 알고자 하는 시기를 설정하면 된다.

그렇다면 2013년 1월부터 2013년 9월까지의 전국 주택매매 거래량을 한번 살펴보도록 하자.

[표 4-1]을 보면 6월에는 주택매매 거래량이 약 13만 건에 육박

[표 4-1] 전국의 주택매매 거래현황(2013년 1월부터 2013년 9월까지)

기간	주택매매 거래 수
2013.01	27,070
2013.02	47,288
2013.03	66,618
2013.04	79,503
2013.05	90,136
2013.06	129,907
2013.07	39,608
2013.08	46,586
2013.09	56,733

했다. 그러다가 7월, 8월에는 3~4만 건대로 줄어들었다. 왜 그럴까? 답은 취득세 감면조치 때문이다. 정부가 2013년 6월 취득세 감면조치를 끝낸다고 발표했기에 주택거래가 6월에 몰린 것이다. 6월 한 달간은 연간 평균치보다 월등하게 많은 거래가 이루어졌다. 7월 거래량은 급감했지만 8월, 9월의 데이터를 보면 다시 서서히 회복하고 있음을 알 수 있다.

> **TIP!**
>
> **월별 매입자 거주지별**: 주택매입자의 실제 거주지와 구입주택의 지역이 일치하느냐를 알 수 있다. 따라서 이 수치를 보면 실수요자가 얼마나 되는가를 추정해볼 수 있다. 관할 시군구 내, 관할 시도 내, 관할 시도 외-서울, 관할 시도 외-기타 등으로 구분된다.
>
> **월별 거래주체별**: 개인, 법인, 기타 등으로 분류된다. 개인 간 거래가 얼마나 되는지, 개인과 법인 간 거래가 얼마나 되는지, 혹은 법인과 법인 간 거래가 얼마나 되는지를 파악하는 데 유용하다.
>
> **월별 거래규모별**: 20㎡ 미만부터 198 ㎡ 초과까지 거래된 주택이 규모별로 분류돼 있다. 소규모 주택이 많이 거래됐는지, 중대형 주택이 많이 거래됐는지 등을 알 수 있다.
>
> **월별 건물유형별**: 단독주택, 다가구주택, 다세대주택, 연립주택, 아파트 등으로 구분돼 있다. 어떤 유형의 주택이 잘 거래되는지를 분석할 수 있다.

이처럼 거래량을 읽을 때는 정책요소도 잘 살펴봐야 한다. 우리나라는 정책방향에 따라 주택거래가 많은 영향을 받기 때문이다. 통상 주택대책이 발표되기 전에는 기대심리로 주택 거래가 서서히 늘기 시작하고, 주택대책이 시장의 기대에 부응하면 크게 증가하는 경향이 있다. 하지만 2007년 즈음부터 장기적인 추세로 보자면, 주택거래는 계속 줄고 있는 것으로 관측된다. 주택가격 하락과 더불어 인구분포상 2030세대가 감소하면서 거래량도 계속 감소하고 있는 추세인 것이다.

온나라 부동산정보통합포털에서는 행정구역별뿐 아니라 다양한 형태로 주택매매 거래 자료를 검색할 수 있다.

정부의 주택매매 거래량 자료에도 한계는 있다. 6월의 주택 거래량은 13만 건에 근접했지만, SBS의 보도에 따르면 시장에서는 생각만큼 호황이 아니라고 말했다고 한다. 실제로는 4월, 5월에 거래량이 더 많았다는 현지 부동산 중개업자의 말을 전하기도 했다. 왜 시장 따로, 통계 따로인 현상이 발생했을까? 이유는 통계집계 방법에 있었다.

정부의 자료는 '신고일' 기준이다. 법에 따르면 실거래가 신고는 부동산 거래 매매계약을 체결한 뒤 60일 안에만 하면 된다. 그러니 4월에 집을 구매하겠다고 매매계약서를 체결했다고 해도 일이 바빠 신고를 차일피일 미뤘다면 신고마감이 임박해 6월에 신고하는 일이 생기는 것이다. 그러니 6월의 주택 거래량에는 4월, 5월에 계약을 맺은 주택 거래도 포함되어 있을 수 있다. 특히 취득세 감면종료가 6월 말이라고 했기 때문에 미뤄뒀던 신고를 서둘렀을 가능성이 크다.

통상 시장에서 "거래가 활발하다"고 말할 때는 계약일을 기준으로 한다. 계약일이란 집을 팔 사람과 살 사람이 한자리에 앉아서 계약서에 도장을 찍는 날을 말한다. 부동산 중개업자 입장에서도 주택을 사고파는 사람들이 사무실에 북적대면 '거래가 많다'고 판단하는 것이 당연하다. 때문에 '신고일' 개념을 잘 모르고 통계만 신봉했다가는 통계착시 때문에 시장을 잘못 판단할 수 있다.

이 밖에 온나라 부동산정보통합포털에는 '주택 거래 현황' 자료가 있는데, 여기에는 주택을 사고판 것에다가 판결, 교환, 증여, 분양권전매 등으로 주택 거래가 이뤄진 것이 모두 포함돼 있다. 매달 주택증여가 몇 건인지, 분양권 전매는 얼마나 되는지 등을 알아보고자 할 때 유용하다.

🔍 한번 찾아보세요

주택매매 거래는 2006~2007년 부동산 폭등기 때 많이 이루어졌는데, 2006년 9월 전국에서 부동산 매매는 얼마나 이루어졌을까?

1) 10만 6,821건   2) 7만 6,540건   3) 15만 2,780건   4) 13만 6,890건

1) 10만 6,821건

임대용 사무실의 임대료와 공실률은 얼마나 되나요?
– 상업용 부동산

> 부동산 투자에 관심이 많은 40대 김복녀 씨는 신문에서 우연히 역세권 오피스텔의 신규 분양 소식을 발견했다. 이 오피스텔은 서울 중구 명동 인근에 자리 잡고 있는데다 역에서 5분 거리로 이동인구가 많아서 안정적 수익이 보장된다는 말에 혹하는 마음이 들었다. 그런데 이 정보는 정말 믿을 만한 것일까? 괜히 값비싸게 구입했다가 낭패를 보지는 않을까? 이 정보가 사실인지를 알려면 주변의 임대용 사무실 임대가격과 공실률, 임대수익률을 알아야 한다. 이런 데이터는 어디서 확인할 수 있을까?

"이제는 역세권 오피스텔."

요즘 흔히 볼 수 있는 신문광고다. 부동산 경기가 좋지 않을 때는 주거용 아파트보다 세를 놓아 임대수익을 올릴 수 있는 사무실이나 상가가 인기를 끌곤 한다. 대한민국 사람이면 누구나 월세를 받아 수익을 올리는 꿈을 꾸어본 적이 있을 것이다. 하지만 사무실이나 오피스텔, 상가를 구매해 임대를 놓는다고 해서 모두가 성공하는 것은 아니다. 부동산뿐 아니라 모든 시장의 가격은 수요와 공급에 의해 결정된다. 공급되는 사무실은 많은

데 원하는 사람이 적으면 임대사업도 실패할 가능성이 크다. 또한 임대사업에 드는 관리비도 만만치 않다. 그렇기 때문에 경기의 움직임을 미리 예측해야 실패를 미연에 방지할 수 있다.

임대용 사무실이란 도심에 있는 오피스텔이나 빌딩을 말한다. 사무직이 사용하는 오피스 빌딩과 옷, 스마트폰 등을 판매하는 매장용 빌딩이 모두 포함된다. 경기가 좋을 때나 목이 아주 좋은 곳에 위치해 있다면 임대료도 비싸기 마련이다. 임대료가 높으면 투자수익률이 높아지고 공실률은 낮아진다.

주변 임대사무실의 임대가격이나 임대 현황 등을 보면 대략의 경기 흐름을 읽을 수 있다. '서울 강남의 테헤란로에 빈 사무실이 없다'는 말이 나오면 경기가 괜찮다고 판단할 수 있다. 반면 '서울도심 공실률 급등'이라는 기사가 나왔다면 경기가 좋지 않다고 추정할 수 있다.

임대용 사무실을 고민하고 있다면, 알아봐야 할 주요 정보로 임대료, 공실률, 투자수익률 등을 들 수 있다. 그런데 어디서 이런 정보를 알 수 있을까? 한국감정원이 매분기마다 조사해서 발표하는 데이터를 이용하면 이러한 정보를 단번에 확인할 수 있다.

한국감정원에서 운영하는 'R-ONE부동산 통계정보시스템'에 들어가면 '상업용 부동산 임대사례 조사' 통계가 있다. 전국의 오피스 빌딩과 매장용 빌딩 3,155동을 통계 표본으로 사용하고 있는데, 6층 이상의 오피스 빌딩과 3층 이상의 매장용 빌딩으로 임대면적이 50% 이상인 빌딩이 그 대상이다.

2002년부터 모집된 통계자료를 공개하고 있고, 조사 주기는 분기(3개월)다. 2007년에는 연간이었던 것이 2009년에 반기(6개월)로 좁혀졌고, 2009년에 다시 분기로 바뀌었다. 조사기간이 길면 현 시장 상황을 정확하게 파악하기 힘들기 때문에 점차 그 기간이 줄어든 것이다.

통계상 임대료는 임차인(세입자)이 임대의 대가로 지불하는 돈으로, 월세 형태로 전환해 산정한다. 그러니까 보증금을 일부 걸고 월세를 내는 보증부 월세(예: 보증금 1,000만 원에 월 30만 원)도 전액 월세 형태로 전환해서 계산을 한다. 이 임대료에 관리비는 포함되어 있지 않다.

그렇다면 사례에 나온 서울 중구 명동의 인근 상가를 살펴보도록 하자.

한국감정원 R-ONE부동산 통계정보시스템에 들어가면 [그림 4-5]처럼 서울부터 부산, 대구 순으로 상업용 부동산의 최근 임대료를 찾을 수 있다. '서울 중구 명동'만을 맞춤식으로 찾고 싶다면 상단에 있는 박스 내 조건을 설정하면 된다. 표본구본, 검색유형, 건물유형, 오피스빌딩, 검색기간 등을 설정할 수 있다. 임대료는 월 1㎡를 1,000원 단위로 표기한다.

표본은 신표본과 구표본으로 나뉘는데, 구표본은 2010년 1분기부터 2012년 4분기까지의 자료를 포함한다. 신표본은 2013년

[그림 4-5] 지역별 임대료 찾아보기

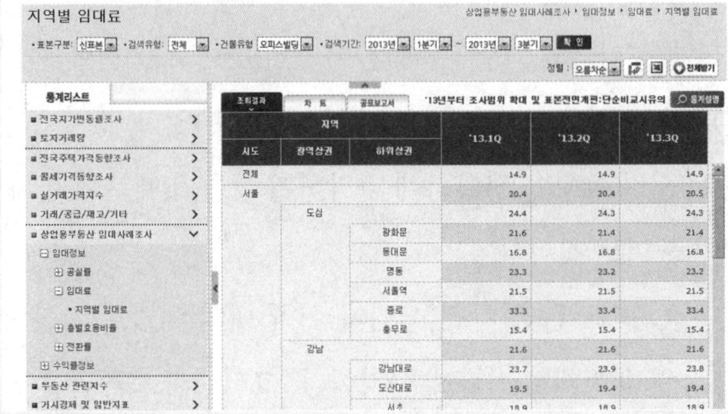

이렇게 찾아가요!

한국감정원 R-ONE부동산 통계정보시스템(http://www.r-one.co.kr) ➡ 부동산통계 ➡ 부동산통계 ➡ 통계리스트 ➡ 상업용부동산 임대사례조사 ➡ 임대정보 ➡ 임대료 ➡ 지역별 임대료 ➡ 조회결과

1분기부터의 자료를 제공한다. 2013년 1분기부터는 조사대상으로 삼은 상업용 건물이 확대되는 등 표본수를 늘리고 조사표본도 개편하여 자료를 작성하였다. 그렇기 때문에 구표본과 신표본을 단순 비교할 때는 유의해야 한다.

　서울 명동의 임대료를 예시로 한번 찾아보자. 상단 박스조건을 '표본구분-신표본, 검색유형-지역별〉선택〉서울도심〉명동, 건물유형-오피스빌딩, 검색기간-2013년 1분기~2013년 2분기'로 설정한다.

[표 4-2]를 보면 2013년 1분기 명동 오피스 빌딩의 임대료는 1㎡
당 월 2만 3,300원임을 확인할 수 있다. 2분기는 2만 3,200원으로
1분기보다 100원이 떨어졌다. 사무실 임대가격이 떨어진 것을
보니 지역 경기가 그렇게 좋지는 못한 모양이다. 명동에는 은행,
증권사, 보험사 등 1·2금융권과 대부업체들이 많이 몰려 있다.
그러니 금융권 사정이 좋지 못하다고 봐도 큰 무리는 아니다.

　명동의 2013년도 2분기 임대가격을 우리가 일상에서 많이 쓰
는 '평' 단위로 환산해보면 더 명확하게 가격을 알 수 있다. 1평
은 3.3㎡이므로 만약 사무실이 30평이라면 해당 사무실의 임대
료는 월 229만 6,800원(2만 3,200원×3.3㎡×30평)이 된다. 빌려
주는 사람이나 빌리는 사람이나 이 정도를 '시장가격'으로 생각
할 수 있다는 의미다.

　명동을 서울의 다른 지역과 비교해보자. 명동의 평균 임대료
는 서울 평균 임대료(2만 400원)보다는 높지만, 서울 도심 평균
(2만 4,300원)보다는 낮다. 서울 명동은 매장용 빌딩의 가격은
높지만 오피스 빌딩은 여의도 등지와 비교할 때 낮은 경향이 있

[표 4-2] 서울 명동 지역의 임대료 현황(1㎡당)　　　　　　　(단위: 원)

지역			2013년 1분기	2013년 2분기
시도	광역상권	하위상권		
서울			20,400	20,400
	도심		24,400	24,300
		명동	23,300	23,200

다. 명동은 '상권'이 강한 곳이기 때문이다.

'조회결과' 옆에 있는 '차트'를 클릭하면 임대료 변화를 그래프로 한눈에 쉽게 살펴볼 수 있다. 그래프를 보면 명동의 임대료 그래프가 아래로 살짝 기울어졌음이 확인된다. 검색기간 초기설정을 2013년 1분기 뒤로 하면 장기적인 흐름도 찾아볼 수 있다.

임대료와 함께 확인해야 하는 중요한 정보로 공실률이 있다. 공실률을 보면 집주인이 주도하는 집주인 시장인지, 아니면 세입자가 주도하는 세입자 시장인지를 판단할 수 있다. 세입자 입장에서는 공실률이 크면 집주인과 가격협상을 하는 데 유리한

TIP!

'임대정보' 안에는 임대료 외에도 공실률, 층별효용비율, 전환율 등이 있는데 각각이 의미하는 바는 다음과 같다.

공실률: 비어 있는 오피스 및 매장용 빌딩을 말한다. 임대계약이 체결되지 않았거나 건물주가 이용하지도, 분양이 되지도 않은 빈 공간이다. 해당지역 공실면적의 합을 지역의 총 연면적으로 나누어 계산한다.

층별효용비율: 1층 대비 위층의 월세 비율을 말한다.

전환율: 월세 전환율을 말한다. 전세금과 보증금을 월세로 전환할 때 사용하는 비율이다. 임대인(건물 소유주)의 부동산투자 요구수익률로 볼 수 있다. 전환율 숫자가 클수록 월세가 높다.

지역			2013년 1분기	2013년 2분기
시도	광역상권	하위상권		
서울	도심		6.2	6.4
			6.2	6.8
		명동	5.9	6.6

[표 4-3] 서울 명동 지역의 공실률 현황 (단위: %)

위치에 설 수 있다.

[표 4-3]을 보면 명동의 2013년 1분기 공실률은 5.9%다. 서울 평균(6.2%)보다 공실률이 낮다. 하지만 2분기는 6.6%로 서울 평균(6.4%)보다 높다. 그만큼 빈 오피스텔이 많아졌다는 의미로 명동의 오피스텔 공실률이 높아지는 추세라는 것을 알 수 있다. 하지만 이 정도의 변화를 가지고 큰 변화라고 보기는 어렵다. 몇 분기는 더 지켜봐야 제대로 된 추세가 나온다.

통상 10%대 이하의 공실률은 자연공실률로 본다. 1년짜리 임대차계약이 끝난 뒤 세입자가 새로 들어오고 나가는 과정에서 공실률이 기록될 수 있기 때문이다. 6%대의 공실률이라면 자연공실률에 가깝다. 다만 여기에도 변수는 있다. 만약 명동의 평균 공실률이 3%대였는데 갑자기 6%를 기록했다면 상황이 나빠지고 있다고 볼 수 있다.

공실률은 지역마다 차이가 크기 때문에 '몇 %가 마지노선'이라고 딱 잘라서 일방적으로 말하기 어렵다. 다만 공실률이 클수록 상가임대를 통한 수익률이 떨어지고, 임대시장이 불황이라는 것은 확실하다.

투자자라면 공실률과 함께 수익률 정보도 지나치지 말아야 한다. '상업용 부동산 임대사례 → 수익률정보 → 지역별 수익률'로 들어가면 수익률 정보를 얻을 수 있다. 투자수익률이란 특정 기간에 투입된 자본에 대한 전체수익률인데, 임대료 등 빌딩 운영에 따른 소득수익률과 부동산가격 증감에 의한 자본수익률을 합산한 것이다.

상업용 부동산의 전체 흐름에 대해 알고 싶다면 한국감정원이나 국토해양부에서 발간하는 자료를 받아보면 좋다. '차트' 옆의 '공표보고서'를 클릭하면 매분기 발표되는 '상업용 부동산 임대사례조사' 자료가 PDF 형식으로 매분기 업데이트된다. 전국의 임대료, 공실률, 투자수익률 현황 등을 일목요연하게 알 수 있어 편리하다.

국토교통부의 보도자료를 보려면 R-ONE부동산 통계정보시스템 첫 페이지에서 '보도자료'를 클릭하면 된다. 매 4월, 7월, 11월, 1월 24~25일 무렵에 상가에 대한 보도자료가 발표된다.

🔍 **한번 찾아보세요**

오피스 임대료를 직접 찾아보자. 서울 강남 테헤란로의 2013년 3분기 임대료(㎡당)는 얼마일까?

1) 2만 2,000원   2) 2만 500원   3) 2만 1,600원   4) 2만 3,800원

1) 2만 2,000원

'내 집'에 사는 사람들은 얼마나 될까요?
– 주택보급률 및 자가보유율

대학생 이궁금 씨는 날마다 어딘가에 새로운 건물이 올라가고 아파트가 지어지는 모습을 보며 의문에 사로잡혔다. 이렇게 날마다 집을 짓고 있는데 어째서 살 집이 없어 막막한 사람들이 아직도 많은 건지 알 수가 없었다. 주택은 인구에 비해 얼마나 있는 것일까? 그런 통계자료를 주택보급률이라고 하던데, 이 자료는 어디서 찾을 수 있는 것일까? 이 주택보급률만 확인하면 주택이 과잉공급되고 있는지 아니면 부족한지를 판단할 수 있는 것일까?

주택 시장에서도 가장 기본이 되는 원리는 앞서 말했듯 수요와 공급이다. 집을 찾는 사람이 많은데 공급이 적으면 집값은 올라간다. 반면 집을 찾는 사람에 비해 집 공급이 많으면 가격이 떨어진다. 만약 시중에 집이 남아돈다면 향후 집값은 떨어질 것이다. 반대로 아직 시중에 집이 모자라 더 지어야 한다면 향후에도 집값은 오를 가능성이 크다. 시중에 주택재고가 얼마나 되는지를 가늠해볼 수 있는 대표적인 지수가 바로 '주택보급률'이다. 주택보급률은 총주택 수를 보통가구 수로 나눈 후 100을 곱

$$주택보급률 = \frac{총주택\ 수}{보통가구\ 수} \times 100$$

해 구한다.

총주택 수란 사용하고 있는 주택에 빈집을 합친 수이고, 보통 가구 수는 가족을 구성해서 거주하는 혈연가족 수를 말한다. 주택 수와 가구 수가 같으면 100%이다. 그러니까 주택보급률이 100%보다 크면 주택 수가 가구 수보다 많아 시중에 남아도는 집이 있다는 뜻이다. 도심 내에도 빈집이 있을 수 있고, 두메산골 등 거주환경이 떨어지는 곳은 사람들이 기피해 빈집이 있게 마련이다. 하지만 그런 빈집이 있어도 주택보급률이 100%보다 작다면, 집이 부족하다는 뜻이다. 이럴 때는 반지하방이나 옥탑방 등 주거환경이 떨어지는 곳에서 사람들이 살 가능성이 크다.

주택보급률은 1994년에 처음 작성되었는데, 2009년부터 신新주택보급률이 집계되고 있다. 과거 주택보급률은 주택 수를 소유권 기준으로 보았다. 그래서 한 사람이 여러 가구에 세를 주는, 다가구주택도 1주택으로 계산했다. 그랬더니 1주택에 서너 가구가 사는 것으로 나오면서 주택보급률이 실제보다 낮아졌다.

신주택보급률은 다가구주택의 경우 가구 수만큼 주택으로 분류한다. 예를 들어 주인이 한 명인 빌라에 다섯 가구가 세 들어

산다면, 구 지표는 여섯 가구가 집 한 채에 사는 것으로 집계했지만 신 지표는 여섯 가구가 여섯 채의 집에 사는 것으로 집계한다.

가구 개념도 바뀌었다. 그전까지 1인 가구는 가구로 판단하지 않았다. 미혼 여성 한 명이 아파트 한 채에 전세로 살고 있으면 통계상으로는 사실상 빈집으로 잡혔다는 이야기다. 이런 식으로 집계를 하면 주택보급률이 실제보다 올라가기 때문에 신주택보급률은 주택 수와 가구 수에 대한 여러 문제를 보정했다.

[그림 4-6] 전국의 주택보급률 알아보기(2012년)

부동산통계자료

통계표 | 통계설명

· 통계표명 (신)주택보급률 | 조회범위 상세설정 | · 기간 2012 ~ 2012 | 검색 | ActiveX 다운로드 | 도움말

(신)주택보급률

가구수 - 천가구 / 주택 수 - 천호 / 보급률 - %

년	지역	가구수	주택 수	보급률
2012	전국	18,057	18,551	102.7
	수도권	8,651	8,562	99.0
	서울	3,595	3,498	97.3
	부산	1,271	1,297	102.0
	대구	894	918	102.7
	인천	966	1,003	103.9
	광주	543	557	102.5
	대전	560	572	102.2
	울산	390	414	106.0
	경기	4,091	4,061	99.3
	강원	575	617	107.3
	충북	585	632	108.1
	충남	794	873	109.9
	전북	679	753	110.9
	전남	689	754	109.3
	경북	1,037	1,142	110.1

이렇게 찾아가요!

온나라 부동산정보통합포털(http://www.onnara.go.kr) ❍ 부동산 통계 ❍ 주택현황 ❍ 주택보급률 ❍ (신)주택보급률

주택보급률은 주택의 재고 정도를 보여주기 때문에 향후 주택공급 정책을 세울 때 기본 바탕이 된다.

주택보급률은 1년에 한 번 매년 1월에 발표되고, 전국과 각 광역지자체의 주택보급률을 모두 알 수 있다. [그림 4-6]은 2012년 전국의 주택보급률이다.

2012년 주택보급률은 102.7%이다. 전국적으로 보면 이미 집은 남아돈다. 특히 비수도권은 일제히 100%를 넘었다. 충북과 충남은 110%에 육박하고 있다. 수도권은 99.0%로 아직 100%에 미치지 못한다. 수도권 주택난이 비수도권보다 심하고, 그래서 집값이 비싸다는 것은 주택보급률을 보면 알 수 있다. 수도권 중에서도 특히 서울의 집 부족 현상이 심한데, 2012년 현재 서울은 359만 5,000가구가 살고 있지만 주택은 349만 8,000호로 약 10만 호가 부족하다. 정부가 주택을 공급할 때 다른 시도보다 서울에 집중해야 하는 이유다.

이 자료를 활용하면 연도별 주택보급률의 변화도 알 수 있다. '조회범위 상세설정'을 '전국'으로 하고 '기간'을 '2008~2012'로 설정하면 [표 4-4]처럼 이명박 정부 5년간의 주택보급률 추이를 알 수 있다.

지난 5년간 주택보급률 자료를 보면 2008년 100.7%에서 매년 높아졌다. 가구 수 증가보다 집 공급이 많았다는 의미다. 2012년 우리나라의 주택보급률은 102.7%다. 그러니까 100가구가 있

[표 4-4] 최근 5년간의 주택보급률 추이

기간	가구 수	주택 수	보급률(%)
2008	16,619	16,733	100.7
2009	16,862	17,071	101.2
2010	17,339	17,672	101.9
2011	17,719	18,131	102.3
2012	18,057	18,551	102.7

는 지역에 약 103채의 집이 있다는 뜻이다. 가구보다 많은 3채는 비어 있을 것이다.

2012년 말 기준으로 전국의 주택 수는 1,855만 1,000호로 1,805만 7,000가구인 가구 수보다 집이 79만 4,000호가 더 많다. 이렇게만 보면 우리나라에는 남아도는 집이 너무 많고, 그래서 더는 주택을 지을 필요가 없어 보인다. 집이 넘쳐나는 만큼 당연히 집값도 떨어져야 한다. '전월세난'이라는 말은 사라져야 마땅할 것이다.

하지만 현실은 그렇지가 않다. 집값은 여전히 높고, 전월세는 크게 올랐다. 특히 임대의 경우는 '집이 없다'는 하소연이 나온다. 왜 그럴까?

새누리당 김태원 의원은 2013년 국감자료집을 통해 이런 의문에 대해 두 가지로 답했다. 두 가지 답변 모두 통계작성상 주택보급률이 여전히 한계를 갖고 있다는 취지였다.

하나는 주택보급률에는 온전한 주택으로 보기 힘든 집까지 집에 포함된다는 점이다. 주택의 질을 고려하지 않았다는 의미다. 국토부의 주거실태조사 결과 자료를 보면 상가나 공장 내 주택 등 '비거주용 건물 내 주택'과 고시원, 임시막사, 비닐하우스 등 '주택 이외의 거처'가 주택 전체의 3.4%에 달한다. 또 옥탑방, 반지하방, 부엌이나 목욕시설이 없는 주택도 연립주택이나 다세대주택에 포함돼 있다. 거주자가 시골을 떠나면서 남긴 빈집, 또는 준공됐지만 아직 분양이 안 된 미분양주택도 주택 수를 늘렸다. 2010년 통계청 자료를 보면 옥탑방은 4만 9,000가구, 반지하방은 51만 8,000가구다. 주거환경이 떨어지는 이런 주택들을 다 빼면 주택은 여전히 가구 대비 부족하다.

또 하나는 주택 분배의 문제다. 주택의 분배를 나타내는 통계로는 '자가보유율'과 '자가점유비율'이 있다. '자가보유율'이란 자기 집을 갖고 있는 가구의 비율로 자기 집을 소유한 가구를 전체 가구 수로 나눈다. 즉, 자신이 자기 집에 살거나, 지금 사는 곳은 전세지만 다른 곳에 자신의 집을 갖고 있는 가구의 비율을 나타낸다. 자가보유율은 61.3%인데, 이는 아직 10가구 중 4가구는 자기 집이 없다는 뜻이다. 한 사람이 여러 채의 집을 가지고 있기 때문에 발생하는 현상이다. 가구 수와 주택 수만 비교하면 살 집은 넘쳐나지만, 집이 필요한 사람은 여전히 많다. 이들이 내 집에 살기를 포기하지 않는 이상, 집에 대한 수요는 계속 있을 수밖에 없다.

주택보급률: 총주택 수를 일반가구 수로 나눈 것
자가보유율: 집을 소유한 가구 수를 일반가구 수로 나눈 것
자가점유비율: 자신의 집에서 직접 사는 가구 수를 일반가구 수로 나눈 것

자가보유율은 아직 데이터베이스로 확인할 수 없다. 2005년부터 축적되기 시작해 아직 데이터베이스화를 하지 않았다. 이 부분에 관해서는 통계청이 작성한 보도자료를 찾는 편이 빠르다.

통계청의 '인구주택총조사'로 검색된 보도자료 중 2011년 7월 7일자 '2010 인구주택총조사 전수집계 결과(가구주택 부문)'를 선택해 다운로드받으면 25페이지에서 자가보유율을 살펴볼 수 있다.

우리나라처럼 내 집은 전세를 주고, 다른 집에서 사는 경우가 많을 때는 '자가점유비율'도 봐야 집 수요를 예측할 수 있다. 자가점유비율이란 자기 소유의 집에 본인이 사는 비율을 말한다. 자기 소유의 집에 자신이 사는 가구를, 전체 가구 수로 나누어 구한다. 2010년 자가점유비율은 54.2%에 그쳤는데, 주목할 것은 이 수치의 움직임이다. 자가점유비율은 2005년 55.6%였지만 2010년 54.2%로 낮아졌다. 같은 기간 주택보급률은 98.3%에서

101.9%로 높아졌다. 주택은 많아졌는데 세 들어 사는 사람의 비율이 더 높아진 것이다.

자가점유비율은 통계청에서 운영하는 e-나라지표에서도 찾을 수 있다. e-나라지표는 부동산뿐 아니라 국내에서 생산되는 주요 통계를 모아놓은 사이트다.

자가점유비율은 1990년대까지 지속적으로 감소했다. 그 변화를 살펴보면 1970년 71.7% → 1980년 58.6% → 1990년 49.9% → 1995년 53.3% → 2000년 54.2% → 2005년 55.6% → 2010년 54.2% 등이다. 1995년에 자가점유비율이 상승한 이유는 주택 200만 호 계획(1988~1992년)이 완료되어 내 집을 갖기가 쉬워졌기 때문으로 풀이된다. 또 2005년에 자가점유비율이 소폭 상승한 이유는 집값 폭등으로 내 집을 마련하는 사람들이 많았기 때문이다.

자가점유비율은 생활형태와도 깊은 관련을 맺고 있다. 일하는 곳과 거주하는 곳이 다를 경우, 자가점유비율이 더 떨어질 수 있다. 서울에 있는 '내 집'은 세를 주고, 세종시에서 전세로 거주하는 공무원들이 대표적인 예다.

참고로 주택보급률, 자가보유율, 자가점유비율 등은 인구총조사를 근거로 작성되는데, 인구총조사는 5년마다 하기 때문에 그 기간이 너무 길다. 이를 보충하기 위해 하는 것이 2년마다 실시하는 주거실태조사다. 주거실태조사는 일정 샘플을 정해서 실시하기 때문에 인구총조사와 다소 결과가 다를 수 있다. 자가

점유비율은 통계에 따라 2년짜리, 혹은 5년짜리가 공개되는데, 2년짜리는 주거실태조사, 5년짜리는 인구총조사에서 얻은 자료이다.

국제적으로는 집이 충분히 공급되고 있는지를 알아보기 위해 '인구 1,000명당 주택 수'를 많이 본다. 주택보급률이 '가구'를 기준으로 낸 지표라면 '인구 1,000명당 주택 수'는 '인별'로 주택보급을 측정한다. 인별 측정은 가구 수 측정보다 쉽다. 주택 수를 인구 수로 나눠버리면 그만이다. 가구는 어떻게 정의를 내리느냐에 따라 수치가 달라질 수 있다. 1명 살아도 1가구이고 3명이 살아도 1가구가 될 수 있다. 요즘처럼 가족 분화가 급속히 이뤄지는 상태라면 가구를 기준으로 통계치를 내기는 더 어렵다.

'조회범위 상세설정'을 '전국'으로 두고 '기간'을 '1995~2010'로 조정하면 [그림 4-5]처럼 지난 20년간 인구 1,000명당 주택 수의 변화를 볼 수 있다.

인구 1,000명당 주택 수는 2005년에는 330.4호였는데 2010년에는 363.8호로 증가했다. 인구 증가에 비해 주택 증가 속도가 빨랐다는 뜻이다. 자료를 보면 2010년 총 인구 수는 4,858만 명으로 2005년(4,728만 9,000명)에 비해 130만 9,000명(2.7%p)이 증가했다. 같은 기간 총주택 수는 1,562만 3,000호에서 1,767만 2,000호로 204만 9,000호(13.1%p)가 늘어났다.

일본은 2008년 기준으로 인구 1,000명당 주택 수가 451.0호이

[표 4-5] 인구 1,000명당 주택 수 변화

기간	인구 수(1,000명)	주택 수(1,000호)	주택 수/인구 수
1995	44,608	9,570	214.5
2000	46,136	11,472	248.7
2005	47,279	15,623	330.4
2010	48,580	17,672	363.8

이렇게 찾아가요!

온나라 부동산정보통합포털(http://www.onnara.go.kr) ❍ 부동산 통계 ❍ 부동산 통계자료 ❍ 주택현황 ❍ 주택보급률 ❍ 인구천인당주택수

고, 미국은 2009년 기준 422.7호, 프랑스는 2009년 기준 485.7호다. 우리보다 60~120호가량 많다는 이야기다. 우리나라의 주택 공급이 실질적으로 선진국 수준에 이르려면 지금보다 집을 더 지어야 한다는 의미이다.

🔍 한번 찾아보세요

신주택보급률은 주택의 재고 정도를 측정할 수 있는 지표 중 하나다. 2010년 수도권의 신주택보급률은 얼마였을까?

1) 97.0%   2) 98.0%   3) 99.0%   4) 100.0%

3) 99.0%

지가와 주택매매가격이
얼마나 상승하고 있나요?
– 주택매매가격지수

부동산 시장에 관심이 많은 중소기업 대표 김주택 씨는 민간 부동산 중개
회사나 포털의 부동산 사이트에서 주택매매가격 상승률을 살펴보곤 한다.
부동산 시장의 전반적인 분위기를 알아보기 위해서 가장 기본이 되는 정
보이기 때문이다. 그런데 그것만으로는 어째 좀 부족한 생각이 들어서 조
금 더 체계적인 정보를 얻고 싶어졌다. 더 자세하고 체계적인 정보는 어디
에서 찾아볼 수 있을까?

　전국의 주택매매 및 전세가격의 변동을 조사하는 곳은 2013
년부터 한국감정원으로 통일됐다. 그전에는 KB국민은행이 조
사를 했는데, 주택가격 통계의 공신력을 높이기 위해 공공기관
인 한국감정원이 수행하도록 변경한 것이다. KB국민은행은 부
동산 중개업소가 입력한 가격으로 통계를 냈지만 한국감정원은
실거래가를 기반으로 통계를 낸다. 또한 가격 공표지역도 158
개 시군구에서 189개 시군구로 확대했다.
　주택매매가격의 흐름을 알고 싶다면 한국감정원의 'R-ONE 부

[그림 4-7] 전국의 주간 아파트 매매지수 현황

매매가격지수

전국주택가격동향조사 > 주간아파트동향 > 매매가격지수 > 매매가격지수

· 검색유형: 전북 · 검색기간: 2013-08-05 ~ 2013-11-04 확 인

(기준주 : 2012.11.26 = 100)

지역			'13.09.30	'13.10.07	'13.10.14	'13.10.21	'13.10.28	'13.11.04
전국			100	100.2	100.4	100.5	100.6	
수도권			98.3	98.5	98.7	98.8	98.9	
지방권			101.8	101.9	102.1	102.2	102.3	
6대광역시			101.3	101.5	101.6	101.8	101.9	
5대광역시			102.1	102.2	102.3	102.4	102.5	
9개도			99.9	100.1	100.2	100.3	100.4	
8개도			101.5	101.7	101.8	101.9	102	
서울			98.1	98.3	98.5	98.6	98.7	
	강북지역		97.3	97.5	97.7	97.8	97.8	
	도심권		96.4	96.5	96.5	96.5	96.5	
		종로구	99.1	99.2	99.3	99.3	99.3	
		중구	98.7	99	99	99	99	
		용산구	94.4	94.4	94.3	94.3	94.2	
	동북권		97.2	97.4	97.6	97.7	97.7	
		성동구	98.3	98.6	98.8	99	99.1	

이렇게 찾아가요!

한국감정원 R-ONE부동산 통계정보시스템(http://www.r-one.co.kr) ➡ 부동산 통계 ➡ 통계리스트 ➡ 전국주택가격동향조사 ➡ 주간아파트동향 ➡ 매매가격지수 ➡ 매매가격지수 ➡ 조회결과

동산 통계정보시스템'을 이용하는 것이 가장 유용하다. 주간 매매가격지수는 매주 목요일 발표하는데, 1986년부터 산출했고 주간 아파트 매매지수는 전국 6,232가구를 대상으로 조사한다.

[그림 4-7]처럼 찾아가면 직전 석 달간의 자료가 표시되는데, 2012년 11월 26일을 기준으로 삼아 100으로 표시한다.

전국, 수도권, 지방권, 6대 광역시, 5대 광역시 등을 비롯해 종로구, 중구, 용산구 등 시군구별로도 매매가격지수가 산출돼 나오는데, 이 중에서 전국의 주간 아파트 매매상승률을 살펴보도록 하자. 검색유형을 '시도별'로 바꾼 뒤 '선택 → 전국 → 확인'을 차례로 클릭하면 된다. 그다음에 우측 상단에서 '변동률'을 클릭한다.

변동률은 붉은색으로 표시된다. 전국의 주간 아파트 매매가격은 2013년 9월 23일 0.07% 올랐다. 9월 30일에는 0.10%, 10월 7일 0.18%, 10월 14일 0.14%, 10월 21일 0.10%, 10월 28일 0.10%, 11월 4일 0.8%가 각각 올랐다. 숫자로는 잘 파악이 안 된다면 그래프로 읽는 방법도 있다. '조회결과' 옆 '차트'를 클릭하면 한눈에 지수의 움직임을 알 수 있다.

만약 주간 단위로 서울 아파트 가격이 얼마나 상승, 또는 하락했는지를 살펴보려면, 지역 선택에서 '서울'을 클릭하면 된다. 매매가격지수는 최대 24주까지 검색이 가능하다.

매매가격지수는 '규모별 매매가격지수'와 '연령별 매매가격지수'가 있는데, 아파트 규모별로 매매가격지수를 산정한 것이 '규모별 매매가격지수'다. 60㎡ 이하, 60㎡ 초과~85㎡ 이하, 85㎡ 초과~102㎡ 이하, 102㎡ 초과~135㎡ 이하, 135㎡ 초과 등 다섯 개 규모별로 지수를 공표한다. 이를 살펴보면 소형, 중소형, 대형 아파트의 매매성향을 가늠할 수 있다.

그리고 또 하나의 매매가격지수인 '연령별 매매가격지수'는 매입자의 연령이라고 생각하기 쉽지만, 그것이 아니라 아파트의 연한을 말한다. 5년 이하, 5년 초과~10년 이하, 10년 초과~15

년 이하, 15년 초과~20년 이하, 20년 초과 등 다섯 개의 연령으로 구분하고 있으며, 재건축 아파트의 가격변동을 파악할 때 유용하다.

주간 전세가격 변동률도 형식은 같다. '매매가격지수' 대신 '전세가격지수'를 클릭하면 된다. 각 구분도 매매가격지수와 똑같다.

2010년 이후 전세가 줄어들고 월세가 늘어나면서 월세가격 동향 자료도 내기 시작했는데, 2011년 1월 3일에 처음 공표했다. 기준점은 2012년 6월(100)이고 대상은 단독, 아파트, 연립/다세대, 오피스텔 등으로 수도권 1,889가구, 지방광역시 1,101가구 등 모두 3,000가구를 대상으로 조사한다. 다만 월세가격지수는 매매가격지수, 전세가격지수에 비해 다소 시장 정확도가 떨어진다는 지적도 있다. 월세가격지수는 월별로 공표되는데, 2012년 6월이 기준월(100)이다. 월세가격동향조사에서 특히 눈길을 끄는 자료는 월세이율이다. 월세이율이란 전세금을 월세로 전환할 때 적용되는 이율을 말한다. 여기에 12를 곱하면 연간 이율이 된다.

$$월세이율 = \frac{월세금}{전세보증금 - 월세보증금} \times 100$$

예를 들어 전세로는 1억 원이고 월세로는 보증금 2,000만 원

에 월 80만 원인 주택이 있다고 가정하자. 월세이율은 80만 원/
(1억 원-2,000만 원)×100=1%다. 이를 연간으로 환산하면 12%
의 임대수익을 얻는다는 뜻이다.

그렇다면 만약 같은 월세이율을 조건으로 보증금 없이 전액
월세로 임대를 한다면 월세를 얼마나 줘야 할까? 'X원/(1억 원-0
원)×100=1%'의 식에서 X를 구하면 되므로 정답은 100만 원이
다. 그러니까 2,000만 원 보증금을 내는 대신 전액 월세로 돌리
려면 월 20만 원을 더 내야 한다는 계산이 나온다.

[그림 4-8]처럼 검색유형에서 시도별을 택한 뒤 서울, 부산, 대

[그림 4-8] 전국의 월세이율 현황

이렇게 찾아가요!

한국감정원 R-ONE부동산 통계정보시스템(http://www.r-one.co.kr) ● 부동산 통계 ● 통
계리스트 ● 월세가격동향조사 ● 월세가격동향 ● 월세이율 ● 조회결과

구의 월세이율을 비교해보자.

월세이율은 대체적으로 대구가 높은 것으로 나타났다. 2013년 3월의 경우 서울과 부산이 0.81%인 데 비해 대구는 0.90%다. 연이율로 따지면 서울과 부산은 9.72%(0.81%×12)이고 대구는 10.8%(0.9%×12)로 10%대를 넘어섰다. 시중 신용대출금리가 6% 내외라는 것을 감안하면 월세이율이 은행 대출금리보다 4%p 가량 높다는 것을 알 수 있다.

저금리일 때는 집주인이 전세대금을 받아 은행에 넣어두어도 이자소득을 많이 얻을 수 없다. 때문에 전세보다는 월세로 전환해 높은 월세이율을 받고자 하는 욕구가 커지기 마련이다. 전세가 급격히 사라지고 월세로 바뀌는 경향은 저금리 기조와 관련이 깊다.

🔍 **한번 찾아보세요**

2013년 11월 4일 서울의 주간 아파트 전세가격은 지난주에 비해 얼마나 올랐을까?

1) 0.37% 2) 0.35% 3) 0.25% 4) 0.19%

4) 0.19%

아직 팔리지 않은
미분양주택 물량은 얼마나 되나요?
– 미분양주택

지역에서 작은 인테리어 사업체를 운영하는 이깔끔 씨는 주택 시장에 관심이 많다. 아무래도 하는 일이 주택건설 경기에 따라 부침이 심하기 때문에 관심을 가질 수밖에 없는 것이다. 미분양이 많은 곳은 추후 주택을 많이 짓지 않을 테니, 이깔끔 씨 입장에서는 그 지역을 피해야 할 것이다. 현재 미분양 주택이 얼마나 있고, 지금 분양을 시작하는 아파트는 얼마나 있는지를 알면 인테리어 사업에도 도움이 될 것 같은데 이러한 통계는 어디서 알 수 있을까?

미분양주택이란 말 그대로 분양이 안 된 주택을 말한다. 분양 공고를 냈지만 분양이 안 됐다는 뜻이다. 주택이 완공된 이후 팔리지 않은 주택도 물론 미분양에 포함된다.

정부는 지역의 주택 경기를 파악하기 위해서 매달 미분양주택 현황을 집계하고 발표한다. 미분양 물량이 많이 쌓여 있다는 말은 팔리지 않는 주택이 그만큼 많다는 이야기고, 주택 경기가 그다지 좋지 않다는 뜻이다. 그렇기 때문에 이런 지역에는 되도록 추가로 주택을 보급하지 않아야 한다.

정부가 공개하는 미분양주택 통계에는 민간업체 아파트만 포함된다. 정부는 그 이유를 경기변동에 따른 주택 시장의 상황을 알기 위해서라고 설명한다. 하지만 정부의 지원을 받는 공공부문의 미분양 물량은 통계에서 누락되기 때문에 미분양주택이 실제보다 축소돼 보인다는 지적도 있다. 업체가 정부에 자진신

[표 4-6] 전국의 미분양주택 현황(2013년 9월 기준)	
지역	주택 수
서울	4,331
부산	4,954
대구	1,602
인천	4,840
광주	913
대전	981
울산	2,816
세종	43
경기	25,500
강원	3,572
충북	797
충남	2,346
전북	1,694
전남	2,021
경북	1,917
경남	7,202
제주	581
전국	66,110

이렇게 찾아가요!
온나라 부동산정보통합포털(http://www.onnara.go.kr) ● 부동산 통계 ● 부동산 통계자료 ● 주택현황 ● 미분양주택 현황 ● 조회결과

고를 하면 이를 집계해 통계를 내는 방식으로 1993년부터 작성됐다.

미분양주택에 대한 정보는 국토교통부가 운영하는 온나라 부동산정보통합포털을 이용하면 유용하다. 다른 부동산 사이트도 있지만 모두 온나라 부동산정보통합포털을 기반으로 만든 것이기 때문에 정보 업데이트도 이곳이 가장 빠르다.

2013년 9월 현재 전국의 미분양주택은 6만 6,110가구다. 경기도가 2만 5,500가구로 가장 많다. 그렇다면 이 수치는 예년과 비교해 많은 것일까 적은 것일까? 이를 알아보려면 월별로 비교해보면 된다. 자료는 2001년 1월부터 수록되어 있으니, '조회 범위 상세설정'을 '전국'으로 놓고, 기간 시작을 '2001년 1월'로 설정해보자.

이와 같이 찾아보면 2008년 금융위기 직후에는 미분양주택이 16만 가구를 넘었다는 것을 알 수 있다. 당시는 금융위기의 여파도 있었지만, 2007년 9월 분양가상한제가 시행되어 밀어내기 분양을 한 영향도 있었다. 2007년 9월 이후 분양하는 아파트는 분양가상한제가 적용되다 보니 건설사들이 그전에 팔기 위해 일제히 분양에 나섰고 공급이 넘쳐나면서 미분양이 속출한 것이다.

당시 미분양주택이 쌓이면서 건설사들은 줄줄이 위기에 빠졌고, 정부는 공급축소 정책으로 아파트 공급을 줄여나갔다. 당시에 비하면 2013년 현재는 미분양주택이 많이 줄어든 셈이다.

우리나라는 아파트를 선분양한다. 아파트가 팔리기 전에 분양부터 한다. 분양공고 때 팔리지 않아 미분양이 되더라도 아파트를 짓는 도중에 팔릴 수 있다. 하지만 집이 다 완공되었는데도 팔리지 않는 아파트, 그러니까 '준공 후 미분양'은 건설사 입장에서 골치 아픈 존재다. 통상 '땡처리'를 해서 대폭 할인된 가격으로 팔아야 한다. 그래서 '준공 후 미분양' 아파트를 '악성 미분양'이라고 부르기도 한다.

미분양 아파트는 업체들의 자금 순환을 막아 건설사를 위기로 내몬다. 특히 준공 후 미분양은 해당 지역 주택에 대한 인식을 악화시켜 그나마 있는 수요자도 매입을 꺼리게 만든다. 그곳에 수요보다 공급이 많거나 아파트에 문제가 있다는 인식을 주기 때문이다.

준공 후 미분양 자료를 찾는 법은 간단하다. '통계표명'에서 '미분양계'를 '준공 후 미분양'으로 바꾸면 된다.

2013년 9월 준공 후 미분양은 2만 7,935가구다. 그러니까 2013년 9월 미분양 주택 중 준공 후 미분양의 비율은 42.3%(2만 7,935가구/6만 6,110가구×100)이다. 결코 적지 않은 비율이다. 미분양이든 준공 후 미분양이든, 미분양이 됐다는 말은 어떤 이유에서든 입주 메리트가 떨어진다는 뜻이므로 입주가 시작된 후에도 한동안 미분양으로 남을 가능성이 높다. 다만 주택경기가 크게 바뀌어 주택수요가 생긴다면 미분양 아파트가 빠르게 팔릴 수도 있다.

주택 구매희망자에게 미분양 주택은 기회가 될 수 있다. 부동산 대책을 내놓을 때마다 정부는 미분양 아파트에 대한 대책도 함께 내놓는데, 이를 매입하는 사람들에게 각종 세금혜택을 준다. 또한 준공 후 미분양 주택은 완공된 주택을 직접 볼 수 있는데다 구입 시 바로 입주할 수 있다는 점에서 선분양에 비해 유리하다.

문제는 미분양 주택 통계의 한계다. 전국 혹은 지역별 미분양 주택의 수는 알 수 있지만 그것이 어떤 아파트인지, 정확히 어디에 있는지, 어느 업체가 만든 것인지는 확인할 수 없다. 미분양 주택은 부동산 중개업소에서도 중개를 하지 않아서 의외로 정보를 얻기가 힘들다. 부동산 중개업소는 기존 아파트를 주로 중개한다.

정부가 준공 후 미분양 아파트의 가격대, 평형, 완공연도, 업체와 브랜드명 등을 일절 공개하지 않는 이유는 업체와 주민들의 눈치를 보기 때문이다. 입주 주민들은 집값 하락을 우려해 자신의 아파트가 미분양되었는지 여부를 공개하는 것을 꺼린다. 건설사들도 자사 브랜드 가치가 떨어질 것을 우려해 정보를 제공하지 않고 있다.

그러다 보니 지역 중개업소는 물론 부동산 정보를 전문적으로 취급하는 전문업체들도 준공 후 미분양 아파트에 대한 상세정보를 얻기가 힘들다. 건설업체들은 미분양 아파트를 다소 비밀스럽게 처리한다. 어느 지역에 가보면 목 좋은 곳에 '아파트 파격할인! 5,000만 원으로 내 집 마련 가능'이라는 플래카드가 걸려 있다. 이 플래카드는 미분양 아파트 지역사무소나 브로커가 붙였을 가능성이 크다. 홈페이지나 언론을 통해 공개적으로 미분양 아파트 매각에 나서지 않고 알음알음으로 판매하는 전략을 쓰는 것이다. 염가에 일단 입주해 살다가 2년 뒤쯤에 분양을 받으라는 '애프터 리빙'도 미분양 업체들이 잘 쓰는 전략이다.

정부는 "준공 후 미분양 아파트 자료를 공개하고 싶지만, 그럴 경우 건설사들이 불성실한 자료를 제출해 집계조차 잘 안 될 수 있다"라고 말했다. 하지만 이는 과도한 건설사 편들기라는 지적도 많다. 건설사가 정보를 독점할수록 결국 피해를 보는 것은 일반 수요자이기 때문이다. 정부가 실수요자를 빈집과 연결해주는 역할을 하기 위해서라도 정보공개의 폭이 넓어져야 한다는 주장이 적지 않다.

주택공급의 또 다른 측면을 보려면, 분양률 이외에 신규 분양되는 아파트가 얼마나 되는지도 알아두면 좋다. 추후 주택공급이 많다면 아무래도 집을 구하기가 쉬울 테고, 줄어든다면 어려울 가능성이 크기 때문이다.

주택공급은 인허가, 착공, 아파트 분양, 준공 등 네 가지 단계를 따른다. 통상 주택공급은 인허가를 기준으로 발표하는데, 예컨대 '3만 가구 공급'이라고 말했다면 이는 '3만 가구를 인허가 했다'는 것을 의미한다. 하지만 이런 발표는 실제 주택공급과 시간 괴리가 커서 현실과 동떨어졌다는 지적을 많이 받았다.

다만 인허가는 건축경기 선행지표로서 갖는 의미가 크다. 인허가가 난 뒤 건축에 나서므로 인허가의 양을 보면 주택경기가 어떻게 풀릴지를 예측할 수 있기 때문이다.

인허가 다음 단계는 착공인데, 착공통계는 건축경기에서 현행지표로 사용된다. 착공하는 주택이 많을수록 건설경기는 활기를 띨 것이다. 수요자 입장에서는 공급의 선행지표로 볼 수 있다. 착공한 건물이 완공되는 2~3년 뒤에는 입주가 가능하기 때문이다.

그런데 인허가통계와 착공통계에는 통계착시가 있으므로 주의해야 한다. 건축인허가는 통상 4분기에 많이 몰리는데, 이는 아파트 착공시기와 관련이 있다. 아파트 공사의 착공시점은 봄부터 장마 전인 2분기가 선호된다. 날이 풀려서 공사를 하기 수월하기 때문이다. 그러므로 4분기에 인허가가 많이 몰렸다고 주택경기가 회복되고 있다고 판단하면 오산이다.

마찬가지로 건축 착공은 매년 2분기에 큰 폭의 증가세를 보인다. 상대적으로 기온이 낮은 4분기나 1분기는 착공이 감소하는 경향이 있다. 건축 착공시기는 날씨의 영향을 많이 받는다. 그렇기 때문에 2분기 건축 착공이 늘었다고 건축경기가 풀린다고 보거나, 4분기에 착공이 감소했다고 해서 경기가 얼어붙었다고 섣불리 단언해서는 안 된다.

주택공급의 네 번째 단계인 준공은 사업이 종료됨을 뜻하기 때문에 건축산업으로서는 큰 의미가 없는 지표다. 아파트 입주자들도 이미 분양이 끝난 아파트라 큰 의미를 두기 어렵다. 하지만 이사업자, 인테리어 사업자, 전자제품 판매상 등에게는 매우 유용한 정보다. 입주를 위한 이사가 시작됨을 알리는 선행지표로서 가치가 있다. 아파트 입주자가 아닌 원룸이나 빌라 입주자들도 필요한 정보다. 아파트와 달리 원룸이나 빌라는 준공 이후 세를 놓는 후분양이 많다.

미분양통계에 직접적인 영향을 주는 통계는 아파트 분양이다. 아파트 분양에 대한 통계는 각 건설사에서 공표하는 분양공고를 기준으로 집계한다. 민간분양과 공공분양이 모두 포함되므로 실제 공급되는 분양주택의 양을 알 수 있다. 미분양통계에서는 민간분양분만 공개하는 것을 감안하면 모순적인 측면이 있다. 이에 대해 국토부는 "미분양통계는 시장의 주택경기 흐름을 파악하기 위한 목적이어서 분양통계와 통계작성의 목적이 다르다"라고 말했다. 분양통계와 미분양통계는 국토부가 관리하지만 담당 과가 다르다.

분양통계는 국토교통통계누리에서 구할 수 있는데, 국토부 담당부서가 직접 업데이트하는 자료들이다.

[그림 4-9]를 보면 2013년 9월 전국에 걸쳐 분양된 공동주택(아파트)은 총 2만 3,982가구다. 이 중 분양주택 분양이 1만 5,254가구고 임대주택 분양이 7,777가구다. 조합이 분양하는 것도 951가구다. 1~9월 누계를 살펴보면 19만 2,589가구다.

　인허가, 착공, 준공 등의 자료도 국토교통통계누리에서 찾을 수 있다. 다만 국토교통통계누리는 행정기능이 강해서 온나라

[그림 4-9] 국토부에서 조사한 주택 분양 통계

지역1	지역2	순계 합계	분양	임대	조합	누계 합계		
합계	합계	23,982	15,254	7,777	951	192,589		
수도권	소계	14,258	7,166	6,141	951	88,691		
	서울	7,839	985	6,112	742	27,462		
	인천	124	124	0	0	5,546		
	경기	6,295	6,057	29	209	55,683		
	부산	1,626	602	1,024	0	8,692		
	대구	3,619	3,619	0	0	12,979		
	광주	0	0	0	0	4,166		
	대전	0	0	0	0	2,911		
	울산	32	32	0	0	5,052		
	세종	0	0	0	0	11,117		
	강원	316	0	316	0	2,839		
	충북	1,102	1,102	0	0	6,160	4,049	2,111
	충남	1,836	1,836	0	0	11,537	9,392	2,145
	전북	0	0	0	0	6,366	3,273	238
	전남	0	0	0	0	7,534	3,121	4,413
	경북	296	0	296	0	11,675	9,408	2,267
	경남	801	801	0	0	10,181	8,082	1,696
	제주	96	96	0	0	2,689	2,689	0

이렇게 찾아가요!

국토교통통계누리(http://stat.molit.go.kr) ◑ 통계마당 ◑ 부서별통계 ◑ 주택정책관 ◑ 주택건설공급과 ◑ [행정]공동주택 분양승인 실적 ◑ 조회결과

부동산정보통합포털이나 R-ONE부동산 통계정보시스템에 비해 깔끔하지 않다.

미분양통계는 아파트의 상세내용을 제공하지 않지만, 분양통계는 세부정보를 공개한다. 누가 만든 아파트고, 집안 구조는 어떻고, 주변시세는 어떻고 등등의 자료가 온나라 부동산정보통합포털, KB부동산 알리지, 부동산114 등에 넘쳐난다. 건설사 입장에서 분양 정보는 판매를 위한 홍보가 되기 때문에 적극적으로 정보를 공개하는 것이다. 하지만 미분양 물량은 판매에 지장이 될 수 있으므로 세부정보를 공개하지 않는다. 때문에 소비자들은 합리적인 가격으로 자신이 원하는 미분양 아파트를 구할 기회를 잃고 있다.

Q 한번 찾아보세요

2010년 9월 서울의 미분양 아파트의 수는 얼마인가?

1) 2,169가구   2) 10만 325가구   3) 1,776가구   4) 6만 8,039가구

1) 2,169가구

제 **5** 장

생활

데이터를 알면 **생활 속 숨은 1인치**가 보인다

고등학생,
사교육비 얼마나 쓰나요?

– 사교육비 동향

입시학원 선생으로 잔뼈가 굵은 신강의 씨는 내년에 자신의 학원을 열겠다는 계획을 세웠다. 그런데 요즘 경기가 좋지 않아서 사교육비도 줄인다고 하니 일을 벌이기가 겁이 나기도 한다. 그래서 요즘 고교생들의 사교육비 특성은 어떠한지, 어떤 과목이 유리한지, 학력수준이 어떠한 학생들이 학원을 많이 찾는지, 어느 지자체에 학원 수요가 많은지 등등을 세밀하게 따져볼 요량이다. 이러한 정보는 어디서 알아볼 수 있을까?

교육은 예나 지금이나 한국사회를 뜨겁게 달구는 이슈다. 전 국민이 전문가를 자청할 정도다. 얼마 전까지만 해도 수학능력평가시험 문제와 정답이 신문에 그대로 게재될 정도로 모든 사람이 아이들의 교육 문제에 큰 관심을 가졌었다. 지금은 그 정도가 약해졌다고는 해도 수능시험 때는 으레 출근시간이 한 시간가량 늦어지고 듣기평가 때는 비행기 이착륙이 금지된다. 대입이 그만큼 국가적인 이벤트로 취급되고 있는 것이다.

그렇기 때문에 교육은 집값에도 큰 영향을 미친다. 서울 강남의 대치동, 양천구 목동은 학원이 몰려 있는 대표적인 부촌이다. 지방의 사정도 마찬가지다. 부산 해운대구, 대구 수성구, 대전 유성구 등은 지역의 8학군으로 집값도 높다.

　정부는 사교육비 관련 정책마련을 위해 사교육비 통계를 내고 있는데, 통계적으로 사교육비란 초·중·고 학생들이 학교의 정규 교육과정 이외에 학교 밖에서 받는 보충교육을 위해 개인이 부담하는 비용을 뜻한다. 사교육비 자료는 [그림 5-1]과 같이 구한다.

[그림 5-1] 사교육비 현황 찾아보기

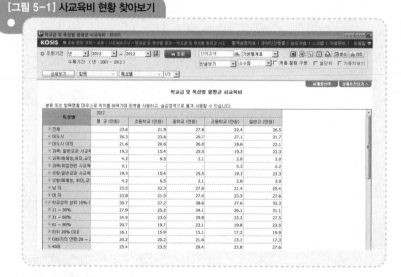

이렇게 찾아가요!

통계청 국가통계포털(http://kosis.kr) ◉ 국내통계 ◉ 주제별통계 ◉ 교육·문화·과학 ◉ 교육 ◉ 사교육비 조사 ◉ 학교급 및 특성별 결과 ◉ 학교급 및 특성별 월평균 사교육비 ◉ 조회결과

'학교급 및 특성별 월평균 사교육비' 자료는 통계청이 2007년부터 매년 작성하고 있다. 매년 6월과 10월, 전국 1,094학교, 1,407학급의 담임교사 및 학부모 4만 4,000명을 대상으로 두 차례 조사를 하고, 이 두 데이터를 기본으로 조사하지 않는 달의 교육비를 추계해 합산하는 방식으로 자료를 작성한다. 사교육비 조사에서는 과목, 유형, 학교 성적, 부모의 학력수준, 소득수준 등 다양한 자료를 제공하고 있다.

[그림 5-2]는 2010년부터 2012년까지 3년간 대도시에서 초·중·고/일반고 및 전체 평균의 사교육비 사용 추이를 구한 자료다.

TIP!

과목
- 일반교과 사교육: 국어/영어/수학/사회·과학/제2외국어·한문·컴퓨터/논술
- 예체능 취미 교양 사교육: 음악/미술/체육/취미·교양
- 취업 관련 사교육

유형
- 개인과외/그룹과외/학원수강/방문학습지/유료 인터넷 및 통신강좌

사교육을 받는 학생들의 학교성적
- 상위 10% 이내/11~30%/31~60%/61~80%/하위 20% 이내

[그림 5-2] 서울과 대도시의 사교육비 사용 추이(초·중·고등학교/일반고 및 전체 평균)

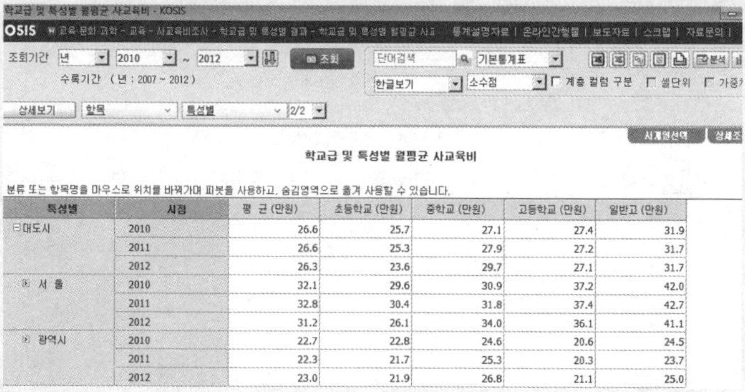

학교급 및 특성별 월평균 사교육비

분류 또는 항목명을 마우스로 위치를 바꿔가며 피봇을 사용하고, 숨김영역으로 옮겨 사용할 수 있습니다.

특성별	시점	평 균 (만원)	초등학교 (만원)	중학교 (만원)	고등학교 (만원)	일반고 (만원)
대도시	2010	26.6	25.7	27.1	27.4	31.9
	2011	26.6	25.3	27.9	27.2	31.7
	2012	26.3	23.6	29.7	27.1	31.7
서 울	2010	32.1	29.6	30.9	37.2	42.0
	2011	32.8	30.4	31.8	37.4	42.7
	2012	31.2	26.1	34.0	36.1	41.1
광역시	2010	22.7	22.8	24.6	20.6	24.5
	2011	22.3	21.7	25.3	20.3	23.7
	2012	23.0	21.9	26.8	21.1	25.0

'상세보기'를 클릭한 뒤 '특성별'에서 '대도시'를 선택한 후 '조회'를 클릭하면 된다. 마우스의 가로축을 클릭한 다음 세로축으로 끌어당기면 가로축과 세로축이 뒤바뀐다.

[그림 5-2]를 보면 초등학교와 고등학교는 2010년 대비 2012년 사교육비가 줄어들었고, 중학교만 늘어났다. 고교생 대상 사교육비가 줄어든 이유는 경기 부진의 영향이 가장 커 보인다.

이제 고등학교 사교육에서 ① 어떤 과목이 선호되며, ② 학원 이용의 경향은 어떠한지, ③ 성적에 따른 학생들의 사교육비 지출 현황은 어떠한지 등을 알아보도록 하자. '상세보기'를 클릭한 뒤 '항목'과 '특성별'에서 각각 '고등학교'와 '일반교과 사교육'을 선택하면 ①에 대한 데이터를 구할 수 있다.

[그림 5-3]을 보면 고등학교에서 사교육비로 가장 많이 지출하

[그림 5-3] 학교급 및 특성별 월평균 사교육비

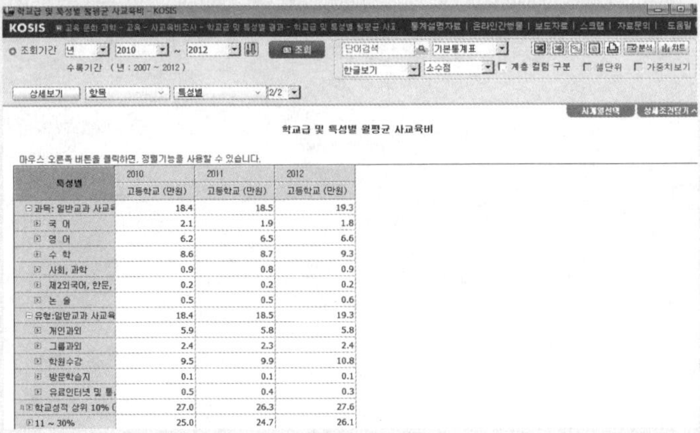
학교급 및 특성별 월평균 사교육비 - KOSIS

조회기간 년 2010 ~ 2012 수록기간 (년 : 2007 ~ 2012)

학교급 및 특성별 월평균 사교육비

마우스 오른쪽 버튼을 클릭하면, 정렬기능을 사용할 수 있습니다.

특성별	2010	2011	2012
	고등학교 (만원)	고등학교 (만원)	고등학교 (만원)
과목: 일반교과 사교육	18.4	18.5	19.3
국 어	2.1	1.9	1.8
영 어	6.2	6.5	6.6
수 학	8.6	8.7	9.3
사회, 과학	0.9	0.8	0.9
제2외국어, 한문,	0.2	0.2	0.2
논 술	0.5	0.5	0.6
유형:일반교과 사교육	18.4	18.5	19.3
개인과외	5.9	5.8	5.8
그룹과외	2.4	2.3	2.4
학원수강	9.5	9.9	10.8
방문학습지	0.1	0.1	0.1
유료인터넷 및 통.	0.5	0.4	0.3
학교성적 상위 10% (	27.0	26.3	27.6
11 ~ 30%	25.0	24.7	26.1

는 과목은 수학이다. 수학의 사교육비는 2010년 1인당 8만 6,000원이었지만 2012년에는 9만 3,000원으로 지출액이 늘어났다. 전체적으로 고교 사교육비가 줄었다지만 일반교과의 사교육비는 오히려 늘었고 특히 수학 과목은 지출이 크게 증가했음을 확인할 수 있다. 또한 학원수강을 위한 사교육비 지출액도 줄지 않았다. 일반교과 사교육 중 학원수강비 지출은 2010년 9만 5,000원에서 10만 8,000원으로 늘어났다. 이를 보면 고등학교 사교육비 중 국어·영어·수학 등 정규과목에 대한 사교육비 지출은 전혀 줄지 않았다는 것을 알 수 있다. 음악·미술·체육 등 예체능 쪽 사교육비가 많이 줄어들었을 개연성이 커 보인다.

학교 성적별로 보자면 학교성적 상위 10% 이내의 학생들이

1인당 27만 6,000원으로 사교육비를 가장 많이 썼다(2012년 기준). 언론에는 종종 수학능력시험 최우수 성적자들이 사교육을 전혀 받지 않았다는 기사가 보도되지만, 현실적으로 보면 성적 상위권 학생들이 사교육을 많이 받고 있다는 것을 통계로 확인할 수 있다. 이 정도면 사교육을 많이 받았기 때문에 성적이 올랐다는 분석도 가능하다. 사교육비는 성적이 중위권으로 내려갈수록 줄어들었다.

그렇다면 지자체별 사교육비 지출은 어떤 양상을 보일까? 이는 [그림 5-4]와 같은 방법으로 구할 수 있다.

[그림 5-4] 시도별 월평균 사교육비 현황

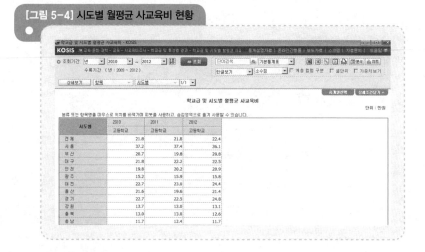

이렇게 찾아가요!

국가통계포털(http://kosis.kr) ❶ 국내통계 ❶ 주제별통계 ❶ 교육·문화·과학 ❶ 교육 ❶ 사교육비조사 ❶ 학교급 및 특성별 결과 ❶ 학교급 및 시도별 월평균 사교육비 ❶ 조회결과 시도별 사교육비를 보면 서울이 36만 1,000원으로 가장 많다. 이어 경기, 대전, 대구, 울산 순이고 광주는 광역시 중에서 사교육비 지출이 가장 적었다. 이로써 고교 대상 사교육 시장은 서울, 경기, 대전, 대구, 울산 등이 상대적으로 규모가 크다는 것을 알 수 있다.

사교육에 대한 추가적인 정보를 얻고 싶으면 '사교육 의식조사' 통계자료를 활용하는 것도 권할 만하다. 학부모를 대상으로 사교육 참여 여부를 결정하는 사람은 누구인지, 사교육 관련 정보는 어디에서 얻는지, 초·중학생의 진학희망 고등학교의 유형은 무엇인지 등을 촘촘히 분석한 통계를 볼 수 있다. 또한 연도별 사교육 증가 원인에 대한 자료도 확인할 수 있다.

🔍 **한번 찾아보세요**

2012년 초등학교 학교성적 상위 10% 이내 학생이 한 달에 지출하는 사교육비는 얼마인가?

1) 15만 9,000원   2) 30만 7,000원   3) 27만 2,000원   4) 20만 7,000원

정답 3) 27만 2,000원

공기업에 취직하고 싶어요
– 공공기관 경영 현황

취업준비생 오미래 씨는 공기업 취업을 노리고 있다. 공공기관이 매년 뽑는 직원이 1만 7,000명이라고 하는데, 공공기관에 대한 정보는 어디서 알 수 있는 걸까? 그중에서도 오미래 씨는 한국토지주택공사에 큰 관심을 가지고 있는데 이곳의 임금과 근로조건, 처우는 어떨까? 또한 회사의 미래 전망을 알려면 부채와 영업이익도 살펴봐야 할 것 같은데 이런 정보는 어디서 얻을 수 있을까?

　우리나라의 공공기관과 공기업은 2013년 12월 현재 295개다. 이들에 대해 알고 싶다면 공공기관의 경영정보를 통합·공개하는 시스템인 '알리오'를 활용하면 된다. 알리오 시스템은 공공기관의 경영 현황을 있는 그대로 국민들에게 투명하게 공개해 국민들이 공공기관을 감시할 수 있도록 하자는 취지에서 노무현 정부 때였던 2005년에 처음으로 구축됐다. 2013년 기준 34개 항목, 120여 개의 경영정보를 공개하고 있는데, 공공기관의 부채 문제가 불거지면서 공개의 폭이 갈수록 확대되고 있다.

공공기관이란 정부가 투자하거나 출자한 곳, 혹은 재정을 지원해 설립되고 운영되는 기관을 말한다. 공공기관 운영에 관한 법률에 따라 기획재정부 장관이 지정한다. 기획재정부 공공기관운영위원회(공운위)에서 매년 1월 공공기관을 지정하여 발표하기 때문에 공공기관은 매년 변동될 수 있다. 예를 들어 한국거래소는 2009년 말에 공공기관으로 지정됐지만 2014년 현재는 해제론이 나오고 있다. 또한 산업은행은 2012년 공공기관에서 해제됐지만 재지정될 가능성이 높다.

공공기관의 운영에 관한 법률을 보면 공공기관은 ① 법률에 따라 직접 설립되고 정부가 출연한 기관 ② 정부지원액이 총수

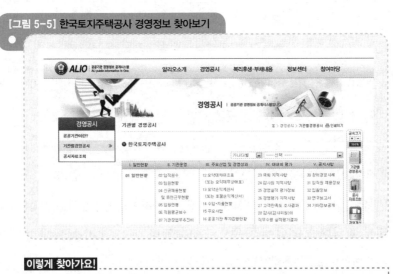

[그림 5-5] 한국토지주택공사 경영정보 찾아보기

이렇게 찾아가요!

알리오(http://www.alio.go.kr) ◐ 경영공시 ◐ 기관별경영공시 ◐ 기관명 입력 ◐ 조회결과

입액의 2분의 1을 초과하는 기관 ③ 정부가 100분의 50 이상의 지분을 가지고 있거나 100분의 30 이상의 지분을 가지면서 임원 임명권한을 가져 정책결정에 사실상 지배력을 확보하고 있는 기관 등이다. 공공기관에는 공기업, 준정부기관, 기타공공기관 등이 있다.

[그림 5-5]는 한국토지주택공사(LH)의 경영정보를 찾아본 것이다. 경영정보 중 살펴보아야 할 주요 항목은 다음과 같다.

Ⅱ. 기관운영

02. 임직원 수: 임원(기관장, 이사, 감사) 및 직원(비정규직 포함)의 수를 알 수 있다. 여직원의 수도 공시한다.

03. 임원 현황: 기관장과 상임이사, 비상임이사의 주요 경력과 임기를 알 수 있다. 낙하산 인사 여부를 알 수 있다.

04. 신규채용 및 유연근무 현황: 연도별로 여성, 장애인, 이공계전공자, 비수도권 지역인재, 고졸인력 등의 신규채용 현황을 알 수 있다.

05. 임원 연봉: 기관장과 감사, 이사의 연봉을 공개한다.

06. 직원 평균 보수: 1인당 평균 보수액과 평균근속년수를 알 수 있다. 신입사원 초임연봉도 공개된다.

Ⅲ. 주요산업 및 경영성과

12. 요약대차대조표: 해당기관의 자산과 부채, 자본 추이를 알 수 있다. 부채는 유동부채, 비유동부채, 총부채 등으로 표기된다. 고유사업은 해당 기관에 대한 대차대조표이고, 기금계정은 정부로부터 위탁받아 운영하는 기금의 대차대조표다. 기금계정은 예금보험공사, 한국자산관리공사 등 금융공기업만 해당되기 때문에 한국토지주택공사는 해당사항이 없다.

13. 요약손익계산서: 매출액과 영업이익, 당기순이익 등 경영상태를 파악할 수 있다.

LH는 295개 공공기관 중 빚이 가장 많다. 부채가 많은 기관이라면 건전성이 좋지 못할 수 있다. 이를 알아보려면 '12. 요약대차대조표'를 클릭해 LH의 부채구조를 살펴보아야 한다.

LH의 재무제표를 보면 2013년 반기 현재 부채가 141조 7,309억 원이다. 2012년 기준 295개 공공기관 전체 빚이 493조 4,000억 원이니, 그중 4분의 1이 LH의 빚인 셈이다. 민간기업이라면 부채가 140조 원이면 도저히 생존할 수 없다. 그런데 이를 자세히 들여다보면 사정이 조금 달라진다.

자산계정을 들여다보니 LH의 자산은 172조 2,735억 원으로 부

[그림 5-6] 한국토지주택공사의 요약재무상태표

구분		2009년 결산	2009년 결산	2010년 결산	2011년 결산	2012년 결산	2013년 반기
구분				연결재무제표	연결재무제표	연결재무제표	연결재무제표
자산	유동자산			85,379,969	92,249,581	95,037,251	97,326,893
	비유동자산			62,498,746	66,223,453	72,724,384	74,947,650
	자산총계			147,878,715	158,473,034	167,761,635	172,274,543
부채	유동부채			30,212,738	34,108,900	38,184,051	38,650,979
	비유동부채	회계기준 변경에 따라 따로 표시		91,313,791	96,462,265	99,938,029	103,079,991
	부채총계			121,526,529	130,571,165	138,122,080	141,730,970

채보다 30조 원가량 많다. 쉽게 말해 자산을 다 팔면 부채를 갚고도 30조 원이 남는다는 이야기다. 왜 이런 현상이 나타나는 걸까?

LH 빚의 상당수는 임대주택이다. 임대주택이란 LH가 지어서 낮은 가격에 저소득층 주민들에게 빌려주는 주택을 말한다. LH로서는 지어서 팔수록 적자를 볼 수밖에 없다. 하지만 '주거복지' 차원에서 누군가는 해야 하고, 민간이 손해 보는 사업을 할 이유가 없으니 공공기관인 LH가 맡아서 해야 하는 것이다. 재무제표에서 LH의 비유동자산을 보면 75조 원에 육박하는데 상당수 LH가 소유권을 가지고 있는 아파트다. LH가 140조 원이나 빚을 지고도 망하지 않는 이유가 여기에 있다.

공공기관의 부채 문제가 심각해지면서 정부는 2013년 말부터 부채가 많은 12개 공공기관에 대해서는 별도로 상세한 부채상황을 공개하고 있다. 이를 통해 연도별 부채 규모, 부채의 증가 속도, 금융부채 현황, 장단기 금융부채 현황, 외화금융부채 현황, 부채비율, 차입금의존도 등의 자료를 확인할 수 있다.

입사 여부를 결정할 때는 임금이나 회사의 미래전망도 중요하지만 복지부문도 빼놓을 수 없는데 이에 대한 내용도 알리오에서 확인할 수 있다. 정부는 2013년 말부터 복리후생 여덟 개 부문(① 유가족 특별채용 ② 휴직급여 ③ 퇴직금 ④ 보육비 및 학자금 ⑤ 건강검진&의료비 ⑥ 경조금 ⑦ 휴가/휴직 ⑧ 경영/인사)을 따로 떼어 공시하고 있다.

알리오 홈페이지에는 채용정보와 더불어 입찰정보도 공개된다. 공공기관 입사를 준비하는 취업준비생이라면 알리오 홈페이지를 자주 방문하면 유익한 정보를 많이 얻을 수 있다. 그 외에 공공기관 채용정보만 모아놓은 '잡 알리오(http://job.alio.go.kr)'도 활용할 만하다. 신규채용 현황, 청년인턴 채용 현황, 신입사원 초임, 직원 평균 보수, 취업규칙, 직원 수 등의 항목을 기관별로 비교할 수 있어 편리하다. 또한 채용 공공기관의 근무지가 어디인지, 신규를 뽑는지 경력직을 뽑는지도 이 사이트를 통하면 쉽게 알 수 있다.

Q 한번 찾아보세요

한국토지주택공사의 2013년 직원 평균연봉은 얼마인가?

1) 5,870만 1,000원 2) 6,499만 1,000원
3) 6,511만 8,000원 4) 6,125만 8,000원

4) 6,125만 8,000원

출생아 숫자는 어떻게 파악하나요?
– 인구 동향

유아용품점을 개업하려고 준비 중인 송순진 씨는 점포를 열 장소를 두고 고민이 이만저만이 아니다. 아무래도 아이들이 많이 태어나는 곳에 가게를 차려야 장사가 잘될 텐데 그걸 알아보려면 어떻게 해야 할까? 일단 남편과 상의 끝에 서울시 구로구 신도림동에 점포를 낼 계획을 세웠는데, 이곳의 연간 출생아 수는 어떻게 되는지 알 수 있을까?

통계에서 가장 기본이 되는 것은 인구자료다. 전 세계적으로 나 우리나라에서나 통계는 호구조사에서부터 시작되었다. 과거에는 어디에 몇 명이 사느냐가 통계의 전부였지만, 이제는 몇 명이 태어나고 태어난 아이들이 어디로 이동하는지, 이들의 소득수준과 소비수준, 주택의 구매여부 등까지 세세하게 조사한다. 기초 구군별까지 이런 데이터를 축적해 나름의 의미를 해석해내면 이것이 바로 빅데이터이다.

우리나라는 매달 인구 동향을 발표하는데 인구동향에는 출생,

사망, 혼인, 이혼 등 네 가지 통계가 포함된다. 어린이 관련 인구 자료로는 출생통계가 유용하다.

출생통계와 사망통계는 발생 월을 기준으로 하되, 지연신고 가능성을 추정해서 합산한 결과를 발표한다. 법적으로 출생신고는 아기가 출생한 지 한 달 내에, 사망신고는 사망 사실을 안 날로부터 한 달 내에 관공서에 신고해야 한다.

통계는 조사한 시점으로부터 2개월 후에 공표된다. 그러니까 2014년 1월의 통계는 2014년 3월에 발표되는 셈이다. 이렇게 낸 월별통계를 모아서 연간통계를 발표하는데 연간통계는 다음 해 2월에 잠정 발표된다. 연간확정 통계는 출생의 경우 다음 해 8월에 발표된다. 그러니까 2013년 출생통계는 2014년 2월에 잠정 통계가, 8월에 확정통계가 발표되는 것이다. 연간 사망통계는 다음 해 2월에 잠정통계가 나오지만 확정통계는 9월에 발표된다. 연간 확정통계는 사망통계가 출생통계보다 한 달이 늦다. 출생·사망통계는 출생자와 사망자의 주소지를 기준으로 하는데, 국가통계포털에서 구할 수 있다.

조회를 하면 [그림 5-기처럼 출생·사망·혼인·이혼통계가 한눈에 나오는데, 월간 기준의 자료는 2000년 1월부터 있다. 조회기간을 클릭하면 '월'을 '연'으로 바꿀 수도 있다. 연 자료 역시 2000년부터 있다.

하지만 이 통계에는 한계가 있다. 세부정보를 얻기가 어렵기

[그림 5-7] 연간 인구 동향 알아보기

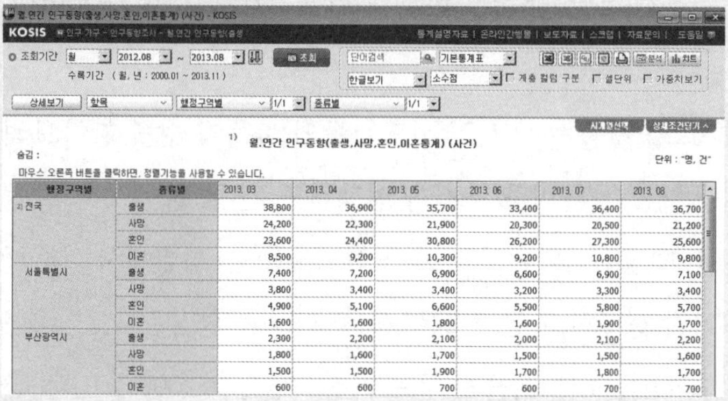

1) 월.연간 인구동향(출생,사망,혼인,이혼통계) (사건)

단위 : "명, 건"

행정구역별	종류별	2013. 03	2013. 04	2013. 05	2013. 06	2013. 07	2013. 08
2) 전국	출생	38,800	36,900	35,700	33,400	36,400	36,700
	사망	24,200	22,300	21,900	20,300	20,500	21,200
	혼인	23,600	24,400	30,800	26,200	27,300	25,600
	이혼	8,500	9,200	10,300	9,200	10,800	9,800
서울특별시	출생	7,400	7,200	6,900	6,600	6,900	7,100
	사망	3,800	3,400	3,400	3,200	3,300	3,400
	혼인	4,900	5,100	6,600	5,500	5,800	5,700
	이혼	1,600	1,600	1,800	1,600	1,900	1,700
부산광역시	출생	2,300	2,200	2,100	2,000	2,100	2,200
	사망	1,800	1,600	1,700	1,500	1,500	1,600
	혼인	1,500	1,500	1,900	1,700	1,800	1,700
	이혼	600	600	700	600	700	700

이렇게 찾아가요!

통계청 국가통계포털(http://kosis.kr) ➜ 국내통계 ➜ 주제별통계 ➜ 인구·가구 ➜ 인구동향조사 ➜ 월·연간 인구동향(출생, 사망, 혼인, 이혼 통계) ➜ 조회결과

때문이다. 우선 행정구역별로는 광역지자체까지만 자료를 제공한다. 서울시 자료는 있지만 서울시 중구 혹은 서울시 마포구의 자료는 없다는 이야기다. 또 하나는 분석기능이 제공되지 않는다는 한계가 있다. 전년 대비 증감 정도나 증감률 등을 파악할 수가 없다. 통계청은 상세자료를 구하려면 '인구동태건수 및 동태율 추이'를 이용할 것을 권고하고 있다.

[그림 5-8]처럼 찾아가면 행정구역별로는 전국 및 시도별로 통계자료가 표시된다. 출생건수, 사망건수와 함께 자연증가건수도 표시되어 있다. 자연증가건수란 출생건수에서 사망건수를

뺀 수치이다. 2012년 전국 기준으로 볼 때 48만 4,550명이 태어났고, 26만 7,221명이 사망했고 전체적으로 21만 7,329명이 늘어났다.

2012년 서울시 구로구 신도림동의 출생아 수를 알아보려면 '일괄설정'을 클릭해 조건을 선택하면 된다. 항목에서 '출생건수'를, 행정구역별에서 '구로구 신도림동'을, 성별에서 '계/남/여'를 각각 선택하고 연도별은 '2008~2012'를 설정한다.

[표 5-1]을 보면 서울시 구로구 신도림동의 2008~2012년 출생아수는 4년간 꾸준히 500명대를 기록하고 있다. 성별로는 통상

[그림 5-8] 인구동태건수 및 동태율 추이

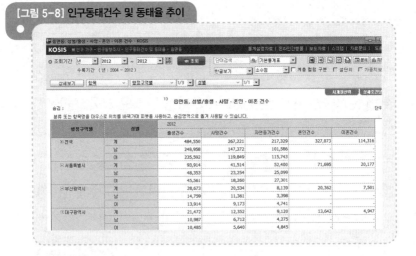

이렇게 찾아가요!

국가통계포털(http://kosis.kr) ◐ 국내통계 ◐ 주제별통계 ◐ 인구·가구 ◐ 인구동향조사 ◐ 인구동태건수 및 동태율 ◐ 읍면동, 성별/출생, 사망, 혼인, 이혼 건수 ◐ 조회결과

[표 5-1] 신도림동의 출생 현황

(단위: 명, %)

구분	성별	2008	전년비 증감률	2009	전년비 증감률	2010	전년비 증감률	2011	전년비 증감률	2012	전년비 증감률
서울특별시	계	94,736	-5.4	89,595	-5.4	93,268	4.1	91,526	-1.9	93,914	2.6
	남	48,826	-5.3	45,963	-5.9	48,122	4.7	46,853	-2.6	48,353	3.2
	여	45,910	-5.5	43,632	-5.0	45,146	3.5	44,673	-1.0	45,561	2.0
신도림동	계	515	0.4	512	-0.6	519	1.4	548	5.6	575	4.9
	남	259	-7.2	263	1.5	251	-4.6	281	21.0	267	-5.0
	여	256	9.4	249	-2.7	268	7.6	267	-0.4	308	15.4

적으로 남자아이들이 많았지만 2012년은 여자아이가 조금 더 많이 태어났다. 서울 전체로 보면 9만 4,000명대에서 9만 3,000 명대로 매년 줄어들고 있는 추세다. 2009년에는 급기야 8만 명 대까지 떨어졌다. 그에 비하면 신도림동은 2011년 이후 출생아 수가 오히려 늘어나고 있다는 것을 자료를 통해 확인할 수 있다.

출생아 수 변화를 한눈에 알아보기 위해 전년 대비 증감률을 살펴보도록 하자. 2012년 신도림동의 출생아 수는 전년보다 4.9% 늘어났다. 남자아이는 5.0%가 줄어들었지만 여자아이는 15.4% 가 증가했다. 전년비의 기준년도를 2008년으로 설정하면 2008 년 대비로도 증감률을 알 수 있다. 신도림동은 2008년, 2009년 서울 전체적으로 출생건수가 5%대 감소율을 보일 때도 각각 0.4%, -0.6%를 기록해 큰 변화가 없었다. 그간 추세를 고려해볼 때 신도림동에 유아용품을 창업한다면 급격한 출생률 감소에 따른 영업부진을 겪을 가능성은 적다고 볼 수 있다. 출생아 수를 동별까지 집계한 자료라면 빅데이터로서 충분한 가치를 지닌다.

인구 동향 발표에서 출생, 사망, 혼인, 이혼 등을 한데 묶은 이유는 이들 네 가지 요소가 인구구조의 변화를 일으키는 요인이기 때문이다. 얼마나 태어나고 죽었느냐에 따라 인구 수가 달라지고, 몇 쌍이 결혼하고 이혼했는가에 따라 추후 출생률 등을 예측할 수 있다. 특히 이 네 가지 통계는 '가족관계 등록부' 신고에서 집계하는 대법원 자료로 출처가 같다.

국가통계포털의 '인구·가구' 부문에는 이 네 가지 지표 이외에도 여러 가지 인구통계지표가 있다. 그중 하나인 인구이동은 안전행정부의 전입신고와 전출신고를 근거로 만든 자료인데 시도별로 인구가 어떻게 이동하는지를 알 수 있다.

인구총조사는 5년에 한 번씩 국내에 거주하는 사람들을 대상으로 실시된다. 따라서 여기에는 외국인도 포함되기 때문에 대한민국 국민만 집계하는 인구동향조사와는 조사범위가 다르다는 것을 염두에 두어야 한다.

추계인구란 향후 60년간 인구구조가 어떻게 변화하는가를 추정한 것으로 매 5년마다 재산정된다. 추계인구를 구하는 이유는 경제구조의 변화, 사회구조의 변화에 대비하고자 함이다.

주민등록인구통계는 안전행정부의 주민등록 신고를 기초로 만든다. 국내에 거주하려면 누구나 주민등록을 해야 하기 때문에 선거구 획정이나 인구 1인당 각종 통계 등 각종 행정자료의 기초로 쓰인다. 하지만 주민등록만 하고 실제는 다른 곳에서 사는 경우도 있기 때문에 실제 주민의 숫자와는 차이가 날 수 있다. 즉 부산 주민등록증을 가지고 있는 사람이 서울에 산다고 가정하면, 이 사람은 주민등록인구통계에서는 '부산 사람'으로 잡히지만 인구총조사에는 '서울 사람'으로 잡힌다. 주민등록인구통계는 월간 및 연간 단위로 제공하고 있다.

이 밖에 조출생률, 합계출산률, 조사망률, 조혼인률, 조이혼율, 기대수명 등 다양한 인구동태를 한꺼번에 알고자 할 때에도 국가통계포탈을 이용해 조회하면 된다.

🔍 한번 찾아보세요

2012년 울산 남구 신정1동의 출생건수와 사망건수는 각각 얼마인가?

1) 출생건수 220명-사망건수 211명 　2) 출생건수 185명-사망건수 165명
3) 출생건수 456명-사망건수 334명 　4) 출생건수 131명-사망건수 112명

4) 출생건수 131명-사망건수 112명

이 사람들은
어디에서 이사를 온 건가요?
— 지역별 인구 이동

충청도에서 나고 자란 40대 서구수 씨는 요즘 충청권의 인구가 크게 늘었다는 이야기를 들었다. 행정중심복합도시, 기업도시 등이 활발하게 진행된 까닭이다. 반면 서울수도권에서는 인구가 줄었다는데, 그렇다면 서울수도권 지역 주민들이 충청권으로 많이 옮겨 온 것일까? 아니면 서울수도권으로 유입되던 비수도권 인구들이 서울에 안 가고 충청도로 온 것일까? 서구수 씨는 오랫동안 살아온 자신의 동네가 변해가는 모습을 바라보며 호기심에 휩싸였다. 이 사람들은 도대체 어디에서 온 것일까? 통계자료를 통해 이를 분석해 볼 수 있을까? 2010~2012년 3년간 충남으로 인구는 얼마나 유입된 것일까?

2013년 충청 인구가 호남 인구를 추월했다. 2013년 5월 기준으로 대전과 충남·충북을 합친 충청권 인구는 광주와 전남·전북을 합친 인구보다 많았다. 조선시대 이후 600년 만에 처음으로 일어난 인구역전이라며 일부 언론은 '호남의 굴욕'이라는 다소 자극적인 표현을 써가며 인구 변화를 보도하기도 했다. 충청 인구는 조선시대는 물론이고 일제강점기나 대한민국 건국 이후에도 호남보다 적었다. 심할 때는 호남 인구의 절반밖에 안 될 정도였다. 그러던 충청에 세종시가 들어서고 수도권 규제완화로 기업들이 이전하면서 급속도로 인구가 급증하고 있다.

동시에 수도권 유입 인구는 감소하고 있다고 한다. 이것이 충청도에 새로 터를 잡은 상당수 인구가 수도권에서 왔다는 것을 의미한다면, 이들의 생활수준은 높을 가능성이 크다. 서비스에 대한 욕구나 문화·교육에 대한 관심도도 기존 충청지역의 그것보다 높을 수 있다. 또한 서울에 집을 두고 출퇴근할 가능성도 크다.

반면 비수도권 사람들이 서울 대신 충청도로 이동했다면 장기적으로 충청에 거주할 개연성이 크다. 문화·교육 욕구나 소비 성향은 수도권 출신에 못 미칠 가능성도 있다. 그렇다면 충청권으로 유입된 인구는 어디에서 온 것일까? 이러한 데이터는 국가통계포털에서 확인할 수 있다.

인구이동통계는 동별까지 파악이 가능하고, 1970년부터 자료가 제공된다. 인구이동통계는 읍면동의 전입신고를 기반으로 만들어져, 시도별로 인구가 어떻게 이동하는지를 알 수 있다. 월간 인구이동자료는 다음 달 말에, 연간자료는 다음 해 1월 말에 각각 발표된다.

충청권 인구 이동을 한번 살펴보자. 2010~2012년의 3년간 전국에서 충청남도로 전입한 사람이 얼마나 되는지를 알아보려면 [그림 5-9]처럼 데이터를 산출하면 된다. 표구분의 이동자 수에 마우스를 가져다 대고 오른쪽 버튼을 클릭하면 '오름차순', '내

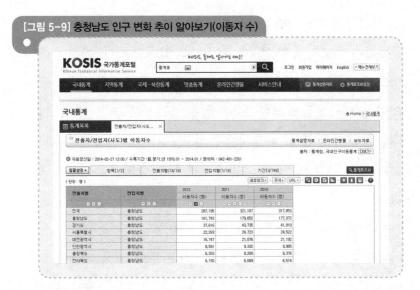

[그림 5-9] 충청남도 인구 변화 추이 알아보기(이동자 수)

이렇게 찾아가요!

통계청 국가통계포털(http://kosis.kr) ❂ 국내통계 ❂ 주제별통계 ❂ 인구·가구 ❂ 인구 이동 ❂ 국내인구이동통계 ❂ 전출지/전입지(시도)별 이동자 수 ❂ 항목: 이동자 수, 전출지별: 전체, 전입지별: 충남, 기간: 2010~2012 ❂ 내림차순 ❂ 조회결과

림차순', '초기화'라는 항목이 생기는데, '내림차순'을 클릭하면 전입이 많이 된 순서로 데이터를 확인할 수 있다.

국가통계포털에서는 각 통계자료에 정렬기능을 제공하고 있다. 오름차순은 숫자가 작은 쪽부터 큰 쪽으로 정렬되고, 내림차순은 큰 숫자부터 작은 숫자로 정렬된다. 초기화를 누르면 지자체별로 데이터가 정렬되는데, 서울, 부산, 대구 등 광역시가 먼저 나오고 이어 경기도, 강원도, 충청북도, 충청남도 순으로 볼 수 있다.

이제 검색된 자료를 분석해보도록 하자. 우선 2012년을 살펴보면 전국에서 충청남도로 유입된 인구는 28만 7,195명이다. 하지만 여기는 충청남도에서 충청남도로 도내 이동을 한 수치까지 포함되어 있다. 따라서 충남 내 이동인구 16만 1,743명을 빼줘야 한다. 모든 지자체는 같은 지자체 내에서 이동한 사람들이 가장 많다. 이를 제외하면 2012년에 타 지자체에서 충남으로 이동한 인구는 12만 5,452명이다.

같은 지자체가 아닌 지자체로는 경기도 출신(3만 7,616명)의 유입이 가장 많다. 이어 서울(2만 2,269명), 대전(1만 6,747명), 인천(8,591명) 순이다. 대전 역시 인근 지자체라는 점을 감안하면 경기, 서울, 인천 등 수도권에서 떠나온 사람들이 충남의 인구를 늘리고 있는 것으로 분석할 수 있다. 서울, 경기, 인천에서 유입된 인구는 모두 6만 8,536명이다. 타 지자체에서 충남으로 이동한 인구(12만 5,452명)의 절반이 넘는다. 수도권 다음으로는 전라북도, 경상북도, 경상남도, 강원도, 전라남도 순으로 인구유입이 많다. 특히 전북과 전남을 합치면 1만 명 수준이어서 수도권 인구 다음으로 호남 인구의 유입이 두드러진다. 또한 영남도 부산과 대구를 합하면 호남 인구만큼 된다.

이 같은 변화로 향후 이 지역의 정치지형 변화를 예측해볼 수도 있다. 수도권 유입이 가장 많은 상황에서 호남 인구와 영남 인구의 유입이 비슷해 지지 성향이 매우 역동적으로 나타날 수 있다.

연도별 유입인구 추세를 분석하려면 '분석'을 클릭해 증감, 증감률, 구성비 등을 다양하게 비교해볼 수 있다.

수도권에서 충청권으로 많이 이사를 왔다는 이야기는 수도권 인구가 정체되는 큰 이유로 볼 수 있다. 하지만 충청권에서 수도권으로 옮긴 사람도 있을 것이다. 만약 수도권에서 충청권으로 이사를 간 사람보다 충청권에서 수도권으로 이동한 사람이 더 많다면 수도권 인구가 줄어들 이유는 없다. 이때는 '순이동'을 살펴보아야 한다. 순이동이란 '전입자-전출자'로 순이동이 플러스(+) 수치라면 나간 사람보다 들어온 사람이 많다는 의미이다.

기간은 연도별로 두고 '순이동자 수'를 살펴보도록 하자. '상세보기'를 클릭한 뒤 '순이동자 수'를 선택한 후 내림차순으로 정리하면 된다.

[그림 5-10]을 보면 순이동자 수는 경기와 서울이 가장 많다. 인천까지 합하면 연간 7,000명이 넘는 인구가 충청남도로 순유입되었다. 수도권 입장에서 보면 그만큼 순유출이 되었다는 뜻이다. 결과적으로 수도권 인구증가 정체의 원인이 충청 유입 때문임은 확실해 보인다. 매년 2만 명 정도의 인구가 충남뿐 아니라 충북, 대전 쪽으로 순유출된다고 가정해보자. 이렇게 5년이

[그림 5-10] 충청남도 인구 변화 추이 알아보기(순이동지 수)

면 10만 명이 순유출되는 셈이다. 10만 명이면 한 개 시 규모의 인구다.

　이어 인구순유출이 많이 된 지역은 경북, 부산, 대구, 경남 등 영남권이 많다. 즉 영남권에서 충청권으로 이사를 오는 인구에 비해 충청권에서 영남으로 이사를 가는 인구는 적다는 이야기다. 이 통계를 근거로 분석해보면 충청지역에 점차 영남 출신 인구비중이 늘어날 것으로 추정할 수 있다. 정치지형의 시각으로 보자면 충청권의 정치지형은 매우 역동적으로 변화하겠지만 장기적인 관점으로 보면 영남 정서의 영향력이 커질 수 있다는 예상이 가능하다.

동별 전출입 및 순이동 현황을 다루는 인구이동통계는 여러 가지 사항을 알아보고 예측할 수 있는 빅데이터다. 예를 들어 서울 중구 효자동의 전입과 전출이 몇 명인지, 결론적으로 몇 명이 순이동했는지를 알 수 있다. 이 자료로 특정 지역의 활력도를 가늠해볼 수 있다.

또 시도별 이동을 성별 및 연령별(5세)로도 볼 수 있다. 특정 시도에 유입·유출되는 인구 중 젊은층이 많은지 중장년층이 많은지를 알 수 있다. 울산, 경남 창원, 거제 등 공업도시는 통상 30대 젊은층의 인구 유입이 많기 때문에 아이가 태어날 가능성도 크다. 또한 아이들과 함께 이사를 오는 경우가 많기 때문에 젊은층과 유아를 위한 소비가 늘어나고 관련 시설에 대한 필요성도 커진다. 서울과 경기도는 교육과 직장 문제로 20대와 30대 유입이 많다. 특히 20대 유입은 1인 가구일 가능성이 크기 때문에 소형주택이 많이 필요할 수 있다.

연령별로 조금 더 세밀한 데이터가 필요하다면 '연령(각 세대별) 이동자 수'를 선택하면 매 나이별 인구 이동 현황을 기초지자체별로 알 수 있다. 어린이집, 유치원, 초등학교, 중학교, 고등학교, 대학교 등 나이별로 수요가 달라지는 교육 관련 기초데이터로도 유용하게 사용할 수 있다.

인구이동통계로 이동률을 분석할 수도 있다. 이동률은 주민등록 인구 100명당 이동자 수로, 이동률이 크면 이사를 오간 사람이 많다는 의미이다. 이동률은 부동산중개업소, 이삿짐센터, 가전제품회사, 인테리어산업 등 내수에 영향을 주는 데이터다.

🔍 **한번 찾아보세요**

2013년 광주광역시의 연간 순이동자 수(전입−전출)는 얼마인가?

1) −10만 550명   2) −2,592명   3) 7만 4,131명   4) 8,696명

2) −2,592명

우리나라의 고층 건물은
어디에 있나요?

– 건축물 현황

30층 이상의 고층 건물은 바람도 심하고 위험해서 외부 창문 청소가 쉽지 않다. 때문에 업체도 많지 않고 일당도 비교적 센 편이다. 온갖 사업을 다 해본 고대담 씨는 이런 점에 착안해서 고층 건물 청소업체 창업에 도전해 보기로 했다. 그런데 사업 전망을 더 자세히 세우려면 데이터가 필요했다. 우리나라에 고층 건물은 얼마나 있는지, 어느 지자체에 고층 건물이 많은 지를 알아야 구체적인 계획을 세울 수 있기 때문이다. 이런 데이터는 어디에서 찾을 수 있을까?

건축기술이 발전하고 도심의 땅값이 높아지면서 건물도 나날이 높아지고 있다. 더구나 도시 간에 랜드마크 경쟁이 벌어지면서 초고층 아파트 건설도 붐을 이루고 있다. 초고층 아파트란 50층 이상에 높이 200m 이상의 건물을 말하는데, 화재가 났을 경우 통상 소방차로 물이 닿는 높이는 15층 정도이고, 고가사다리차도 20층 이상이면 접근이 불가능한 현실을 고려할 때 30층 이상이면 초고층 건물이라고 봐도 무리가 없다.

일반적으로 접근하기 어렵다 보니 고층 아파트는 외부 창문 청소나 외벽수리 등 새로운 산업을 만들어낸다. 또한 고층 아파트는 인구밀집도가 높고 통상 소득수준이 높아서 각종 편의시설들이 들어오기에 유리하다. 치킨, 짜장면, 찜닭 같은 배달업 전망도 높다고 볼 수 있다.

정부는 정책수립의 기초자료로 사용하기 위해 2003년까지는 3년에 한 번, 2004년부터는 매년 '건축물 현황' 자료를 발표하고 있다. 전국의 건축물에 대한 구체적 현황을 파악하면 경기 동향과 건축경기를 예측할 수 있기 때문이다.

건축물 현황 자료는 용도별/면적별/층수별 등 세 가지 기준으로 작성된다. 이 중에서 '층수별 현황'을 보면 고층 건물의 수를 파악할 수 있다. 자료는 광역지자체별로 공개되고 구청 단위의 기초지자체나 동별 자료는 제공하지 않는다.

e-나라지표에 들어가 [그림 5-11]처럼 찾아가면 1984년부터 축적된 정보를 한눈에 볼 수 있다.

연도별 자료를 보면 갈수록 고층 건물이 늘어나는 것을 확인할 수 있다. 고가 사다리차 접근이 어려운 20층 이상 건물은 2007년 전국에 걸쳐 21~30층 9,904동, 31층 이상 330동 등 1만 234동이 있었다. 2012년은 21~30층 1만 3,599동, 31층 이상 1,020동 등 1만 4,619동으로 집계됐다. 5년새 4,385동이 늘어난 것이다.

특히 서울·수도권과 부산에 고층 건물이 집중되고 있는데 통계청은 최근 주상복합 아파트가 많이 공급되는 것이 원인이라

[그림 5-11] 건축물 현황 알아보기

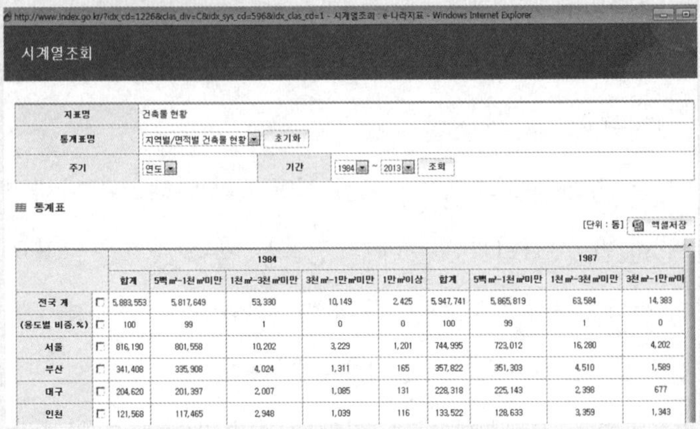

http://www.index.go.kr/?idx_cd=1226&clas_div=C&idx_sys_cd=596&idx_clas_cd=1 - 시계열조회 : e-나라지표 - Windows Internet Explorer

시계열조회

지표명	건축물 현황		
통계표명	지역별/면적별 건축물 현황 초기화		
주기	연도	기간	1984 ~ 2013 조회

통계표

[단위 : 동] 엑셀저장

	1984					1987			
	합계	5백㎡-1천㎡미만	1천㎡-3천㎡미만	3천㎡-1만㎡미만	1만㎡이상	합계	5백㎡-1천㎡미만	1천㎡-3천㎡미만	3천㎡-1만㎡미
전국 계	5,883,553	5,817,649	53,330	10,149	2,425	5,947,741	5,865,819	63,584	14,383
(용도별 비중,%)	100	99	1	0	0	100	99	1	0
서울	816,190	801,558	10,202	3,229	1,201	744,995	723,012	16,280	4,202
부산	341,408	335,908	4,024	1,311	165	357,822	351,303	4,510	1,589
대구	204,620	201,397	2,007	1,085	131	228,318	225,143	2,398	677
인천	121,568	117,465	2,948	1,039	116	133,522	128,633	3,359	1,343

이렇게 찾아가요!

e-나라지표(http://www.index.go.kr) ➔ 부문별지표 ➔ 경제 ➔ 부동산 ➔ 건축 ➔ 건축물 현황 ➔ 시계열 조회 ➔ 통계표명: 지역별/층수별 건축물 현황 ➔ 조회결과

고 설명하였다. 서울은 강남과 여의도 등 상업지구에 고층 아파트와 건물이 많이 들어서고 있고, 부산은 해운대에 집중적으로 고층 아파트가 들어서고 있다.

현재 국내에서 가장 높은 건물은 2011년 완공된 부산 해운대 마린시티에 있는 두산위브더제니스로 80층(301m)이다(2013년 기준). 이전까지는 서울의 랜드마크라고 할 수 있었던 여의도의 63빌딩(지상 60층, 249m)이 최고층이었다. 시공 중인 건물 중에는 서울 송파구 잠실의 롯데월드타워(제2롯데월드)가 123층

(553m)으로 가장 높다. 최근 부동산 경기가 식으면서 엄청난 건설비가 투입되는 초고층 건물에 대한 경계심이 커지고는 있지만, 건물을 더 높이 지으려는 인간의 욕망이 계속되는 한 마천루 경쟁은 피하기 어려울 것으로 보인다.

1990년 후반 이후 주거용 건축물은 완만하게 줄어들고 있다. 대규모 택지개발과 재개발, 도시정비사업 등으로 수도권에서 단독주택이 사라지고 대단지 공동주택(아파트)이 들어서면서 동수가 감소한 것이다. 반면 상업용, 공업용 건물은 크게 늘어나는 추세다. 대단위 택지개발이 이루어진 곳에는 상업용 건물도 많이 들어섰는데, 특히 주상복합으로 많이 지어졌다. 통계청은 부동산 활황기 때 부동산 자금이 주상복합건물에 대거 유입돼 부동산 투기의 대상이 되기도 했다고 설명했다.

🔍 한번 찾아보세요

2012년 서울의 31층 이상 고층 건물은 모두 몇 동인가?

1) 1,020동 2) 9,793동 3) 242동 4) 195동

3) 242동

소를 길러야 하나요,
말아야 하나요?

— 가축동향조사

팍팍한 도시생활, 스트레스 쌓이는 회사생활에 지친 50대 김농촌 씨는 오랫동안 생각했던 귀농을 결심했다. 아무래도 한우 가격이 돼지나 오리보다는 나으니, 소를 키워볼 생각인데 문제는 생산량이다. 각종 자유무역협정FTA이 체결되면서 외국산 쇠고기가 밀려와서 한우 생산도 과잉이라는 얘기가 들려오기 때문에 걱정이 된다. 한우의 축산 상황을 한눈에 알 수는 없을까? 또 산지가격은 어떻게 형성되는지도 알고 싶다.

　통계청에서는 축산 분야의 통계도 작성하는데, 대표적인 것이 '가축동향조사'다. 가축의 사육규모별 가구 수, 가축의 연령별·성별 마릿수를 파악해서 축산정책을 세우고 축산 부문 연구를 위한 기초자료로 사용하기 위해서이다. 이 자료를 바탕으로 향후 소나 돼지, 닭, 오리 등의 수급과 가격 동향을 예측할수 있다.

　농업국가로 출발했던 만큼 우리나라의 가축동향조사 통계의 역사는 오래되었다. 1948년 농림부산부 축산국에서 행정보고를 통해 현황을 파악하기 시작했고, 1976년에 지정통계가 된 후 2008년에 통계청으로 이관되었다. 가축동향조사 통계는 매 분기마다 작성되는데, 다루는 가축의 종류는 다음과 같다.

한우: 우리나라 재래종의 고유한 특성을 가진 소로 털색에 따라 황소, 칡소, 흑소로 구분된다.

육우: 한우와 젖소 암컷을 제외한 모든 소

젖소: 젖(우유)을 얻기 위해 사육하는 소로 홀스타인, 저지, 건지, 기타 유용종의 암컷을 이른다.

산란계: 계란(식용)을 생산하기 위하여 사육하는 닭

육계: 고기를 이용할 목적으로 사육하는 닭(토종닭 포함)

종오리: 새끼오리 부화용 오리알(종란)을 생산하기 위해 사육하는 오리

육용오리: 고기를 이용할 목적으로 사육하는 오리

한육우란 한우와 육우를 말하는데, 통상 이는 국내산 쇠고기로 판매된다. 한육우 사육두수는 [그림 5-12]처럼 확인할 수 있다.

한육우를 시도별로 암컷/수컷 및 연령별로 분류해 알아볼 수

[그림 5-12] 시도별 한육우 사육 현황 알아보기

한육우 시도/연령/성별 마리수

단위 : 0

시도별	성별	2013 4/4			
		합계	1세미만	1~2세	2세이상
전국	합계	2,917,929	801,031	910,236	1,206,662
	암컷	1,742,514	367,023	419,609	955,882
	수컷	1,175,415	434,008	490,627	250,780
서울특별시	합계	331	64	211	56
	암컷	72	13	12	47
	수컷	259	51	199	9
부산광역시	합계	2,327	706	565	1,056
	암컷	1,676	358	370	948
	수컷	651	348	195	108
대구광역시	합계	20,211	5,208	6,531	8,472
	암컷	9,481	1,975	2,070	5,436
	수컷	10,730	3,233	4,461	3,036
인천광역시	합계	21,430	5,790	9,062	6,578
	암컷	7,460	1,480	2,087	3,893
	수컷	13,970	4,310	6,975	2,685

이렇게 찾아가요!

통계청 국가통계포털(http://kosis.kr) **⊙** 국내통계 **⊙** 주제별통계 **⊙** 농림어업 **⊙** 농업 **⊙** 가축동향조사 **⊙** 한육우 시도/연령/성별 마리수 **⊙** 조회결과

있다. 2013년 3분기 기준으로 한육우 수는 304만 2,710마리이고 이 가운데 당장 판매가 가능한 2세 이상 소는 131만 9,744마리다. 그렇다면 이러한 사육두수는 과거에 비해 늘어난 것일까, 아니면 줄어든 것일까? '상세보기'를 클릭해서 조건을 최대한 단순화하면 답을 쉽게 찾을 수 있다. 항목은 '합계'로, 시도별은 '전국'으로, 성별은 '합계'로 각각 지정한 후 '조회'를 클릭한다. 그 후 분기는 2008년 4분기부터 2013년 3분기로 설정하면 [그림 5-13]과 같은 결과를 얻을 수 있다.

[그림 5-13]을 보면 2013년 3분기는 한육우의 수가 과거에 비해 많은 수준이라는 것을 알 수 있다. 2008년 4분기에는 243만 마리였지만 2013년 3분기는 304만 마리로 60만 마리가량이 많이 사육되고 있다. 사육량이 많다면 산지가격이 좋을 리가 없다. 소비량이 크게 증가하지 않는 한 한육우의 가격이 오를 일은 없을 것이다.

한육우의 산지가격을 자세히 알아보려면 축산물유통종합정보센터를 이용하면 된다. 축산물유통종합정보센터는 축산물품질평가원이 운영하는 축산정보시스템이다.

가격 동향은 산지가격/도매가격/소비자가격 등 세 종류로 알 수 있는데, 산지가격으로는 암송아지(6~7개월), 수송아지(6~7개월), 농가수취가격(600kg)을 알 수 있다. 도매가격으로는 한우 지육가격(kg당 원), 한우 등심 부분 육가격(kg당 원)을 알 수 있다. 소비자가격으로는 한우 등심가격(kg당 원)을 알 수 있다.

[그림 5-13] 전국 한육우 사육 증가량 알아보기

2013년 하반기 소의 산지가격을 알기 위해 기간을 '2013년 7월 1일~2013년 12월14일'로 설정하였더니, [그림 5-14]와 같은 그래프와 지표가 함께 제시되었다.

마우스를 그래프에 가져다 대면 당시의 산지가격이 나온다. 수송아지의 경우 10월 1일이 216만 8,000원으로 가장 비쌌지만 그 이후 점차 가격이 떨어져서 2013년 12월 13일에는 200만 1,000원까지 떨어졌다. 한육우 사육두수가 많아서 산지가격이 약세

[그림 5-14] 한육우 산지가격 알아보기

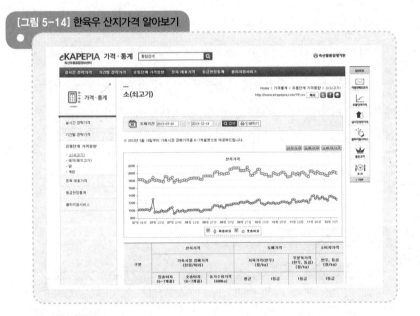

이렇게 찾아가요!
축산물유통종합정보센터(http://www.ekapepia.com) ➡ 가격·통계 ➡ 유통단계 가격동향 ➡ 소(쇠고기) ➡ 조회결과

를 보일 것이라는 예측이 어느 정도 눈으로 확인된 셈이다.

암송아지 가격 역시 11월 중순쯤 살짝 강세를 보였다가 연말로 접어들면서 약세를 보이고 있다. 하지만 여기에는 변수가 있다. 2013년 하반기는 일본 후쿠시마 사태로 수산물의 소비가 줄어들던 때다. 수산물을 찾던 소비자들이 소, 돼지 등 축산물로 고개를 돌리면서 생각보다 가격약세가 심하지는 않았다.

축산물이나 농산물은 기본적으로 수요-공급에 매우 민감한 품목이다. 하지만 후쿠시마 방사능 사태나 구제역, 조류인플루엔자, 기생충 김치 등과 같은 돌발변수가 생기면 가격이 꼭 수요-공급 곡선대로 움직이지는 않는다.

향후 축산가격의 동향에 대한 전문가 의견을 듣고 싶다면 한국농촌경제원(http://www.krei.re.kr)의 '축산관측월보'를 이용하면 도움을 얻을 수 있다.

2013년 12월 축산관측월보 자료를 보면 '쇠고기 도축이 감소해 공급량이 감소하고 수산물 대체 수요증가로 큰 소 1등급 평균도매가격은 전년동기보다 최고 15% 상승할 것으로 전망된다'고 되어 있다. 또한 '송아지 생산 감소로 2013년 3월 한육우 사육 마릿수가 전년보다 감소할 것'이라고 전망했다.

사육두수가 늘어 쇠고기 가격이 떨어질 수 있을 것이라는 '통계적 추측'과 다른 전망이다. 전문가 의견은 통계에는 드러나지 않는 현장 정보를 제공한다는 데서 의미가 크다. 후쿠시마 사태로 인해 발생한 수산물 대체 수요 증가가 얼마나 되는지, 향후 한육우 사육이 어떻게 될 것인지는 통계에 드러나지 않는다. 때문에 사육두수와 산지가격은 통계치를 이용해 정보를 얻되, 전문가 의견 청취를 게을리해서는 안 된다.

또한 소뿐 아니라 돼지, 닭, 계란의 가격도 축산물유통종합정보센터에서 알 수 있다.

Q 한번 찾아보세요

2013년 4분기 충청남도에서 기르는 한육우는 모두 몇 마리인가?

1) 20만 6,792마리   2) 27만 2,000마리   3) 39만 1,604마리   4) 61만 954마리

3) 39만 1,604마리

고철 등 폐금속의 가격은
얼마인가요?
- 재활용가능자원시장동향조사

새로운 사업을 구상하던 나재생 씨는 요즘 환경보호나 자원재활용에 대한 사람들의 관심이 날로 높아지고 있으니, 재활용 사업이 유망하지 않을까 하는 생각이 들었다. 그런데 그런 느낌이 있을 뿐, 확신을 갖기가 어려웠다. 정말 폐금속 등의 가격이 갈수록 비싸질까? 수도권 지역에서 고철, 알루미늄캔 등 폐금속 가격은 어떤지 어떻게 확인할 수 있을까?

휴지통마다 설치돼 있는 재활용품 수거함은 칸칸이 플라스틱, 캔, 종이 등의 항목으로 나뉘어 있다. 이 재활용품은 쓰레기라기보다는 자원에 가깝다. 일정한 공정을 거쳐 새로운 모습으로 탈바꿈되면 다시 우리에게 유용한 물건으로 돌아오기 때문이다.

원자재와 재활용 관련 산업의 정책수립을 위해 한국환경공단은 2000년부터 관련 자료를 통계로 만들어 발표하고 있다. 바로 '재활용가능자원시장동향조사'다. 2003년에 공식통계로 인정을 받은 이 통계는 매월 전국 재활용품 가공생산업체와 관련 협회를 대상으로 조사를 펼친다. 담당직원이 각 업체를 방문해 면접을 하는 방식으로 자료를 모으는데, 조사는 매월 10일 즈음에 이루어진다. 표본규모는 전국 재활용품 가공·생산업체 약 274개사인데, 같은 품목 내에서 표본업체의 가격이 현저한 차이를 보이면 품질등급 또는 업체의 형태 등이 조사 기준과 다르거나 다를 가능성이 크다고 보고 제외한다.

작성항목은 8종 24품목으로 다음과 같다. ① 폐지(신문지, 폐골판지) ② 폐플라스틱(PE, PP, PS, PVC, ABS) ③ EPS Ingot, 펠릿 ④ 압축PET, 압축PE, 압축PP ⑤ 폐유리병(백색, 갈색, 청록색) ⑥ 철스크랩 ⑦ 폐금속캔(철캔, 알루미늄캔) ⑧ 폐타이어(고

[그림 5-15] 폐금속 가격 알아보기

이렇게 찾아가요!

통계청 국가통계포털(http://kosis.kr) ❍ 국내통계 ❍ 주제별통계 ❍ 환경 ❍ 재활용 ❍ 재활용가능자원시장동향조사 ❍ 재활용 품목별 가격동향 ❍ 폐금속 ❍ 상세보기 ❍ 지역별: 수도권 ❍ 기간: 2012년 1월~2013년 12월 ❍ 조회결과

무분말). 이 품목별 가격은 국가통계포털 사이트에서 찾아볼 수 있다.

수도권 지역에서 고철의 가격은 2013년 11월 기준으로 kg당 294원이다. 철캔은 195원, 알루미늄캔은 1,168원이다. 자료를 보면 11월 들어 고철, 철캔, 알루미늄캔 가격이 떨어지고 있다.

1년 전에 비해 가격이 어떻게 변동했는지를 비교해보려면 '분석'을 선택한 뒤 '증감률'과 '전년 동월비'를 각각 클릭하면 된다. 변동을 한눈에 보고 싶다면 상단에 있는 '차트'를 클릭하면 그래프로 볼 수 있다.

알루미늄캔과 철캔, 고철 등의 가격은 1년 전에 비해 현저히 떨어져 약세를 보였다. 월별 가격을 보면 알루미늄캔의 가격은 2012년 3월에 kg당 1,332원으로 가장 높았다. 2013년 11월에 kg당 1,168원이었으니, 전년 최고점에 비하면 14%가량 가격이 떨어진 셈이다.

재활용 제품의 가격에 직접적인 영향을 주는 요인으로는 수거할 수 있는 재활용품 물량이 얼마나 되는지, 실제 수거는 얼마나 되는지, 또 경쟁업체가 얼마나 되는지 등을 들 수 있을 것이다. 수거량이 많고 경쟁이 치열해질수록 가격이 떨어질 수밖에 없다. 이러한 자료 역시 '재활용가능자원시장동향조사'를 보면 확인할 수 있다.

이 밖에 재활용 실적을 보면 많은 데이터가 나온다. 재활용 분류는 철스크랩, 폐철캔, 폐지, 폐유리 등 네 종류이다. 그리고 각각에 대해 업체 수(개소), 제품생산량(톤/년), 총폐자원 사용량(톤/년), 국내폐자원 사용량(톤/년), 수입폐자원 사용량(톤/년), 국내폐자원 이용률 등의 통계자료를 확인할 수 있다.

그중 국내폐자원 이용률을 살펴보도록 하자. 폐자원 이용률이 높다는 것은 기존의 업체들이 재활용 자원을 많이 수거해 간다는 것을 의미한다. 즉 기존의 거래선이 단단해서 신규 시장 진입이 쉽지 않을 수 있다.

[그림 5-16]을 보면 국내폐자원 이용률이 대체적으로 높아지고 있음을 알 수 있다. 폐유리와 폐지는 수거율이 70% 내외를 기록하고 있어 수거율이 높다. 반면 폐철캔은 50%대, 철스크랩은 30%대에 불과하다. 이는 재활용업체 중에서는 철 관련 수거를

TIP!

제품생산량: 원제품의 생산량을 말한다. 철캔, 종이, 유리 등의 생산량이다.

국내폐자원 사용량: 국내에서 생산된 자원 중 한 번 사용된 폐자원을 수거해 사용한 양을 말한다.

총폐자원 사용량: 국내폐자원 사용량+수입폐자원 사용량

국내폐자원 이용률: 수거된 국내폐자원 사용량/국내제품 생산량×100

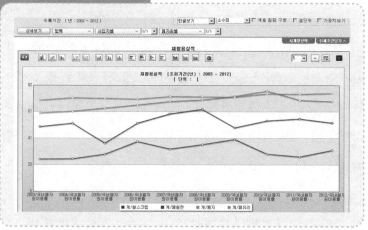

[그림 5-16] 국내폐자원 이용률 현황

이렇게 찾아가요!

국가통계포털(http://kosis.kr) ◑ 국내통계 ◑ 주제별통계 ◑ 환경 ◑ 재활용 ◑ 재활용가능
자원시장동향조사 ◑ 재활용지정사업자재활용실적 ◑ 재활용실적 ◑ 항목: 국내폐자원 이
용률, 사업자별: 계, 연도: 2002년~2012년 ◑ 차트 ◑ 조회결과

하면 비교적 경쟁이 덜할 수 있다는 뜻이다. 폐유리와 폐지는 기
존 업체가 이미 수거 시장을 장악했을 가능성이 크다.

시장 가능성을 조금 더 자세히 분석하고 싶다면 '제품생산량-
국내폐자원 사용량'을 계산해보는 것도 좋은 방법이다. 이를 통
해 시중에 얼마나 잔량이 남아 있는지를 파악할 수 있다. 제품
생산량을 보면 철스크랩은 생산량이 크게 늘었지만 폐유리나
폐지는 몇 해 동안 제자리걸음을 하고 있음을 확인할 수 있다.

시장경쟁이 얼마나 치열한지를 알아보려면 업체 수를 살펴보

면 된다. '상세보기'를 클릭한 뒤 '항목'을 '업체 수'로 두고 '조회'를 클릭한 뒤 기간을 2007~2012년으로 설정했다.

[그림 5-17]을 보면 경쟁업체 수가 가장 많은 분야는 폐지다. 폐지업체는 2008년에 59개나 됐는데 이를 정점으로 점차 줄어들어 2012년에는 52개까지 줄어들었다. 폐지업계는 수거율이 70%에 이른다. 업체가 많고 시장이 포화 상태이므로 새로 시장에 진입하기에는 좋지 않아 보인다.

그다음으로 업체 수가 많은 분야는 철스크랩인데, 2007년에는 재활용 수거업체가 11개였고 이 수준이 2011년까지 비슷하게 유지되다가 2012년에 22개로 갑자기 경쟁업체가 늘어났다. 이러한 추세를 보자면 향후 몇 년간 경쟁이 치열해질 것으로 전망할 수 있다. 경쟁업체가 많이 생기고 있다는 것은 그만큼 수익성이 높다는 뜻으로 해석할 수 있다. 폐지나 폐유리에 비해 철스크랩은 확실히 그 가격이 비싸다. 폐고철은 kg당 200~300원

[그림 5-17] 폐자원 이용업체 현황

사업자별	폐자원별	항목	2008	2009	2010	2011	2012
계	철스크랩	업체수 (개소)	11	11	12	12	22
	폐윤전	업체수 (개소)	9	9		10	10
	폐지	업체수 (개소)	59	58	55	52	52
	폐유리	업체수 (개소)	13	13	14	14	14

이지만 신문은 kg당 100~120원, 폐유리는 kg당 30~60원에 불과하다. 또한 폐고철은 수거율도 30%대로 낮다. 업체가 많이 생기고는 있지만, 신규로 진입하더라도 아직 기존 업체들이 수거하지 못한 물량이 많다는 뜻이다.

　폐철캔은 열 개 업체가 그대로 유지되고 있고 폐유리 업체도 그 수가 크게 늘고 있지 않은 상황이다.

🔍 한번 찾아보세요

2013년 12월 전라북도에서 거래되는 고철의 가격은 kg당 얼마인가?

1) 205원　2) 281원　3) 306원　4) 317원

4) 317원

참고자료

『괴짜가 사랑한 통계학』, 그레이엄 테터솔, 한겨레출판사, 2009

『빅데이터를 지배하는 통계의 힘』, 니시우치 히로무, 비전코리아, 2013

『세상을 바꾼 보험』, 류근옥, 교보문고, 2013

『주요 통계의 이해』, 통계청, 2012

『통계로 논리를 잡아라』, 문우일, 윤상철, 플러스예감, 2009

『통계 속 숫자의 거짓말』, 게르트 보스바흐, 옌스 위르겐 코르프, 작은책방, 2012

『통계 속의 재미있는 세상 이야기』, 구정화, 김찬호, 안병근, 문우일, 통계청, 2011

『통계의 미학』, 최제호, 동아시아, 2007

『확률을 높이는 확률』, 니시우치 히로무, 비전코리아, 2013

「2013년 국정감사 국토교통부 질의 자료」, 김태원, 2013